KB155650

성장하는 리더
성장하는 조직

30년간 최하위 조직을 매번 톱으로 성장시킨
박낙원의 멈추지 않는 '성장 리더십'

성장하는 리더
성장하는 조직

박낙원 지음

가디언

조직은 리더의 크기에 따라 바뀐다

이창용(IMF 아시아 · 태평양국 국장)

《성장하는 리더 성장하는 조직》의 출간을 진심으로 축하합니다.

나는 박낙원 전무로부터 이 책의 추천사를 부탁받고 미소를 짓지 않을 수 없었다. 가깝게 지내온 1998년 이후 만날 때마다 열정을 토하며 설명했던 그의 리더십의 핵심이 고스란히 녹아 있었기 때문이다. 그와 나는 곧잘 이런 대화를 나누곤 했다.

"교수님은 20년 뒤 무슨 일을 하고 계실까요?"

"저요? 아이들 잘 가르치고 일 년에 논문 몇 편씩 쓰면서 살고 있지 않을까요?"

"미래의 리더를 길러야 할 교수님이 그렇게 생각하면 우리 사회가 어떻게 발전합니까? 리더의 비전과 그릇의 크기에 따라 사회와 조직이 얼마나 바뀔 수 있는데요."

교수란 혼자만 열심히 해도 어느 정도 성과를 얻을 수 있는 직업이다. 게다가 고객인 학생이 교수의 능력을 평가할 때쯤 되면 졸업을 하기 마련이고, 또다시 아무것도 모르는 신입생이 들어오니 고객 평가에 신경 쓸 필요도 없다. 이런 상아탑에 오래 있다보니 리더십을 강조하는 박 전무의 말이 귀에 들어올 리 없었다.

그때는 건성으로 들었던 박 전무의 말이 생각나기 시작한 것은 학교를 떠나 금융위원회, 아시아개발은행(Asia Development Bank), 국제통화기금(IMF)에서 일하기 시작하면서였다. 조직 관리를 피할 수 없는 상황이 되었기 때문이었다. 혼자만 열심히 한다고 일이 되는 것이 아니라 동료와 직원의 도움, 고객의 동의가 절실히 필요하다는 '기초 상식'을 나이 오십이 넘어서야 배우게 된 것이다.

"조직은 리더의 크기에 따라 바뀌게 된다"는 말은 내가 정부에서 일하면서 더 절실히 느끼게 된 리더의 자질이다. 학교와 기업이라면 말썽꾸러기 직원이나 문제 있는 직원을 조직의 필요에 따라 언제든 내보낼 수 있다. 그러나 나라 일을 하다 보면 나와 의견이 다르다고 해서 혹은 정책을 따르지 않는다고 해서 그를 나라 밖으로 쫓아낼 수 없다. 시간이 얼마가 걸리더라도 반대 의견을 어우르고 인내하면서 자기편으로 만들어야 정책을 실행할 수 있다.

제목에 '리더', '성장'이라는 단어가 들어가 있어 이 책이 마치 성과 지향적인 엘리트(Elite)를 위한 것처럼 보일 수 있지만 그렇지 않다. 성과를 얻기 위해서는 혼자만의 노력보다 주변 사람의 도움이 절대적으로 필요하다. 권위나 권력으로 다른 사람의 도움을 강요하기보다 진실, 열정, 겸손, 그리고 남들이 공감시킬 수 있는 비전으로 자발적 협조를 이끌어내는 방법을 설명하고 있다. 그런 점에서 외형

성장보다 '동반 성장(Inclusive Growth)'에 관한 내용이다. 리더만을 위한 책이 아니라 보통 사람들이 삶을 현명하게 살기 위해 필요한 지혜를 담은 책이다.

이 책의 또 다른 장점은 저자의 생생한 경험에 바탕을 둔 다양한 사례들이다. 나는 경영학의 리더십 분야에 대해 문외한이지만 교보생명에서 '미다스의 손'이라 불리면서 뒤처진 조직을 매번 살려낸 '해결사' 박낙원의 사례를 읽으면서 드라마를 보는 재미도 느낄 수 있었기에 일독을 권한다.

워싱턴 DC 사무실에서

2015년 4월 16일

이창용

미래를 더 좋게 만드는 방법: 성장

김용대(고등법원 부장판사)

박낙원 전무는 진실하고 겸손하며 열정이 넘치는 사람이다. 사원을 교육하느라 목이 쉬어 말을 못 하는 경우도 종종 있었다. 대기업 임원이 무슨 교육을 목이 쉬도록 할까 궁금하기도 했다. 그런데 이 책을 보면서 이해하게 되었다. 겉으로 드러난 그는 교보생명에서 매번 최하위 영업 조직을 맡아 늘 톱으로 성장시킨 놀라운 기록의 소유자다. 그러나 겉으로 드러난 성과 이면에 그가 무한한 애정으로 침체된 조직과 조직원에게 얼마나 헌신하는지 아는 사람은 많지 않다. 침체된 조직에 긍정의 에너지를 불어넣어 성과를 낸 그의 비결이 자신의 건강과 이익은 뒷전에 두고 끊임없이 조직원들과 커뮤니케이션하기 위해 노력하는 열정이라는 것을 나는 안다. 리더로서 개인의 이익을 추구하지 않고 고객, 조직원과 함께 성장하는 목표를 세우고 실천하는 그의 이야기는 이 세상 모든 리더에게 교훈을 줄 것이다.

그는 목표를 세우는 데는 신중하지만 한번 정해지면 상상을 초월

할 정도의 집중력을 발휘해 반드시 달성하고 만다. 또 자신이 잘 아는 분야나 전문 분야에 대해서는 쉽게 소신을 굽히지 않지만, 잘 모르는 분야는 호기심을 가지고 배우는 데 주저하지 않는 겸손한 사람이기도 하다. 다른 사람들이 벽이라고 느껴 모두 돌아설 때 피하지 않고 과감하게 벽을 부수고 길을 내는 사람이기도 하다.

그의 성장 비결 중에 빼놓을 수 없는 것은 리더로서 세상을 남다르게 보는 날카로운 통찰력과 상황 판단력, 그리고 목표를 향한 강력한 추진력이다. 박낙원 전무는 평소에 부드러워 보인다. 하지만 승부라고 생각하면 절대 지지 않을 정도로 파고드는 승부욕이 강한 사람이다. 승부에서 지면 겉으로는 웃고 돌아서지만 밤새도록 자신이 진 원인을 파악하고 노력하여 재도전하는 그런 사람이다. 이처럼 부드럽지만 강한 승부욕을 가진 박낙원 전무의 리더십은 요즈음 같은 위기의 시대에 더욱 빛난다. 현재의 불확실한 상황을 타개하는 가장 확실한 방법은 성장이기 때문이다. 성장이 멈추면 조직이나 개인의 미래는 없다. 그러므로 리더는 조직을 안정시키는 것에 머물지 말고 성장시켜야 할 책무가 있다.

나는 박낙원 전무의 성장 경험과 노하우가 위기를 극복하고자 하는 기업의 경영자, 성장이 멈춰 새로운 동력을 찾고자 하는 리더, 그리고 도전적인 미래의 리더에게 영감과 에너지를 나누어줄 것을 확신하기에 일독을 권한다.

리더가 성장해야
조직이 성장한다

사람들은 말한다.

"저는 정말 일을 잘하고 싶습니다. 반드시 성공하겠습니다."

또 다른 사람들은 말한다.

"아무리 해도 안 됩니다. 그만두고 다른 일을 하겠습니다."

나는 이렇게 말하는 사람에게 대답하기 위해 이 책을 쓴다. 성장하기를 원하지만 그 방법을 모르는 사람들, 현재보다 더 잘살고 싶은데 제자리에서 맴돌고 있는 사람들에게 오랜 세월 리더로 꾸준히 성장을 이끌어온 내 경험의 속살까지 보여주려고 한다.

살아있는 모든 것은 성장할 때 존재 이유가 있다. 씨앗이 땅에 떨어져 싹이 트면 봄 햇살의 따사로움과 여름의 태풍과 가뭄, 겨울의 혹한을 이겨내야 멋진 거목으로 성장할 수 있다. 사람도 마찬가지다.

희망과 좌절과 기쁨과 분노를 겪으면서 성인으로 성장한다. 살아있는 모든 것은 성장해야 하고, 성장해야 오늘보다 더 나은 미래를 기대할 수 있다. 성장은 자연의 섭리이며 성장하지 않으면 생명을 잃은 것이다. 인류 역사는 그동안 살다 간 사람들의 성장의 역사다.

그렇다면 기업이나 조직의 진정한 성장은 무엇일까? 대부분 매출과 이익이 늘어나는 회계상의 성장을 이야기하지만 막대한 이익을 내던 글로벌 기업도 한순간에 사라지는 것을 보면 이익은 거품에 지나지 않는다. 진정한 성장은 인재를 키워 고객이 거래하고 싶고, 우수한 사원들이 근무하고 싶은 조직이 되는 것이다.

조직은 리더의 생각 크기에 비례해 성장한다. 사원들은 리더가 던지는 질문만큼 생각하고, 리더가 거는 기대만큼 성장한다. 리더가 저지르는 가장 큰 죄는 사원을 무시하거나 견제하여 '작은 사람'으로 만드는 것이다. 기업이 추구하는 목적을 위해 사람을 쓰지 않고, 리더가 편한 사람들과 소꿉장난 하듯 조직을 운영한다면 기업의 성장은 기대하기 어렵다. 따라서 조직의 리더는 스스로 그릇을 키워 고객과 사원들을 성장시킬 수 있어야 한다.

그릇을 키운다는 것은 이런 것이다. 소주를 한잔하려는데 소주잔에 모래가 있거나 금이 갔다면 우리는 마시지 않는다. 소주잔은 모래 하나도 수용할 수 없다. 만약 두메산골 우물에서 두레박으로 물을 펐을 때 모래가 있거나 물이 새더라도 그 물을 마실 수 있다. 그러나 우물에서 동물의 배설물 냄새가 난다면 물을 마실 수 없다. 그릇의 크기를 더 키워보자. 바다로 수많은 오물이 흘러들어 가도 바다에 사는 물고기는 그것을 먹고, 우리는 그 고기를 잡아먹을 수 있다. 그릇의 크기는 이물질을 포용할 수 있는 만큼이다. 사람의 그릇은 나와 생각이 다른 사람을 포용할 수 있는 딱 그만큼이다.

영업사원의 그릇이 작으면 고객과 갈등을 겪으며 거래를 끝내고, 리더의 그릇이 작으면 사원들의 단점을 지적하다가 시간을 다 보낸다. 그릇이 큰 리더는 사원들의 단점은 덮어주고 장점을 빛나게 하여 인재를 키우고 사업을 번창시킨다. 만약 그릇을 키우고 싶다면 감당하기 힘든 고객이나 사원을 품으려고 노력해야 한다. 자연스럽게 그릇이 커지는 것을 체험할 수 있을 것이다.

성장에는 좋은 성장과 나쁜 성장이 있다. 내가 만난 영업사원 중에 높은 성과로 온갖 칭찬과 상을 받다가 고객의 민원으로 사라진 사람들도 있고, 회사를 창업하여 매출은 많았는데 손해 보고 망한 사람들도 있고, 회사는 이익을 내고 있는데 사원들은 먹고살기 어려운 회사도 있다. 그 사람들 모두 성장 경험이 있다고 말하지만 성장했는데 망하고, 성장했는데 살기 어렵다면 그건 나쁜 성장이다.

좋은 성장은 고객, 사원, 회사가 모두 살기 좋아지는 것이다. 이들 중 일부가 이익을 독식한다면 불행한 성장이며 결국은 파멸을 가져온다. 리더의 존재 이유는 사원과 조직을 성장시키는 것이다. 리더는 스스로 일에 대한 소명의식을 가지고, 세상을 이롭게 하는 사명을 실천해야 한다.

리더는 미래를 예측하고 현재보다 더 나은 미래를 위한 방향과 목표를 정하고 미련할 정도로 고집스럽게 목표를 향해 나아가야 한다.

나는 교보생명 영업사원으로 시작하여 지점장, 지원단장, 본부장, 영업교육 팀장, 전사 영업총괄을 하면서 한 번도 전임자가 한 일을 똑같이 따라 한 적이 없다. 맡은 직무에서 명확한 목표를 세우고, 어떤 상황에서도 목표 달성을 위한 판단을 했으며, 강한 추진력으로 목표를 달성하여 성장의 보람을 함께 나누며 살았다.

식물은 매일 매년 조금씩 성장한다. 그러나 인간은 계단식으로 성장한다. 초등학생이 중학교, 고등학교 대학을 졸업하고 사회인이 될 때마다 성장한다. 성적이 50점인 학생이 공부를 잘해야겠다고 마음먹고 시험 볼 때마다 10점씩 올리겠다는 목표를 세우면 그것은 달성되기 어렵다. 밤새워 공부해서 100점에 도전하겠다는 목표를 세워야 다음 시험에서 80점이라도 맞을 수 있다. 담배를 피우던 사람이 금연을 결심하고 하루에 한 개비씩 줄여서 20일 후에 끊는 것은 불가능하다. 마음먹으면 그날부터 금연해야 성공한다. 성장하겠다고 마음먹으면 즉시 생각과 행동이 바뀌어야 성공한다.

나는 그동안 온몸으로 겪으며 배운 성장 이야기를 이 책을 통해 풀어내려 한다.

'왜 성장해야 하는가?', '어떻게 성장할 것인가?' 이 책은 그 물음에 대한 답이다. 성장은 세상에서 가장 아름다운 이야기다. 세상을 살아가면서 가장 아픈 일은 시련을 피하려다 넘어져 좌절한 이야기이고, 가장 신나고 폼 나는 일은 시련과 역경을 딛고 일어서 성장한 이야기이다.

조직의 목표를 정하고 꿈을 이루는 방법, 사원들과 고객의 신뢰를 얻는 법, 역경에서 나를 강하게 단련하여 성장하는 이야기를 담았다. 인생을 가치 있게 살고 싶고, 세상을 아름답게 바꾸고자 하는 수준 높은 독자들은 이 책에서 성장의 영감을 얻을 수 있을 것이다.

무에서 유를 창조하는 것은 원래 신의 영역이다. 인간은 무에서 유를 창조하기 어렵다. 신념을 갖고 신의 영역에 도전하는 광기를 발휘하면 신은 길을 열어준다. 조직을 성장시키는 리더는 신이 인정하는 신적인 존재들이다. 가장 잘할 수 있는 일을 하면서 세상을 보다 살기 좋은 곳으로 만들며 사는 게 최고의 삶이다.

모쪼록 이 책이 꾸준한 성장을 꿈꾸며, 눈앞에 닥친 시련을 극복하고자 하는 젊은 리더들에게 조금이라도 도움이 되기를 바란다.

2015년 4월
박낙원

이 책은 본인이 교보생명 전무로서 전사 영업을 총괄하던 2015년 《리더는 무엇으로 성장하는가》라는 제목으로 출간한 책을 일부 수정 보완하여 다시 출간하였습니다. 그동안 저는 열정을 바쳤던 교보를 떠나 〈온 에셋〉을 창업하여 새로운 도전에 나섰습니다. '조직은 리더의 생각 크기만큼 성장한다'는 신념으로 고객에게 최고의 상품과 서비스를 제공하는 기업, 인재들이 근무하고 싶은 기업을 만드는 데 최선을 다하겠습니다. 감사합니다.

PART 1

모든 성장의 기본

—

Step

성공이란 목표를 세우고 달성한 상태를 말한다. 즉 당신이 어떤 분야에서나 성공을 간절히 바란다면 전략보다 명확하고 가치 있는 목표가 우선이다.

주변에 성공한 사람들을 유심히 살펴보면 공통점을 발견할 수 있다. 그들은 무엇(what)으로 성장할 것인가가 명확하다. 학교를 졸업한 학생은 사업가, 직장인, 공무원, 연예인 등 앞으로 무엇을 하면서 살 것인가를 결정해야 한다. 여기서 말하는 '무엇'을 정하는 것이 목표를 수립하는 첫 번째 과정이다.

목표를 수립하는 두 번째 과정은 '왜(why) 목표를 달성해야 하는가?'라는 질문에 답하는 것이다. '왜'라는 질문을 자신에게 끊임없이 던지다보면 자신이 그 일을 해야 하는 이유와 가치를 발견할 수 있다. 나아가 내가 왜 이 일을 해야 하는지가 명확해지면 신념이 생기고 신념이 있는 곳에 동지와 추종자가 생긴다.

마지막으로 어떻게(how) 달성할 것인가를 연구해야 한다. 성공은 낙관적인 시나리오뿐만 아니라 부정적인 돌발변수에 대비하고 준비한 사람에게 주어지는 대가다. 누군가가 당신에게 어떻게 목표를 달성할 것인지 질문했을 때 명확히 대답할 수 없다면 성공도 그만큼 멀리 있는 것이다. 목표 달성을 하기 위해서는 사람을 찾아 질문하고 듣고, 배우고 연구해야 한다. 그러면 새로운 길이 보일 것이다.

목표 설정

내 인생 나답게 사는 길 '소명의식'

토니 블레어 총리가 당선되어 첫 출근을 했을 때 고위공직자가 다가와서 정중하게 말했다.

"무엇을 하시겠습니까?"

"내가 총리가 되기 위해 많은 공약을 했습니다. 그걸 하면 됩니다"

"그것을 다 하려고 하면 영국은 혼란에 휩싸일 겁니다. 무엇을 할 것인지를 결정하셔야 합니다. 무엇을 결정하지 않으면 영국은 아무런 변화가 없을 겁니다."

고민을 해서 무엇을 결정했더니 고위공직자는 두 번째 질문을 했다.

"왜 그것을 하려고 하십니까? 그것을 하면 영국 국가 발전에 무슨 도움이 되고, 영국 국민의 삶의 질의 향상에 무슨 도움이 됩니까?"

고민을 해서 왜 이 일을 해야 하는지 말했더니 세 번째 질문을 했다.

"어떻게 그것을 하시겠습니까?"

"아니 어떻게 해야 하는지는 장관이나 공무원들이 해야지 총리인 내가 그것까지 결정을 해야 합니까?"

"그렇게 큰 것만 결정해서 성공한 지도자는 없습니다. 구체적으로 어떻게 할 것인지를 고민하고 확인해야 성공할 수 있습니다."

그래서 토니 블레어 총리는 재임기간 내내 무엇을 할 것인지, 왜 그것을 해야 하는지, 어떻게 할 것인지를 고민했다고 한다. 이 세 가지 질문은 작은 조직이든 큰 조직이든 리더라면 누구나 매일 해야 하는 질문이다.

세상을 이롭게 하는 목표

성공의 첫출발은 좋은 목표를 정하는 것이다. 세계의 경제를 주름잡은 사람들의 성공 스토리를 분석해보면 당장 자신의 주머니를 채우는 이익에 집중한 것이 아니라 고객이 진정으로 원하는 가치를 목표로 제시해 큰 성공을 거두었다.

빌 게이츠(Bill Gates)는 돈을 벌겠다는 목표가 아니라 당시 집채만

한 크기의 컴퓨터를 최대한 작게 만들어 모든 가정에 보급하고 싶다는 목표를 세우고 마이크로소프트를 창업해 세상을 변화시키고, 세계 최고의 부자가 되었다.

포드 자동차의 설립자인 헨리 포드(Henry Ford) 역시 부자가 되겠다는 목표가 아니라 부자들의 전유물인 자동차를 서민들의 생필품으로 만들어 누구나 자유롭게 돌아다닐 수 있도록 하겠다는 목표를 세우고 자동차 생산 시스템을 자동화하여 인류의 삶을 획기적으로 변화시켰다.

삼성을 창업한 이병철 회장도 국가 발전에 기여하고 인재 제일, 합리 추구를 경영철학으로 삼았다. 즉 인재를 키워 고객과 사원, 회사가 각각 얻고자 하는 가치를 합리적으로 추구하는 사업을 통해 국가에 기여한다는 목표가 오늘의 삼성을 만들었다.

교보생명을 창업한 신용호 전 회장은 공교육을 받아보지 못한 분으로서 국민 교육 진흥, 민족 자본 형성이라는 목표를 세우고 세계 최초로 교육과 생명보험을 합친 교육보험 상품을 만들어 오늘날의 교보생명을 만들었다.

크게 성공한 사람들은 한결같이 고객의 성공을 위해 일하지만 성과가 낮은 사람들은 자신의 돈을 벌기 위해 일한다. 고객을 도와주기 위해 일하는 설계사들은 표정이 밝고 하는 말도 긍정적이지만 돈을 벌기 위해 일하는 설계사들은 항상 우울하다. 세상에는 어려울 때 도움이 필요한 사람은 많지만 보험에 가입하고 싶어하는 사람은 많지 않다. 보험에 가입하는 목적은 미래에 발생할 수 있는 역경을 극복하기 위함이다. 보험에 가입하고 입원하면 입원비가 나오고, 수술하면 수술비, 질병이 발생하면 치료비, 사고가 나면 보험금, 오래 살면 연금이 나온다.

보험에 가입한 사람들의 가정은 미래의 경제적 행복을 보장받는다. 만약 모든 사람이 연금보험에 가입하면 행복한 노후생활을 보장받을 수 있고, 질병이 발생하면 치료 자금을 받아 건강을 회복할 수 있고, 가장이 불의의 사고를 당해도 보험금으로 자녀들이 학교를 졸업하고 건강한 사회인으로 성장할 수 있다.

보험회사 설계사로 성공하고자 하는 사람들은 고객의 미래 행복을 지켜준다는 소명의식을 가져야 한다. 보험설계사가 친인척을 모두 보험에 가입시킨다면 가문이 행복해지는 것이고, 지역 주민을 모두 가입시킨다면 지역 사회를 밝고 건강하게 만드는 훌륭한 사명을 완수하는 일이다.

나는 보험 영업을 할 때 돈을 많이 벌고 싶다거나 회사에서 1등을 해야겠다고 생각한 적이 없다. 나와 거래하는 고객에게 그 어떤 보험회사의 영업사원과 거래하는 것보다 더 좋은 보장과 서비스를 제공해주기 위해 고민하고 또 고민해서 고객이 같은 돈을 내고 최고의 보장과 서비스를 받을 수 있도록 상품을 설계하여 고객 가치를 창조했다. 지점장으로 근무하면서도 최고의 교육과 지원으로 설계사들이 항상 최고의 생산성과 소득을 올릴 수 있도록 했다.

리더는 모든 사원들이 자부심을 느낄 수 있도록 고귀한 목표를 추구해야 한다. 고객이 기꺼이 동참하고 싶은 가치 있는 목표, 사원들이 인생을 걸고 모든 에너지를 쏟아붓고 싶은 목표를 만드는 것이야 말로 성공을 바라는 사람의 첫 번째 임무다.

좋은 목표는 고객과 사원이 추구하는 가치를 포함하고 있어야 한다. 목표 수준은 현재 갖고 있는 역량과 자원을 총동원하여 몰입했을 때 겨우 달성 가능하고, 목표 달성 시 모습을 그려보았을 때 가슴 설레어 잠을 못 자는 수준이 좋다. 힘들이지 않고 달성 가능한 낮은 수준의 목표는 고객이나 사원들의 삶을 변화시킬 수 없다. 그런 목표는 달성되더라도 시간과 에너지만 낭비될 뿐이다.

단 하나의
목표 선택

옛날에 어느 왕이 아들 삼 형제를 데리고 사냥을 나갔다. 하루 종일 사냥을 한 후 왕은 아들 삼 형제를 모아놓고 물었다.

"아들아, 오늘 무엇을 보았느냐?"

큰아들이 먼저 대답했다.

"푸른 나무와 맑은 물이 흐르는 계곡을 보았습니다."

둘째 아들이 이어서 대답했다.

"푸른 나무와 맑은 물이 흐르는 계곡과 사슴을 한 마리 보았는데 못 잡았습니다."

셋째 아들이 대답했다.

"저는 토끼 두 마리와 사슴 세 마리, 호랑이 한 마리를 보고 토끼 한 마리, 사슴 한 마리, 호랑이 한 마리를 잡았습니다."

"다른 것은 못 보았느냐?"

"죄송합니다. 저는 나무도 계곡도 보지 못했습니다. 오로지 사냥감만 보았습니다."

"우리 왕국의 후계자는 셋째로 하겠다."

왕은 왜 이런 결정을 했을까? 무슨 일을 하든 생각이 많은 사람은 실패할 확률이 높다. 예를 들어, 생각이 많은 사람은 휴가철이 가까워오면 사무실에서 휴가 걱정하느라 며칠 전부터 일을 못한다. 휴가 가서는 사무실이 걱정되어 제대로 쉬지도 못한다. 반면 일 잘하는 사람은 휴가 시 업무 차질이 생기기 않도록 꼼꼼하게 일을 끝내고, 휴가를 가면 회사는 잊고 신나게 놀고 에너지를 충전하여 업무에 복귀한다.

일 못하는 지점장은 상품 교육을 할 때 종신보험, CI보험, 연금보험이 모두 좋다고 교육한다. 그렇게 교육하면 설계사들은 고객들에게 종신보험도 좋고, CI보험도 좋고, 연금보험도 좋으니 아무거나 가입하라고 권한다. 고객은 보험에 전부 가입할 수도 없고, 어떤 상품이 좋은지 결정을 못하니 가입을 미룬다.

대형 지점장들은 특정 상품에 대한 열정과 전문성이 뛰어나다. 종신보험을 많이 파는 지점장의 강의를 듣다 보면 누구나 종신보험에 가입하고 싶어진다. 보험에 가입하지 않으면 미개인이 된 듯한 느낌이 들고, 가입하면 가족을 사랑하는 선진 국민이 되는 느낌마저 든다. 재미있는 현상은 그 지점 설계사들 역시 종신보험을 많이 판매하지만 이에 뒤지지 않고 다른 상품도 많이 판매한다.

일 잘하는 설계사에게 세상 사람은 두 종류로 보인다. 보험에 가입할 사람과 가입하지 않을 사람이다. 일 잘하는 지점장에게도 세상 사람은 두 종류다. 보험 영업을 할 사람과 못 할 사람이다.

터미널 근처식당은 대개 분식, 중식, 한식까지 모두 판매하지만 단골손님이 별로 없다. 하지만 주인이 한 가지 음식에 몰입하여 최고의 맛으로 승부하는 음식점에는 단골이 많다. 추어탕 하나만 하는데 점심때마다 매일 줄을 서는 식당이 있다. 김치찌개, 삼계탕, 칼국수 등 단품에 승부를 걸어 많은 단골을 확보한 식당이 돈도 많이 번다.

회사에서도 마찬가지다. 본인 일은 제대로 못하면서 다른 부서 일에 모두 간섭하는 사람치고 제대로 성과를 내는 사람이 없다. 무슨 일이든 분산된 힘은 영향력이 없다. 에너지가 하나에 집중될 때 파워가 생긴다. 그러니 모든 것을 잘하려 하지 말고, 자기 전공에서 어느 누구도 따라오지 못할 실력을 갖춰라.

막연한 목표 vs 구체적인 목표

"당신의 꿈은 무엇입니까?"라고 물으면 너 나 할 것 없이 외친다.

"부자가 되고 싶어요."

"성공하고 싶어요."

"잘살고 싶어요."

온통 막연한 대답뿐이다. 무작정 잘될 거라 기대하며 행운을 기다리는 것은 잠에서 깨면 사라지는 허망한 꿈과 같다. 현실에서 이루어지는 꿈은 눈을 뜨고 목표를 향해 행동하면서 꾸는 꿈이다. 꿈은 목표를 달성했을 때 모습을 그려보는 것이고, 그 목표가 분명할 때 현실이 된다.

올림픽에 출전하는 선수들이 근육이 파열될 것처럼 아프고 힘들 때 포기하지 않고 계속 훈련할 수 있는 이유는 코치의 잔소리가 아니라 결승에서 승리하는 본인의 모습, 금메달을 목에 걸고 손을 높이 드는 모습, 기자들의 질문과 카메라의 플래시 세례를 받는 모습 을 꿈꾸기 때문이다. 그렇기에 리더는 조직의 목표를 명확히 해 사원들과 공유함으로써 모든 사원들이 스스로의 꿈을 달성하기 위해 주도적으로 일하게 만들어야 한다.

좋은 목표의 요건으로 보통 SMART기법을 이야기하는데, 특히 그중에서 가장 중요한 것은 측정 가능성과 목표 달성 기한이다. 즉, 목표는 숫자화해 측정이 가능해야 하고, 언제까지 달성할 것인지 기한이 명시되어야 한다.

하지만 보통 사원들에게 "올해 목표가 뭐냐?"고 물어보면 "열심히 하겠습니다", "성공하겠습니다", "돈을 많이 벌겠습니다"라고 말한다. 리더는 그런 사원들이 구체적이고 측정 가능한 목표를 세우도록 도와야 한다. 나아가 사업 목표를 분기·월·주간 단위로 세분화하고, 치밀하게 확인 관리도 해야 한다. '리크루팅을 열심히 하겠다'는 사원에게는 몇 명을 언제까지 할 것인지, '열심히 해서 성과를 내겠다'는 사원에게는 구체적인 매출을 언제까지 달성할 것인지를 정하도록 해야 한다.

회사를 위한 목표 vs
고객 · 사원이 함께 성장할 목표

회사를 은퇴하고 GA를 운영하는 선배님이 이런 말을 했다.

"내가 창업했을 때 박 전무가 말했지. '선배님 돈 벌려고 GA 하지 말고, 함께 일하는 사람들에게 최고 잘해주는 회사를 만드세요.' 처음에는 그 말이 이해되지 않았는데 시간이 지나면서 자네가 시키는 대로 열심히 했어. 지금은 설계사들의 만족도가 가장 높은 회사라고 자부하네. 나와 같은 시기에 창업한 사람들 중에 돈 벌려고 한 사람들은 많이 망했어."

성공한 리더는 개인의 이익보다, 고객과 사원들의 목표와 꿈을 우선한다. 실패한 리더들은 고객과 사원의 입장을 생각하지 않고 자신의 이익을 창출하기 위한 목표만을 세우고, 달성 책임을 사원들에게 강요한다. 리더가 자신의 목표를 강요하거나 자신의 이익을 위해 희생을 요구하면 사원들은 슬픔과 갈등을 겪는다.

"사옥을 완공할 때까지 여유 자금이 없습니다. 그때까지 임금을 동결하고 회사의 미래를 위해 열심히 일해주십시오."

사장에게는 사옥을 짓는 일이 중요할지 몰라도 사원들은 사옥 때문에 자신의 삶이 달라지는 것은 아니기에 불만을 터트린다.

"사옥을 지으면 나한테 1평도 안 줄 거면서 왜 내 임금을 동결한다는 거야!"

사원들이 자신의 이익을 희생해 회사의 재산을 늘린다고 느낀다면 회사는 성장할 수 없다.

새로 부임하는 보험회사 신임 지점장들은 이런 말을 자주 한다.

"우리 1등 지점을 만듭시다. 지난 3개월간의 실적이 목표치에 미달하고 있으니 새로운 설계사를 리크루팅해야 합니다. 리크루팅만이 살길입니다."

기존 설계사들의 실적만으로 목표를 달성하기 어려우니 새로운 설계사를 리크루팅하여 1등을 하자는 목표는 멋있어 보이지만 기존 설계사들은 의욕이 넘치기는커녕 투덜대기만 한다.

"1등 지점 좋지. 지점이 1등 하는 것과 우리 소득과는 상관없잖아."

"우리를 도우려고 온 사람이 아니라 자기 혼자 살려는 거야."

"우리도 어려운데 신입사원이 웬 말이야. 신입사원이 들어오면 우리는 쳐다보지도 않을 거야."

지점이 1등을 하면 지점장은 그에 상응하는 보상을 받지만 설계사들에게 약속된 보상은 없다. 결국 '1등 지점이 되자'는 목표는 지점장만을 위한 목표이고, 설계사들과 지점장의 사이만 멀어진다.

실패하는 리더들은 본인만의 이익을 목표로 정한다. 돈을 벌기 위해 회사를 차리고 돈을 벌기 위해 사원을 고용하고, 돈을 벌기 위해 일하면 부자가 될 거라고 생각하지만 이는 큰 착각이다. 스스로 부자가 되겠다는 리더의 목표는 사원의 공감을 얻지 못하고, 고객도 설득하지 못한다. 어떤 고객도 기업을 부자로 만들어주기 위해 돈을 쓰지 않는다. 고객들은 자신이 원하는 상품과 서비스의 대가로 최소한의 돈을 쓰려고 할 뿐이다.

리더의 첫 번째 임무는 자신의 이익을 위한 목표가 아니라 고객과 사원이 함께 성장할 수 있는 목표를 만드는 것이다. 조직원들이 리더가 세운 목표를 달성했을 때를 생각하면 식음을 전폐하고, 밤잠 안 자고 몰입할 수 있어야 함께 성공할 수 있다.

목표의 수혜자

미국 역사상 가장 훌륭한 대통령으로 존경받는 에이브러햄 링컨(Abraham Lincoln)이 1863년 6월 13일 게티즈버그 공원에서 국민들에게 제시한 목표는 미국을 군사 최강국, 경제대국으로 만들겠다는 것이 아니었다. 링컨은 그저 '국민의(of the people), 국민에 의한(by the people), 국민을 위한(for the people) 정치를 약속한다. 자신의 이름을 높이거나 국가를 위해 국민의 희생을 강요하지 않고, 오로지 국민을 위한 정치를 하겠다는 링컨의 정신은 미국인들을 하나로 모았고, 결국 위대한 미국을 만들었다.

비록 시대와 지역은 달랐지만 우리나라 역사상 가장 훌륭한 왕으로 존경받는 세종대왕 역시 링컨과 똑같은 목표를 가졌다. 세종대왕의 즉위교서(卽位敎書)를 보면 조선 왕으로서 국정 운영 목표 세 가지를 제시한다.

첫째, 민유방본(民有邦本): 국가의 근본은 오직 백성이니, 백성을 가장 중요하게 생각하는 정치를 펴겠다.

둘째, 시인발정(施仁發政): 억압이나 강권에 의한 정치가 아닌 백성을 사랑하고 백성을 위하는 인(仁)의 정치를 펴겠다.

셋째, 위정인최(爲政人最): 사람을 가장 중요시하고 인재를 중용하는 인재에 의한 정치를 펴겠다.

세종대왕은 국민들의 삶의 질을 높이는 가치 있는 목표를 세우고 그 목표를 공유하기 위해 토론을 즐겼다. 이미 왕명으로 결정한 사안이라도 다른 좋은 의견이 있으면 수정하는 데 주저하지 않았다. 반대로 백성의 삶을 향상시키고, 편안하게 해줄 정책이라면 어떤 상소나 간언도 듣지 않고 고집스럽게 밀어붙였다.

하루는 세종대왕이 백성들의 삶을 살펴보니 예의가 없어 다툼이 많고, 질병도 많고, 범죄를 저지르는 사람들이 많은데 그 원인은 대부분 몰라서 발생하는 일이었다. 당시 예서(禮書), 의서(醫書), 법전(法典)은 모두 일반인이 배우기 어려운 한문으로 쓰여 있었다. 그래서 세종대왕은 한글을 만들기로 결심한다.

"예의를 가르치는 글은 모두 한문인데, 조선 사람들이 글을 읽을 줄 모르니 예의가 없을 뿐 아니라 의서 역시 한문으로 되어 있어 질병을 막기 어렵다. 형벌에 대한 법전 역시 한문으로 기록되어 있어 국민들이 잘 알지 못하니 죄를 짓는다. 그러니 조선 사람들이 읽기 좋은 조선 글을 만들어야겠다."

그러나 곧 신하들의 거센 반대에 부딪힌다.

"전하! 조선 문자를 만든다는 건 망극한 일입니다. 문자가 있는 여진족은 야만인이고, 문자가 있는 몽고족 역시 야만인입니다. 만약 조선이 문자를 만들면 조선 역시 야만국이 됩니다."

세종대왕은 한글을 만들어 백성들이 행복한 조선을 만들겠다는 목표를 달성하기 위해 심한 반대를 무릅쓰고 젊은 학자들을 설득한다. 그 후 7년간의 창조적 몰입으로 한글을 창제했고, 3년의 파일럿 테스트를 거쳐 한글을 발표했다.

세종대왕이 여진을 정벌하려 할 때도 상소가 빗발쳤다.

"여진은 독한 놈들이어서 대국인 중국도 손을 안 대는데 작은 나라인 조선이 전쟁을 벌이면 막대한 피해를 볼 수 있습니다."

그러나 세종대왕은 국경을 자주 침범해 백성들을 괴롭히는 여진을 길들이기 위해 과감하게 김종서로 하여금 전쟁을 벌여 여진을 정벌한다. 세종대왕은 사람들의 의견에 귀를 기울이는 어진 왕이었지만 백성을 위하는 일 앞에서는 누구의 말도 듣지 않고 소신껏 밀어붙였다.

이렇듯 리더는 개인의 이익이 아닌 공동체를 위한 목표를 세우고 추진하는 데 주저함이 없어야 큰일을 할 수 있다. 기업도 마찬가지다. 오너의 이익을 위해 운영되는 회사에서는 사원의 삶이 피폐해지고, 거래하는 고객이 고통스러워진다. 열심히 일한 사원들에게 주는 보상이 아까운 기업, 고객을 수입원으로만 보는 기업은 사회악이 된다. 고객 가치 창조를 통해 고객의 삶을 풍요롭게 하는 기업, 사원들이 일한 성과를 정확하게 평가하여 보상하고, 인간의 행복한 삶을 추구하는 기업은 세상을 아름답게 한다.

개인을 위한 욕심은 실패로 끝나는 경우가 허다하지만 공동체를 위한 진실한 신념은 반드시 열매를 맺는다. 리더가 '이익'이라는 단어를 자주 언급하면 조직은 갈등과 혼란이 시작되고, 리더가 대의(大義)와 정의(正義)를 가슴에 품고 고객과 공동체의 목표와 소명의식을 이야기하면 아무리 큰 조직이라도 단결과 평화로 큰 역사가 만들어진다.

Step 02

목표 공유

700번의
반복

중소기업 사장이나 대기업 임원들을 만나면 늘 듣는 불만이 있다.

"대학까지 나온 사람들이 왜 머리를 안 쓰는지 모르겠어요."

"시키는 일만 하지 알아서 척척 일하는 사원이 없어요."

그래서 사원들에게 왜 열심히 일하지 않느냐고 물어보면 그들도 불만이 많다.

"사장님 때문에 골치 아파요. 하라는 일을 열심히 해도 불만이고, 밑도 끝도 없이 화만 내요."

과연 누가 문제일까? 실패하는 리더들은 목표를 세우고 공유하는 데에는 소홀하면서 도리어 사원들이 주인의식을 갖고 창의적으로 일하기를 바란다.

목표와 비전이 없거나, 목표가 사원들에게 공유되지 않는 회사에서는 사원들이 수동적으로 시키는 일만 하고, 월급만 많이 받기를 바란다. 하지만 이것은 사원들의 잘못이 아니다. 사원들은 회사가 가야 할 방향을 모르니 시키는 일만 할 뿐이다. 회사가 가고자 하는 방향과 목표를 명확하게 알아야 사원들이 스스로 알아서 각자의 몫을 할 수 있다.

따라서 목표가 정해지면 리더는 사원들과 그 목표를 충분히 공유해야 한다. 이는 함께 성장하기 위해 꼭 필요한 과정이다. 반면 실패하는 리더는 한두 번 목표를 말하고 사원들이 알아서 잘 따라올 것이라고 생각하지만 이는 큰 착각이다. 사원의 생각과 행동은 다양한 방법으로 반복적으로 커뮤니케이션을 시도해야 조금씩 바뀐다.

리더와 똑같은 생각으로 세상을 보는 공감

리더들은 이따금 한 번의 교육으로 사원들이 목표를 잘 알아들었을 거라고 착각한다. 교육 시 눈을 빛내며 듣는 사원도 있지만 대다수는 딴생각을 하거나 졸고 있다. 그들은 이유 없이 온 힘을 다해 일하지 않는다. 그들을 리더와 같은 철학으로 일하게 만들려면 목표에 대한 공감이 이루어져야만 한다.

내가 지점장 시절부터 꼴찌 조직을 모두 성장시킬 수 있었던 것은 사원들에게 나의 영업 철학을 공유한 것이 가장 주효했다. 지점장 때는 아침 교육에 충실했고, 지원단장 시절에는 매주, 본부장 시절에는 매월 전 조직원에게 다양한 방법으로 커뮤니케이션을 시도했다.

본부장 시절에도 아침부터 저녁까지 모든 계층과 회의하고 교육하고, 토론하고, 질문하고 들으면서 대부분의 시간을 조직 내에서 의견을 수렴하고 목표를 공유하는 데 사용했다.

GE의 신화를 만든 잭 웰치(Jack Welch) 회장은 '어떤 프로젝트를 진행할 때 열 번 이야기하지 않은 것은 안 한 것과 같다'고 했다. 처음 한두 번 이야기하면 각자의 입장에서 듣기 때문에 공감을 얻을 수 없다.

"GE의 목표와 비전에 대해 400번 말했을 때, 비로소 사원들은 내가 하는 말을 이해했고, 700번 말하자 나와 같은 생각을 하는 사람들이 가득해졌습니다."

목표 공유는 리더가 700번을 되풀이해야 할 만큼 중요하다. 목표를 교육하고, 목표 달성을 위해 본인이 할 일을 작성하여 발표시킨다든지, 메일이나 문자를 보내고, 인사 구호, 포스터 등 목표 달성을 위한 메시지를 눈에 보이고, 귀에 들리게 만들어야 한다.

사소해 보일지 몰라도 분명하고 집요하게 커뮤니케이션을 해야 사원들은 조직이 어느 방향으로 가는 것이고, 본인이 무슨 일을 해서 목표 달성에 기여할 것인지 생각하고 행동하게 된다.

목표를 공유할 때, 목표만 전달할 것이 아니라 왜 목표를 달성해야 하는지, 어떻게 달성할 것인지, 목표가 달성되었을 때 회사와 사원과 고객의 삶이 어떻게 달라지는지를 알려 공감을 끌어내야 한다.

사원들이 목표를 완전히 이해하고 행동에 반영할 때까지 끌고 가지 못한다면 목표 공유는 아무런 의미가 없다.

치밀하고
반복적으로

박정희 대통령은 1962년부터 1981년까지 국민 경제 발전을 위해 경제 개발 5개년 계획을 지속적으로 추진하여 연평균 10%를 상회하는 어마어마한 경제성장률을 달성한다. 정부 주도하에 5년 단위로 경제 성장 목표를 정하고 성장 위주의 경제 정책과 수출 주도형 성장 전략을 실행한 덕분이다. 그 결과 고도의 경제 성장과 함께 수출과 국민 소득이 크게 신장되었고, 아시아 신흥 공업국으로 부상한다. 비록 빈부 격차와 도·농 격차의 심화, 재벌 중심 경제 구조 등의 부작용도 발생했지만 당시 경제 현실에 비추어 한걸음 앞선 목표를 제시했다.

이 과정에서 근면, 자조, 협동이라는 정신으로 시작한 새마을운동의 과정을 살펴보면 노래, 포스터, 방송, 국민교육헌장 등 다양한 방법으로 목표를 위해 국민을 몰입하게 만들었다. 당시 먹고살기 어려운 국민들에게 경제 개발 5개년 계획이 달성되면 국민의 삶이 좋아진다는 목표를 공유하고, 목표 달성을 위해 국민들에게 희생과 헌신을 유도했다는 것은 훌륭한 리더십으로 평가할 수 있다.

보통 사람들은 한두 번 시도해보고 안 되면 마치 안 되는 이유를 찾기 위해 일을 시작한 것처럼 그건 원래 안 되는 일이라고 포기한다. 사람들이 안 된다고 포기할 때 위대한 리더는 목표 달성 시 모습을 더욱 강조하고 치밀하게 파고들어 제3의 문제 해결 방법을 찾는다.

매월 많은 사람들이 보험 영업을 시작하고 그만둔다. 생각보다 일이 수월하지 않은 탓도 있지만 무엇보다 보험 영업의 가치와 소명의식을 느끼지 못해서다. 보험 영업을 하면서 영업사원이 실수에 실패를 거듭하더라도 포기하지 않도록 치밀하게 목표를 공유하여 꿈꾸게 만들어야 한다. 또한 보험 영업을 시작하는 사원들에게 돈을 버는 것을 강조하기보다 보험 영업의 가치와 보험인의 사명감, 소속 회사에 애사심을 갖고 일하도록 신념을 심어주어야 한다.

"보험 영업을 그만두겠습니다. 매일 계약하러 다니는 것도 싫고, 이렇게까지 해서 먹고살아야 하나 싶습니다."

"보험 영업을 그만두면 무슨 일을 할 생각이세요?"

"앞으로 찾아봐야지요. 아무튼 보험은 제 길이 아닙니다."

"당신이 보험 영업으로 성공하고 떠난다면 응원하겠지만 보험이 힘들어서 떠나는 거라면 다시 생각해보세요. 어떤 책에 보니 하느님이 세상에 고통, 아픔, 상처라는 씨앗을 뿌리더랍니다. '왜 세상에 희망, 영광, 보람, 행복 같은 좋은 것을 주지 않냐?'고 물었더니 하느님께서 '내가 뿌린 고통의 씨앗을 까보면 그 속에 좋은 것이 있단다. 좋은 것을 그냥 주면 사람들이 공짜만 바라기에 노력해서 얻는 기쁨을 주려는 거야'라고 말씀하시더랍니다.

지금 당신이 힘들다면 하느님이 당신에게 시련이라는 선물을 주신 겁니다. 조금만 노력하면 고통의 껍데기가 벗겨지고 보람과 행복이라는 하느님의 선물을 받을 수 있습니다. 지금 여기서 피하면 어느 곳에서 어떤 일을 하더라도 고통의 껍데기를 벗기지 못한 채 좌절하는 인생을 살 수도 있습니다.

여기서 성공하고 다른 곳에 가면 무슨 일을 하더라도 성공할 수 있습니다. 누군가 발목을 잡을 때 그 손모가지를 걷어차서 부러뜨리는 용기가 있어야 당신의 세상을 만들 수 있습니다. 보험은 어떤 일보다 의미 있고 소중합니다. 보험 영업은 고객의 삶을 지켜주는 소중한 일입니다."

"당장 먹고살기도 막막하다고요."

"돈을 좇아 일한다면 무슨 일을 해도 비참한 기분이 들 수밖에 없습니다. 그러나 내가 왜 이 일을 하는지, 이 일이 어떤 가치가 있는지 알고 일한다면 보람을 느낄 수 있습니다. 보험 영업이 힘들다고 생각하지 말고 당신이 체결한 보험으로 만약의 경우 고객이 받을 보험금으로 보장되는 고객의 행복을 생각해보세요."

"보험을 들어달라고 말하는 것도 힘듭니다."

"보험 계약을 체결하면 모든 혜택은 고객이 받습니다. 질병이 발생하면 치료 자금이 나오고, 입원하면 입원비, 사고가 나면 보험금, 오래 살면 죽을 때까지 받는 연금은 모두 계약자가 혜택을 봅니다. 보험 계약으로 영업사원이 보는 혜택은 하나도 없습니다. ○○생명에는 매일 평균 50억 원, 매월 1,000억 원의 사고보험금이 지급되는데 그중에 설계사의 몫은 1원도 없습니다. 보험금을 받아가는 고객들이 창구 여사원에게 가장 많이 하는 말은 '보험 들기를 천만다행이다'라는 것이고, 두 번째가 '좀 더 크게 들어놓을 걸 그랬다'고 후회하는 말입니다. 보험은 설계사를 위해 들어주는 것이 아니라 고객이 미래를 위해 준비하는 것입니다."

"아, 듣고 보니 그런 것 같네요."

"가장이 보험에 가입하면 아이들은 어떤 경우에도 학교를 졸업할 수 있고, 반듯한 사회인으로 성장할 수 있습니다. 100세까지 사고 없이 건강하게 사는 사람은 질병이나 사망에 대비한 종신보험은 필요 없을지 모르지만 노후 생활을 보장해주는 연금보험은 반드시 필요합니다. 반대로 60세 이전에 반드시 죽을 사람은 연금보험은 필요 없지만 종신보험은 반드시 필요합니다. 사람은 미래를 알 수 없기에 누구나 보험으로 미래의 행복한 삶을 보장받는 보장 자산을 준비해야 합니다. 만약 주변 사람들이 모두 종신보험에 가입한다면 가장이 사망해도 가족들은 최소한의 경제적 행복을 보장받을 수 있고, 연금보험에 가입한다면 국민연금과 교보연금으로 행복한 노후 생활을 보장받을 수 있습니다. 보험 영업은 주변 모든 사람의 미래를 지켜주는 일입니다. 보험 영업을 하는 사람은 한국 사회의 미래를 밝힌다는 사명감과 소명의식을 가져야 합니다. 보험 영업은 단순히 보험을 팔러 다니는 게 아니라 보험을 통해서 미래에 있을지 모를 불행을 막아주고, 안전한 삶을 살 수 있도록 도와주는 가치 있는 일입니다."

나는 보장 자산의 중요성과 가치에 대해 누구보다 굳은 신념을 갖고 있다. 설계사들도 보험 영업이 단순히 돈벌이라기보다 가족의 안전과 미래 행복을 지켜주는 일임을 인지하고, 스스로 자신의 일에 신념과 자긍심을 갖고 일해야 한다.

보험회사 관리자들 역시 리더이기 이전에 보험인으로서 소명의식을 가지고 일해야 한다.

"여러분은 단순히 보험 영업으로 먹고사는 사람이 아닙니다. 고객에게 보장 자산을 제공하여 미래 행복을 지켜준다는 사명감, 희망을 가지고 사는 설계사님들을 전문가로 양성하는 보람, 고객과 설계사의 삶을 향상시키고 한국 사회의 미래를 밝게 한다는 소명의식으로 일해야 합니다. 지금 여러분이 하는 일이 가장 가치 있고 귀한 일입니다."

이렇듯 내가 가진 소명의식과 목표를 지속적으로 공유하다 보니 내 생각이 곧 사원들의 생각이 되었고, 나와 사원들은 같은 목표를 가진 한 팀이 되었다. 어느샌가 사원들은 이렇게 말했다.

"나는 박 본부장이 무슨 생각을 하는지 알아. 본부장의 교육을 들어보면 메시지가 한결같아. 나는 본부장이 무엇을 하면 좋아하고 무엇을 하면 싫어하는지 알 수 있어."

당시 나는 일주일에 두 번씩 전 사원에게 문자를 보내 우리의 목표와 가치를 이야기했었다. 사원들이 리더가 하고자 하는 것이 무엇이고, 어떤 행위를 좋아하고 싫어하는지 안다면 그 조직은 리더가 원하는 방향으로 가기 시작한 것이고, 시간 차이는 있겠지만 목표는 반드시 달성될 것이다.

리더가 만든 훌륭한 목표가 달성되기 위해서는 고객과 조직원 등 이해관계자가 리더와 똑같은 생각으로 목표를 바라볼 때까지 커뮤니케이션을 반복해야 한다.

대의(大義)를 닮은 목표와
소명의식의 출발

'국방부 시계는 거꾸로 매달아도 간다'는 말은 제대 날짜만 기다리며 시키는 일만 하는 병사들이 하는 말이다. 1986년 26사단 보병 소대장 시절 나는 젊은 병사들에게 꿈을 심어주고 싶었다.

날씨가 더운 어느 날 병사들을 깊은 계곡으로 데리고 간 나는 병사들과 함께 홀딱 벗고 신나게 물놀이를 했다. 그리고 얼마 후 나는 시간 가는 줄 모르고 놀던 병사들을 물 밖으로 불러 정렬시키고 소리쳤다.

"재밌나?"

"네!"

"신나냐?"

"네!"

찰나의 침묵을 깨고 소대장은 물었다.

"우리는 왜 군대에 왔나?"

아무 대답 없이 정적이 흘렀다.

"우리 세대의 가장 큰 임무는 분단 조국의 통일이다. 우리는 유사시 전쟁에 의한 통일을 위해 군대에 왔다. 만약 한반도에 전쟁이 난다면 우리는 부모 형제를 지키고 조국을 지켜야 한다. 우리는 유사시 전쟁에서 이기기 위해 군대에 왔고, 우리가 훈련을 적당히 해서 적에게 패배한다면 우리 부모 형제는 모두 적에게 죽을지도 모른다. 우리는 부모 형제를 보호하고 분단 조국의 통일을 위해 이곳에 한 형제로 모였다. 알겠는가?"

"네!"

"만약 우리가 군에 있을 때 전쟁이 난다면 우리 소대는 한 명도 죽지 말고 살아서 압록강까지 가서 조국을 통일시키고 오늘처럼 벌거벗고 물놀이하자. 생각만 해도 가슴이 뛰지 않나?"

"네, 가슴이 뜁니다."

"오늘부터 우리 소대의 목표는 압록강까지 가는 거다. 앞으로 우리는 전쟁이 났을 때 살아서 압록강을 가기 위해 생활하고 훈련하는 거다. 알겠나?"

눈에 눈물이 맺히는 병사들도 있었다.

"지금 이 순간부터 우리 소대의 목표는 '가자 압록강'이다. 집합 또는 해산 시 모두 큰 소리로 외치며 가슴에 새기기 바란다. 선입자가 '가자 압록강'이라고 하면 나머지도 큰 소리로 '가자 압록강'이라고 외친다."

그날 이후 우리는 '가자 압록강'을 목이 터져라 외치며 군 생활을 했다. 어떤 병장은 전역하면서 이런 소감을 남겼다.

"처음에 '압록강 가자'는 말을 들으면서 무슨 되지도 않는 소리인가 했어요. 그런데 점점 전쟁이 날지도 모른다는 불안감이 생겼고, 전쟁이 나면 살아서 압록강에 가고 싶었어요. 그래서 정말 열심히 군 생활을 했습니다. 전쟁이 났다면 조국을 통일시키고, 반드시 압록강에 갔을 겁니다."

조직을 운영하는 리더는 배를 몰고 목표를 향해 가는 선장이다. 선장은 배에 승선한 사람들에게 무엇을 위해, 언제까지 목적지에 도착할 것인지를 알려주어야 한다. 선원들이 목적지를 알지 못한다면 단순한 노동자로 전락하는 반면 목적지를 아는 선원들은 능동적으로 생각하고 위급한 상황이 닥쳤을 때도 각자의 역량을 발휘해 적절한 조치를 취할 수 있다.

선장이 선원들을 스스로 움직이게 만들려면 선장은 목적지에 도착했을 때, 그 항해로 어떤 보람을 얻게 되는지를 제대로 알려주면 된다. 모든 역경을 딛고 도착한 목적지에서 누리게 될 기쁨을 떠올린다면 선원들은 어떤 힘든 상황이라도 이겨내려고 노력할 것이다. 좋은 목표를 통해 그 힘을 만들어내는 것이 바로 리더의 역할이다.

목표 달성 모습을 그려보는 꿈은 역경 극복의 에너지

내가 지점장이 되었을 때 억대 연봉을 받는 사람은 지원단에 한두 명뿐이었다. 그들은 좋은 차를 타고, 큰 집에 살면서 폼 나게 살고 있었다. 나는 억대 연봉 설계사가 많은 지점을 만들고 싶었다. 그래서 억대 연봉 설계사 10명을 모시고 일하는 지점을 목표로 정해 설계사들을 설득했다. 나를 믿고 입사한 사람들이 더 좋은 성과를 내고, 더 높은 소득을 얻도록 사원들에게 목표를 만들어주고, 꿈꾸게 만들었다.

"혹시 억대 연봉을 받고 싶지 않습니까?"

"받으면 좋지요. 억대 연봉 싫어할 사람이 있겠습니까?"

"제 목표는 억대 연봉 설계사 10명을 모시고 일하는 겁니다. 당신이 억대 연봉을 받았으면 좋겠습니다. 함께 노력해서 억대 연봉을 받아요. 최선을 다해 돕겠습니다."

설계사들은 흔쾌히 내 목표에 동참해주었다.

"이제부터 제 목표는 억대 연봉을 받는 것입니다. 많이 도와주십시오. 방법을 알려주시면 최선을 다하겠습니다."

이어서 나는 팀원들과 억대 연봉을 받기 위해 매월 필요한 실적과 목표를 달성하기 위한 자세와 행동에 대해 구체적으로 합의했다.

"억대 연봉을 받으면 무엇을 하고 싶습니까?"

"좋은 집을 사야지요."

"좋은 생각이에요. 좋은 집을 사면 아이들이 좋아하겠군요. 아빠를 존경하겠어요."

좋은 집을 사겠다는 것은 목표이고, 그 집에서 가족들이 행복하게 사는 모습을 그리는 것은 꿈이다.

"그러고 나서 무얼 하고 싶으세요?"

"차를 바꾸고 싶어요."

"좋은 차를 타고 친구들 모임에 나가면 친구들이 부러워하겠네요. 가족들도 좋아하겠어요."

좋은 차를 사는 것은 목표이고, 좋은 차를 타고 친구들 모임에 참석하고, 가족들과 폼 나게 여행가는 것은 꿈이다. 나는 사원들이 목표에 동의한 후, 목표가 달성되었을 때 그들의 삶이 어떻게 달라질지 생각하도록 했다. 새롭게 생긴 목표가 그들의 가슴을 설레게 했다면, 목표 달성 시 모습을 그려보는 것은 행동하는 힘, 즉 어떤 시련과 역경도 극복할 수 있는 강력한 에너지가 된다.

"그럼 지금부터 억대 연봉이라는 목표를 달성하기 위한 전략을 함께 세우도록 합시다."

"네, 제가 어떻게 해야 하는지 알려주세요."

"저와 몇 가지 약속해주세요. 첫째, 억대 연봉자답게 생각하고, 일하는 습관을 바꿉시다. 둘째, 매주 일정 고객과 준비된 만남을 가집시다. 셋째, 매주 활동 결과를 저에게 피드백하고, 다음 주에 있을 고객과의 미팅 준비 상황을 상의합시다. 제가 적극적으로 돕겠습니다. 어떠세요?"

"네, 약속하겠습니다."

억대 연봉이라는 목표를 달성하기 위해 우리는 함께 규칙도 정하고, 끊임없이 고객 접점에 관해 토론하고, 연구하고, 가르치고, 실행하고, 확인 관리했다.

리더와 조직원이 같은 목표를 향해 나아갈 때 팀워크가 생기고 목표가 달성된다. 우리 지점은 어느 누구도 1등이 되자고 말하지 않았지만 억대 연봉 설계사가 30여 명이 넘었고, 생명보험 업계에서 가장 큰 지점이 되었다.

　단순히 돈을 벌려고 일하는 사람들은 하루하루가 지겹고 고통스러운 날의 연속이지만 리더가 그들에게 목표를 만들어주고 목표 달성 후 달라질 삶을 그려보는 꿈을 갖게 만들어주면 인재는 스스로 성장하여 세상에 아름다운 향기를 남긴다. 고객과 조직원을 위한 측정 가능하고 달성 기한이 명시된 목표를 세우고, 목표 달성 시 고객과 사원의 삶의 질이 어떻게 좋아질 것인지 꿈꾸게 만드는 것은 리더의 첫 번째 임무이다.

목표 몰입

오기와 성장

식물은 시간이 지나면 저절로 성장하지만 사람이나 조직은 시간이 지난다고 해서 저절로 성장하지 않는다. 실패한 사람들은 한결같이 '시간이 부족했다', '시간이 조금만 더 있었으면 성공했다'고 변명하지만 그런 사람에게 시간을 더 줘도 변화는 없다.

성적이 좋은 학생들은 시험을 보고 나서 최선을 다했다고 말한다. 반면에 성적이 좋지 않은 학생들은 시간이 부족했다고 말한다. 하지만 아무리 충분한 시간이 주어져도 그런 학생들은 다음 시험에도 낮은 성적과 시간이 부족하다는 변명을 반복한다. 지점장으로서 실패한 사람은 조금만 더 기다려주었으면 잘했을 것이라고 말하지만

1년 더 기다려준다고 해도 성과의 변화는 없다. 사람과 조직은 성공하겠다고 마음먹었을 때 바로 몰입해야 성장할 수 있다.

나는 1996년에 골프를 배워 2012년까지 스트레스를 받지 않는 일명 '명랑 골프'를 쳤다. 회사 일도 골치 아픈데 골프장에서까지 골치 아플 필요는 없다는 생각에서였다. 스코어는 형편없었지만 정교한 골프보다 거리를 많이 내기 위해 치다 보니 파4홀에서 한 번에 그린으로 올린 경우도 있었고, 파5홀에서 두 번에 그린으로 올린 적도 많았다. 사람들을 만나면 15년의 골프 경력과 드라이브가 300미터나 된다는 것을 자랑삼아 이야기했다.

보기플레이에 만족하던 나는 2012년 여름 제주도에 2박 3일로 골프를 치러 갔다가 고수를 만났다. 나보다 열한 살이나 많은 사람이 드라이브 비거리가 30미터나 더 나가고, 아이언과 퍼팅은 정교했다. 몇 홀이 지나고 나서 그분은 나를 코칭하기 시작했다. 홀마다 폼과 기본을 강조했는데 당시 자만심으로 거들먹거리던 나는 그분과 골프를 치면서 엄청난 스트레스를 받았다. 그분 지적이 옳다고 생각하면서도 몸이 따라주지 않으니 화가 나서 3일 내내 100개씩 쳤다. 얼마나 스트레스를 받았는지 돌아오는 비행기에서 태어나 처음으로 멀미가 나서 화장실에 가서 모두 토했다.

집에 돌아오니 분해서 잠을 잘 수 없었다. 나는 그날부터 연습장에 가서 겸손한 마음으로 프로에게 레슨을 받으며 매일 밤 12시까지 연습했다. 드라이브를 치면 내가 원하는 지점으로 10개가 연속해서 갈 때까지 쳤다. 피칭을 잡으면 샷이 마음에 들 때까지 쳤다. 주말에는 종일 연습장에서 살았다. 3주 후에 그분과 다시 골프를 쳤는데 내가 싱글을 치니 그분은 놀라워했다.

"이게 어떻게 된 일이야. 제주도 박낙원이 어디 갔어?"

"회장님, 사실 제주도에서 스트레스를 많이 받았습니다. 오죽하면 올라오는 비행기에서 멀미를 했을까요. 그날 이후 매일 밤 12시까지 연습했습니다."

"박 본부장 정말 마음에 든다. 사람은 그런 오기가 있어야 해."

나는 그분 때문에 스트레스를 많이 받았지만 16년 동안 쌓은 실력보다 3주 만에 더 많은 실력이 향상되었고, 그해 라이프 베스트 스코어 69타를 기록했다. 골프가 잘 안 될 때 골프장, 캐디, 동반자, 컨디션 등을 탓하면 스트레스를 받아 병이 생기지만, 훈련을 통해 스스로를 바꾸면 실력이 향상된다.

바둑도 마찬가지다. 오래 배운다고 해서 실력이 저절로 향상되는 것이 아니라 온 세상이 바둑으로 보일 만큼 몰입해야 한다. 처음 바둑을 배울 때 너무 재미있어서 교실에 앉으면 칠판이 바둑판이었고, 버스를 타면 유리창이 바둑판이었고, 친구들과 이야기할 때는 친구 얼굴이 바둑판이었고, 방에 누우면 천장이 바둑판이었다. 바둑책을 보다가 밤새도록 한잠 못자고 학교에 등교한 적도 있었다. 그러다 보니 어느새 내 주변에 나보다 바둑을 잘 두는 사람이 없어져서 바둑을 그만두었다. 만약 그 당시 내 주변에 엄청난 바둑 고수가 있었다면 내 인생이 바뀌었을지도 모른다.

일할 때도 마찬가지다. 나는 처음 영업을 시작했을 때 고객을 만나고 나면 그와 나눈 대화를 몇 번이고 되새겼다. 고객의 반응을 어떻게 바꿀 수 있을지 생각하느라 잠을 못 잔 적도 있고, 나를 괴롭히는 고객과 혈투를 벌이다 경찰서에 끌려가는 꿈을 꾼 적도 있다. 결국 밤새워 고객에게 드릴 제안서를 만드는 동안 고객의 마음을 읽고 설득하는 실력이 향상되었다.

리더의 몰입

우수 인재를 발견하고 리크루팅하기 위해서는 후보자에게 몰입해야 한다. 인재에게 호기심을 갖고 인적 사항과 인성을 파악하고, 그 사람의 마음을 얻기 위해 수없이 전화하고, 만나고, 이야기를 들으며 상황과 문제를 파악하다 보면 후보자는 언젠가 마음을 열고 손을 내민다. 어떨 때는 후보자에게 수백 번 전화하고, 집을 수십 번 찾아간 적도 있었고, 3년 이상을 지켜보고 현직에서 일을 잘하도록 응원한 적도 있었다. 인재에게 몰입해야 인재의 마음을 얻을 수 있다.

몰입하지 않고 성과가 개선되거나 실력이 향상되는 변화는 세상에 없다. 목표를 달성하기 위해 사원들이 열심히 일하기를 바라기 전에 리더가 먼저 목표에 몰입해야 한다. 리더가 몰입하지 않으면 사원은 몰입하지 않는다. 리더 스스로 목표를 달성하는 데 무한 몰입하면 사원들도 목표에 몰입하게 된다. 모든 일의 판단의 기준은 목표 달성을 위한 판단이어야 하고 일과시간에 이루어지는 모든 일은 목표 달성을 위한 일이어야 한다. 리더 개인의 느낌이나 조직 분위기, 시장 상황을 핑계 대며 상황에 끌려다녀서는 안 된다.

리더는 어떤 상황이나 조건에서도 목표 달성을 위해 모든 생각과 행동 에너지를 몰입함으로써 모든 조직원이 목표에 몰입하도록 만들어야 한다. 리더가 지시만 하고 구경하면 조직원들은 핑계를 찾고, 리더가 일에 몰입하여 방법을 찾고, 연구하고, 확인할 때 조직원은 함께 몰입해서 목표 달성 방법을 찾는다.

몰입하는
환경 만들기

기업의 진정한 성장은 인재를 성장시켜 고객이 거래하고 싶고, 인재가 근무하고 싶은 회사를 만드는 것이다. 매출이나 이익은 거품에 지나지 않는다. 매출이 적어서 망한 기업보다 매출은 많은데 망한 기업이 더 많고, 막대한 이익을 냈던 기업들이 한순간 무너진 경우도 많다. 진정한 성장은 긴 안목으로 인재를 양성해야만 가능하다.

연초가 되면 기업은 성장을 위해 교육을 진행한다. 하지만 경기가 어려워지면 교육부터 취소한다. 모든 기업 교육의 목적은 성과 창출과 기업 문화 확산 및 정착이다. 보통 기업은 교육 담당자들이 교육을 진행하지만 성장형 기업은 리더가 직접 경영철학과 사업에 대해 구체적으로 교육한다.

지점장 시절부터 내가 있는 지점 설계사들의 1인당 생산성이 가장 높았다. 설계사들이 똑같이 노력했을 때 다른 지점보다 더 높은 성과를 내도록 치밀하게 교육하고 훈련시켰다. 나 역시 사원들이 성과를 창출하는 데 도움되는 교육을 하기 위해 다른 회사를 찾아다니며 배우고, 다양한 독서와 교육을 통해 열심히 학습했다.

지원단장 시절에는 지점장들에게 주제를 주고 연구하여 발표하는 연구 강의를 했다. 지점장을 모아놓고 돌아가면서 강의를 하고 상호 간에 잘하는 점과 개선할 점을 피드백하고, 코칭했다. 지점장들은 이런 과정을 통해 명강사로 성장했다.

설계사들에게 교육해도 성과가 향상되지 않아 경각심을 불러일으키는 차원에서 시험 성적을 출입구에 게시했더니 불만이 많았다.

"영업하기도 바쁜데 언제 공부합니까? 돈 벌러 왔지 공부하러 왔습니까?"

고객을 위한 공부를 해야 억대 연봉을 받을 수 있다고 설득하는 동시에 공부하지 않고는 못 견디도록 다양한 방법으로 압박했다.

"배우자 님의 직장 주소와 자녀의 학교 주소를 제출하면 선물을 드리겠습니다."

어떤 설계사들은 배우자와 자녀들의 주소뿐 아니라 유학 간 자녀들의 주소까지 제출했다.

"여러분이 회사에서 무슨 일을 하는지, 얼마나 열심히 공부하는지 가족들은 궁금할 것입니다. 그래서 다음 주에 시험을 보고 그 성적표를 배우자와 자녀들에게 보내드리겠습니다."

사원들은 불만이 많았지만 일부는 밤늦도록 사무실에서 공부하고, 일부는 도서관에 가서 공부하기도 했다. 시험 성적이 좋은 분들은 가족들이 자랑스러워하도록 성적표를 만들어 편지와 함께 보내고, 성적 미달자들은 계속 재시험을 보게 했다. 시간이 지나면서 우리 설계사들은 고객들에게 좋은 평가를 받았고, 성과가 향상되었다.

"함께하는 동안 정말 힘들었습니다. 항상 온 힘을 다해서 일했고, 우리에게 많은 걸 요구하고 집요하게 확인했지요. 힘들었지만 지금의 저는 그때 만들어졌어요."

나는 사원들에게 많은 교육을 시켰고, 과제를 주고 학습을 요구하고 확인했다. 이런 과정을 적극적으로 받아들였던 사원들은 큰 인재로 성장했다.

사원들을 편하게 두는 리더는 사원을 서서히 고사시키는 잔인한 사람이다. 리더의 임무는 조직원들이 힘들어하더라도 교육과 학습으로 실력을 갖추어 고객에게 인정받도록 만드는 것이다.

독종과 일벌레

봄에 피는 꽃 중에 라일락은 향기가 참 좋다. 그 향기가 너무 좋아서 달콤한 사랑에 비유한 시(詩)도 많다. 그런데 막상 라일락 잎이나 줄기를 씹어보면 무척 쓰다. 하지만 상추나 배추는 잎이 연하고 맛있다. 연한 줄기가 만들어낸 상추꽃의 향기를 노래한 시인은 없다. 잎이나 줄기가 연한 식물은 향기를 만들어내지 못한다.

벌과 파리는 모양새가 비슷한 곤충이다. 벌은 독침을 갖고 있어 쏘이면 퉁퉁 붓고, 잘못하면 목숨까지 잃을 수 있다. 하지만 몸에 좋고 달콤한 꿀을 만들어낸다. 벌과 비슷하게 생긴 파리는 독침도 없고,

쏘지도 않아 당장은 위험하지 않지만 병균을 옮기는 해충이다. 독해야 세상을 이롭게 하는 향기와 꿀을 만들 수 있다.

그렇다면 어떤 사람을 독종이라고 할까? 독종이란 어떠한 상황에서도 목표를 달성하는 사람에게 붙여진 영웅의 별칭이다. 반면 열심히 일은 하는데 목표를 달성하지 못하는 사람을 일벌레라고 한다. 독종은 목표 달성을 위한 소명의식으로 일하기 때문에 어떤 때는 상사의 말도 잘 듣지 않는 사람처럼 보일 수도 있다. 하지만 상대하기 쉬운 일벌레보다 독종을 가까이 둬야 조직이 성장한다.

일을 독하게 잘하는 사람들은 고객에 대한 책임감으로 무장하고 있기에 상사에게도 그 역할과 의무를 분명하게 요구하는 경우가 많다. 이러한 요구가 잘 받아들여질 때 사원들은 고객을 위해 충성하고 기업은 성장한다. 반면 이러한 사원들의 요구를 묵살하거나 그런 사람을 멀리하는 리더가 조직을 이끈다면 그 조직은 내리막길을 걷게 된다.

세상에 아무것도 보이지 않고 딱 하나만 보이는 상태가 몰입의 완성이다. 어린아이가 게임에 몰입할 때, 청춘 남녀가 사랑에 빠질 때, 월드컵에서 골문을 향해 온몸을 던지는 헤딩의 순간과 골키퍼가 오로지 공만 보고 솟아오를 때, 군인이 전쟁에서 적과 총을 겨누고 있을 때, 아프리카 치타가 먹이를 잡기 위해 영양을 향해 달려갈 때, 사업하는 사람이 큰 계약을 체결하기 위해 제안서를 제출할 때 등 모든 승부의 순간에는 영혼을 실은 몰입이 있어야 지속적으로 성장할 수 있다. 일을 하는데 있어 사람 좋다는 소리는 칭찬이 아니라 모욕이다. 오히려 저 사람에게 일을 시키면 사막에 가서 물지게를 지고 나올 사람이라는 소리를 듣는 독종이 되어야 당신이 원하는 세상을 가질 수 있다.

목표에
몰입시키기

목표에 몰입하는 문화를 만들기 위해 가능하면 사원들을 의사 결정 과정에 참여시키는 것이 좋다. 사람들은 본인이 참여한 결정에 적극적이고 주도적인 자세를 갖는다. 주요 의사 결정 과정에서 배제된 사원들은 안티 세력이 될 수 있으므로 그들이 직접 아이디어를 내도록 유도해야 한다.

"이번에 프로젝트를 진행하려는데 좋은 아이디어를 좀 내봐요. 당신이 이 분야의 전문가잖아요. 기대가 큽니다."

사원이 아이디어를 내면 리더는 두 가지 반응을 보인다.

"자네가 낸 아이디어는 이미 내가 알고 있는 것이네."

리더가 이렇게 말하면 사원은 기가 꺾여 다음에 아이디어가 생각나더라도 질책이 두려워 말하지 않는다.

"참 좋은 아이디어를 내줘서 고맙네. 이번 프로젝트는 김 과장의 아이디어로 잘될 것 같아."

리더가 이렇게 사원들의 아이디어를 인정하면 창의적이고 주인처럼 일하는 사원이 생긴다. 성장형 리더는 이미 알고 있는 아이디어라도 사원들이 낸 것처럼 말해서 신나서 일하게 만든다.

지시는 명확하게,
확인은 철저하게

어느 학교에 아주 유능한 족집게 선생님이 있었다. 이 선생님이 내준 숙제에서 대학입시 문제가 100% 출제되었다. 하지만 학생들의 시험 결과는 좋지 않았다. 선생님은 학생들을 원망했다.

"내가 내준 숙제에서 100% 출제되었는데 점수가 이게 뭐니?"

원인은 확인 관리였다. 어느 날, 숙제를 하지 않은 학생은 잔뜩 긴장하고 학교에 갔지만 선생님은 숙제를 검사하지 않았다.

'숙제 검사를 안 하네? 내일도 하지 말까?'

그 학생은 다음 날도 숙제를 하지 않고 학교에 갔고, 여전히 아무 일도 일어나지 않았다. 선생님은 열심히 숙제를 내고, 학생들은 하나둘 숙제를 하지 않았다. 선생님은 학생들이 당연히 숙제를 할 것이라고 믿고 계속 숙제를 내줬지만, 학생들은 귀찮아서 공부하는 척만 하고 숙제를 하지 않으니 시험을 잘 볼 리 만무했다. 숙제를 내주는 것도 중요하지만 숙제검사가 더 중요하다.

기업도 마찬가지다. 일을 잘했을 때 칭찬하거나 격려하지 않고, 일을 못해 목표에 미달했을 때 아무 질책도 안 한다면 시간이 지날수록 상황이 악화된다. 목표를 달성하지 못해도 미안해하거나 분발하지 않고, 고객과 회사 탓을 하며 월급쟁이 삶에 안주한다.

일을 지시할 때 제목만 말하고 알아서 진행하라고 하면 시행착오로 시간을 낭비하게 된다. 이를 미연에 방지하려면 일의 방향과 목표 수준, 일을 진행하는 프로세스와 기한을 정하여 명확하게 지시하고 지시 사항을 명확하게 알아들었는지 그 자리에서 확인해야 한다.

"지금까지 우리가 할 일을 이야기했는데 각자 할 일을 발표해보도록 하지. 김 과장부터 말해보세요."

잘못 이해한 것이 발견되면 바로 수정하도록 하고, 본인이 해야 할 일을 명확하게 숙지시켜야 한다. 믿고 맡기면 알아서 잘한다는 말도 있지만 그건 숙련된 사람들과 일상적인 일을 할 때고, 새롭게 도전하는 일은 진행 상황을 수시로 확인하여 지원할 일은 지원하고, 장애 요인이 발생하면 즉시 해결해주어야 한다.

리더는 일을 지시한 뒤에 어떻게 진행되고 있는지 분명하게 확인하고, 잘한 일은 칭찬하고, 잘못하면 질책하고, 잘 모르면 가르쳐주어야 조직이 긴장을 늦추지 않고 역동적으로 움직인다. 일을 시켜놓고 확인하지 않고, 사람들을 연공서열, 온정주의, 풍문에 의한 평가로 인사를 한다면 조직에는 순식간에 일은 하지 않고 줄서기 문화가 생긴다. 목표를 빠르게 달성하기 위해서는 지시보다 현장 중심으로 치밀한 피드백, 즉 확인 관리가 더욱 중요하다.

리더가 평가를 제대로 하기 위해서는 평상시 확인을 철저히 해야 한다. 나름 회사에 큰 기여를 했다고 생각하는데 리더의 평가가 그렇지 않다면 그 사원은 다른 부서로 전출을 요청하거나 다른 회사를 알아볼 수 있다. 아니면 회사 일은 적당히 하고 남는 에너지로 부동산이나 주식 등 재테크를 하거나 다른 일을 병행할 수도 있다. 이런 현상은 리더가 평상시 확인 관리를 잘하지 않기 때문에 발생한다.

무능한 리더는 함께 일하는 사원이 훌륭한 성과를 창출했는데도 본인이 직접 확인하지 않을 뿐더러 인정하거나 격려하지도 않는다. 심지어 성과를 낸 사원에게 다른 동료들에게 노하우를 알려주라는 지시를 내린다. "너 혼자 잘하려 욕심내지 말고 다른 동료들에게도 가르쳐주면서 해라" 또는 "너희들은 홍길동처럼 해라"라고 말해 조직 갈등의 원인을 제공하기도 한다.

지점장 시절 다른 지점보다 10배의 성과를 내고 있을 때, 자발적으로 찾아와서 배우려는 지점장은 한 사람도 없었다. 상사의 지시로 마지못해 찾아와 구경만 하고 가는 사람들뿐이었다. 본부장 시절 좋은 성과를 창출하는 우리 본부의 비결을 전사적으로 확산시키고 싶어서 와서 배우라고 간곡하게 부탁해도 오는 사람은 없었고, 참모만 와서 구경하고 갔다.

일을 잘해서 성과가 탁월한 사원이 발생하면 리더가 직접 성과가 좋은 원인과 진행 상황, 결과를 직접 확인하여 정확하게 전 사원들에게 사례를 전파해주면 롤 모델인 사원은 신나서 더 열심히 일하고, 다른 사원들의 업무 몰입도 더 높아진다.

리더는 함께 일하는 사람들의 인생을 지배하려 하지 말고, 조직의 목표를 달성하기 위해 그들이 해야 할 일을 가르치고, 수시로 그들이 제대로 하고 있는지 확인하고 관리해야 한다.

확인을 통해 성공한 리더들

리더가 업무에 관심을 갖고 지켜보면 사원들의 몰입도가 높아진다.

박정희 대통령은 경부고속도로 공사 현장에 수시로 방문하여 공사 진행 상황을 챙겼다. 건설 장비나 기술이 열악한 상황에서 암벽 터널을 뚫고, 물살이 센 강에 다리를 놓는 어려운 공사 지역은 수시로 방문하여 관계자를 격려하고 때로는 막걸리를 함께 마셨다.

국내외 주요 공장시설을 직접 방문하여 경제 개발 5개년 계획이라는 목표를 달성하는 현장을 챙겼고, 심지어 서독 탄광에 방문하여 지하에서 고생하는 광부들을 눈물로 격려하는 동영상은 아직까지도 회자되고 있다.

새마을운동을 성공시키기 위해 그는 국민교육헌장을 배포하여 전 국민이 이를 외우도록 했고, 새마을 노래를 직접 만들어 부르게 했다. 이 외에도 그는 여러 채널을 활용하여 새마을운동의 진행 상황을 확인하고 관리했다. 만약 장관의 보고와 실제가 다른 경우 직접 현장을 방문하여 확인함으로써 관료들이 늘 긴장감을 가지고 일하게 했다.

정주영 회장의 자서전 《시련은 있어도 실패는 없다》를 보면 현대의 모든 현장에는 그가 있었고, 거의 모든 사업장을 수시로 방문했다. 그는 늘 현장 상황을 파악하고 그에 맞는 대처 방안을 내놓았다.

경부고속도로 건설 현장 중 가장 어려운 구간을 공사할 당시 그는 직접 현장에 뛰어들어 함께 일했다. 시간과 장소를 가리지 않고 작업장에 나타나는 그의 신출귀몰함은 현장관리자들이 긴장감을 놓지 않도록 하는 좋은 자극제가 되었다.

정 회장이 얼마나 지독하게 현장을 확인했는지 알 수 있는 일화가 있다. 정주영 회장이 외국 출장을 간 날, 현장관리자들은 오랜만에 마음을 놓을 수 있었다. 정 회장이 새벽 3시에 김포공항에 도착하는 일정이라 안심해도 좋겠다고 생각한 것이다. 그런데 출장을 마친 정 회장은 모두의 예상을 깨고 비행기에서 내리자마자 말했다.

"단양 시멘트 공장으로 가세."

당시 현대시멘트는 경부고속도로 공사에 필요한 시멘트가 부족했던 터라 밤낮없이 공장을 돌려 사원들이 피로에 지쳐 있었다. 회장이 외국으로 출장 간 틈을 타 잠시 방심하고 있었던 단양 시멘트 공장은 정 회장의 방문에 비상이 걸렸고, 이날 이후 사원들은 항상 긴장감을 갖고 일에 몰입했다.

리더가 늘 업무를 확인하고 있다는 것만으로도 사원들은 업무에 집중한다. 정주영 회장은 경부고속도로 공사 현장, 현대조선 공사 현장을 철저히 확인하여 오늘의 현대그룹을 만들었다.

박태준 회장은 박정희 대통령으로부터 제철소를 만들라는 명령을 받고, 온갖 시련을 딛고 일본으로부터 기술을 전수받아 세계에서 가장 큰 제철소를 만든다. 포항제철을 만드는 과정에서 기초 공사에 사용된 시멘트와 모래자갈의 콘크리트 배합 비율이 맞지 않는다는 것을 발견하고 폭파하고 다시 공사를 하기도 했고, 설계에서 시공, 완공 후 포항제철 운영 전반에 걸쳐 박태준 회장의 발길, 손길이 닿지 않은 곳이 없었다. 박태준 회장은 포항제철을 만들어 사장, 회장으로 오래 근무했지만 본인의 이익을 위해서는 주식 한 주도 소유하지 않고 오직 애국하는 마음으로 최고의 제철소를 완성하기 위해 노력했다.

본부장 시절 나는 지원단, 지점별로 성과가 좋지 않으면 직접 전화해서 확인했다. 본사에서 오래 근무한 노련한 지원단장에게 질문하면 답변은 청산유수였다.

"이 지역은 서민들이 많아서 고액 계약도 없고 건수 영업을 하다 보니 아무리 해도 숫자가 안 나옵니다."

"그러면 지점장, 소장들과 끝장 토론을 해서라도 원인을 분석하고 성과를 개선할 수 있는 대안을 만들어보세요."

"그렇게 하도록 하고 있습니다."

보고내용을 보면 굉장히 그럴싸한데 시간이 지나도 성과는 개선될 기미가 보이지 않았다. 현장에서 잔뼈가 굵은 나는 오랜 영업 경험으로 볼 때 숫자에 분명 문제가 있다고 판단했다.

또다시 성과가 저조하게 나오자 지원단장은 그날도 지점장들과 끝장 토론을 하겠다고 보고했다. 일단 그렇게 하라고는 했으나 이번에는 어떻게든 결판을 내야겠다는 생각이 들었다. 앞이 보이지 않도록 쏟아붓는 장맛비를 뚫고 나는 예고도 없이 밤 10시에 지원단을 방문했다. 지원단 지점장들과 허심탄회한 토론을 통해 해결책을 찾기 위해서 말이다.

그런데 이게 왠일인가. 지원단에는 불만 켜져 있고 아무도 없었다. 혹시나 해서 지원단장실로 전화를 걸었더니 착신 전환 기능을 이용해 전화를 받았다.

"뭐하세요?"

"지점장들과 끝장 토론 중입니다."

"지금 어디세요?"

"회의실입니다."

"그래요. 제가 지금 단장실에 있습니다."

지원단장은 지점장들과 술집에서 술을 마시고 있다가 허둥지둥 달려왔다. 그동안 지시한 일은 하지 않고, 적당히 일하는 척하고, 허위 보고를 하고 있었다. 허위 보고를 확인하지 않고 속아 넘어가면 조직에 늑대소년이 양산된다. 숫자를 보고 현장과 정확히 일치하지 않을 때, 조직원이 보고하는 수치와 결과치가 다를 때 리더는 지체 없이 현장으로 달려가야 한다. 리더의 눈에 숫자 보고와 현장은 항상 일치되어 돌아가야 한다. 그렇게 삼위일체가 될 때 비로소 조직은 성장할 수 있다.

고속 성장을 이룬 기업의 리더들의 일화를 살펴보면 모두 현장에 발을 담그고 철저한 확인 경영을 실시했다. 다시 말해 리더가 현장에 가까이 있으면 일이 정확한 방향으로 스피드하게 진행되어 '성장'으로 자연스럽게 연결된다.

경청의 미덕

업무 몰입도를 높이려면 리더와 사원 간의 커뮤니케이션이 원활해야 한다. 그런데 조직의 현실은 다르다. 대부분의 리더들은 소통이 잘 되고 있다고 생각하는 반면 사원들은 리더가 아랫사람의 말을 못 알아듣고 있다고 여긴다.

미국의 정신 의학자 밀턴 H.밀러(Milton H. Miller)는 다음과 같은 대화를 지적한다.

오랜만에 두 친구가 통화를 한다.

"여보세요?"

"응, 너구나. 요즘 어떻게 지내니?"

"응, 엉망이야. 아파서 병원에 갔더니 말기암이래."

"그래? 뭐 새로운 소식은 없고?"

누구든 이 대화를 보면 황당하다는 생각이 들겠지만 회사에서 이런 식의 대화는 자주 일어난다.

월말 마감에 임박하여 지점장이 영업사원에게 보험 계약을 확인한다.

"지난주에 약속한 계약은 왜 입력이 안 되었습니까?"

"집에 문제가 생겼어요."

"집에 일 없는 사람이 어디 있어요. 집에 일 있다고 계약을 안 하는 게 말이 됩니까?"

"아들이 가출해서 안 들어와요."

"아들하고 계약이 무슨 상관이에요. 어떻게 할 거예요?"

"알았어요."

이런 대화를 하다가 사원은 대화를 포기하고 이튿날부터 연락이 두절된다. 이 지점장은 사원의 마음을 느끼는 가슴이 없는 사람으로 이야기는 듣지 않고 오로지 계약에만 관심을 보였다. 리더가 사원에게 관심이 없어지면 사원들은 리더가 하고자 하는 일에는 무관심해진다. 혹시 일에 대한 피드백에 지나치게 집착한 나머지 아랫사람의 이야기는 듣지 않고 청각 장애인처럼 일방적으로 나만 떠들고 있는 것은 아닌지 스스로 돌아봐야 한다.

보험 영업을 하다가 그만둔 사람들에게 이런 이야기를 들었다.

"지점에 단 한 사람이라도 내 이야기에 진심으로 귀를 기울이고 공감하는 사람이 있었다면 나는 계속 일했을 거야. 그 지점에는 내가 무슨 말을 하든 '너 빨리 끝내라. 내가 해줄 말이 있다'는 사람들만 있었어요."

성장형 리더는 영업사원의 입장에서 대화를 시도한다.

"지난주에 약속한 계약이 성사되지 않아 속상했지요? 무슨 일이 있었나요?"

마음이 상한 사원의 이야기를 들어주고, 사원 입장에서 문제를 해결하려 노력한다.

"계약은 다음에 해도 됩니다. 우리 함께 아들을 찾는 방법을 생각해봅시다."

의기소침해 있는 사원을 훈계하지 않고, 사원의 입장에서 일을 풀어나가면 사원은 지점장이 원하는 방향으로 업무에 몰입한다.

조직을 운영하다 보면 다양한 어려움에 처한 사원들을 만나게 된다. 가족 중에 아픈 사람이 생기고, 아이가 문제를 일으키고 고객이 상처를 주기도 한다. 사원들은 시련이 닥치면 최초 목표를 생각하지 않고 좌절한다. 이때 리더가 성과를 추궁하기보다 사원들의 아픔을 가슴으로 느끼며 문제를 해결해줄 때 사원들은 회사를 떠나지 않고 목표 달성을 위해 목숨 걸고 일에 몰입한다.

경청(傾聽)의 경(傾) 자는 '기울일 경'이다. 몸을 앞으로 기울이고 두 귀를 쫑긋하여 상대방 이야기에 귀를 기울여야 대화가 제대로 이루어지고, 목표를 달성하기 위해 한 팀으로 일할 수 있다.

위험천만한 애빌린 패러독스

'애빌린 패러독스(Abilene Paradox)'는 조지 워싱턴대의 경영학 교수 제리 하비(Jerry Harvey)가 자신의 경험을 토대로 창안한 개념으로 '조직에 있어서의 거짓 합의' 문제를 지적한다. 즉 소통 부족으로 합의하지 않은 애매한 동의의 모순 상황을 이야기한다. 그가 텍사스에 있는 처갓집에 갔을 때 일이다. 오랫만의 가족 모임이라 장인은 기분도 낼 겸 외식을 제안한다.

"자, 우리 오늘 외식할까?"

"그러죠."

"어디로 갈까?"

"아무 데나 가지요."

애빌린이라는 도시로 가기로 정하고, 자동차를 타고 출발했다. 애빌린은 상당히 먼 거리에 있었고, 날씨는 찜통 더위였다. 차에 에어컨이 고장 나서 차문을 열었다가 비포장도로 흙먼지만 잔뜩 뒤집어쓴 채 애빌린에 도착했다.

"뭐 먹을까?"

"아무거나 먹지요."

적당히 들어간 식당의 음식은 엉망이었다. 식사를 마치고, 집으로 돌아온 가족들은 모두 짜증나고, 기진맥진한 상태가 되었고, 하나둘 불만을 터트리기 시작했다.

"이렇게 더운 날 외식하자고 한 사람이 누구야?"

"애빌린에 가자고 한 사람이 대체 누구야!"

"그 식당은 누가 들어가자고 한 거야?"

"모두 동의한 거 아니야?"

"누가 동의했어? 나는 아무 말도 안 했어."

가족은 서로를 원망했다. 처음 외식을 하자고 할 때 식구들은 내키지 않으면서 분위기를 망칠까 봐 얼렁뚱땅 대답했고, 결국 모두가 합의한 것처럼 보였지만 아무도 합의하지 않은 채 애빌린으로 갔고, 모두가 원하지 않은 결과를 감당해야 했다.

애빌린 패러독스는 커뮤니케이션이 되지 않고, 결정을 서로 미루는 조직에서 주로 일어난다. 분위기상 따라 하다 결과가 좋지 않으면 어느 누구도 책임지는 사람이 없는 현상을 말한다. 이러한 애빌린 패러독스는 지점장과 설계사들 사이에 매월 발생한다.

"이번 달은 열심히 해서 지난 달 부진을 씻고 목표를 초과 달성합시다."

"네."

"이번 주에 모두 1건 이상 계약을 합시다."

"네."

지점장은 그걸 믿고 잘될 것이라고 착각하지만 설계사들의 "네"라는 대답은 이런 대화를 빨리 끝내자는 '네'였을 가능성이 높다.

어떤 후배 본부장이 모든 지점장들을 모두 모아놓고 워크숍을 했다.

"전 지점 모두 사업계획을 100% 초과 달성합시다."

모든 지점장이 목이 터져라 답한다.

"네."

"지점마다 우수 인재를 세 명씩 리크루팅합시다. 아시겠습니까?"

"네."

이렇게 하면 성과가 좋아질 것이라고 생각하는 본부장을 본 적이 있다. 지점장들은 모두 대답했지만 어느 누구도 동의하지 않았다. 이런 워크숍은 100번을 해도 성과의 변화는 없다. 이런 대화는 당장의 갈등을 피할 수 있어도 늘 문제의 불씨를 안고 있다. 애매한 상황에서 진심으로 동의하지 않았던 사원들은 리더를 원망한다.

거짓된 합의를 피하려면 리더의 자세가 바뀌어야 한다. 일방적인 대화보다는 질문하고 경청하는 자세가 필요하다. 달성할 목표에 대해 아무런 대안은 제시하지 않고, "이번 달 사업목표 120% 달성합시다"라고 아무리 말해봤자 결과는 엉뚱하다.

시장 환경이 좋지 않아 영업이 어렵다고 생각할 때 무조건 활동량을 늘리라고 요구하면, 영업사원들은 현장 상황을 모르는 관리자들을 피하게 된다. 지점장이라면 현장을 잘 살펴 해결책을 찾고, 그 당위성을 차근차근 설명해야 한다.

"모두 알고 있겠지만 이번 달은 시장 환경이 좋지 않습니다. 경기가 나쁘다 보니 고객들이 계약에 부담을 느끼고 있으므로 고객을 무작정 찾아간다면 오히려 거부감을 느낄 겁니다. 그렇다면 지금까지와는 다른 방법이 필요하겠지요?

시장 경기가 좋지 않으면 고객들이 현재 어려움만 생각합니다. 하지만 어려울 때일수록 미래를 준비해야 행복한 미래를 살아갈 수 있습니다. 지금이야말로 미래의 보장 자산인 보험이 더 필요한 때입니다. 우리는 고객들에게 충분한 정보를 제공하고 고객의 미래가 행복하도록 도와야 합니다."

이렇게 단계별로 사원의 동의를 구하고 의견을 물으며 진행하면 사원과 훨씬 효과적으로 대화할 수 있다.

대화를 진행하는 화법만 중요한 게 아니라 해결해야 할 일을 독단적으로 결정하지 말고, 의견을 모으는 절차를 거쳐야 한다. 그럴 경우 오히려 일에 속도가 붙는다. 10개의 의견이 5개가 되고 1개가 되는 과정에서 사원들이 낸 의견이 회사의 중요한 결과물이 되는 과정을 거치면 애빌린 패러독스는 피할 수 있다.

몰입을 방해하는
요소

　실패하는 리더들은 과거에 자신이 성공했던 방법을 고집한다. 과거의 경험에 묶여 다른 방법은 눈에 들어오지 않는 것이다. 이런 리더가 운영하는 조직은 일하는 프로세스를 개선시키기도 어렵고, 회사의 시스템을 발전시킬 수도 없다.

　각 팀별로 주제를 주고 팀장 주도로 결과물을 제출하게 하면 보고서에는 팀장이 알고 있는 정보와 지식, 경험 범위 밖의 새로운 아이디어는 눈을 씻고 찾아봐도 없다. 하지만 똑같은 팀에 개인별로 모두 보고서를 제출하게 하면 다양한 아이디어가 나온다. 팀장은 사원들이 아이디어를 내면 본인이 실패했던 아이디어는 묵살하고 본인이 성공했던 아이디어만 채택했기 때문에 새로움이나 다양성을 기대할 수 없다. 이렇듯 사원들의 아이디어가 회사 운영에 활용되지 못하는 경우가 번번이 일어나면 사원들은 적극적으로 아이디어를 내지 않고 시키는 일만 하는 무능한 사원으로 전락한다.

　과거의 성공 경험이 오늘의 성공을 가져오지 못한다. 과거의 성공이 오늘의 성공으로 연결되려면 모든 상황이 똑같이 펼쳐져야 한다. 즉 고객이 같아야 하고, 고객의 수준도 같아야 한다. 그러나 고객은 다양한 통로를 통하여 새로운 정보와 지식을 얻어 매일매일 유식해지기 때문에 똑같은 방법으로 두세 번 성공하기는 어렵다.

　많은 조직에서 나이가 많으면 안 된다고 이야기하는데 이 말은 신체 연령이 아니라 생각에 호기심과 새로움이 없어지고, 과거 성공 경험만으로 일하려는 사람을 지적하는 말이다.

프로야구를 보다 보면 한 구질의 공만 계속 던지는 투수는 타자에게 당하게 되어 있다. 적절한 볼 배합은 승리투수가 되기 위해 반드시 필요한 전략이다. 지난 경기에서 직구로 삼진을 잡았다고, 오늘도 직구로 승부한다면 안타를 맞을 확률이 높다. 투수가 타자를 상대할 때마다 볼 배합에 신경 쓰듯이 매일 매일 반복되는 일도 새로움과 호기심으로 목표 달성에 초점을 맞춰 일해야 본인의 존재감을 발산할 수 있다.

단순하게 반복되는 일은 사람보다 로봇이 훨씬 효율적이라는 것이 증명되었다. 당신이 하는 일에 새로움과 호기심으로 변화를 줄 수 없다면 머지않아 당신은 일자리를 로봇에게 양보해야 한다.

목표 달성을 위해 고객 접점을 매일 새롭게 바라보려고 노력해야 한다. 과거의 기억 속에 헤매는 치매 걸린 사람이 아닌 청춘의 호기심으로 세상을 객관적으로 볼 때 성장을 위한 새로운 세상을 볼 수 있다.

마라톤=단거리 경주의 연속

목욕탕 사우나에 들어가서 '땀날 때까지 있어야지' 하고 기다리면 힘들어서 중간에 나오게 된다. 그냥 땀날 때까지 기다리는 것보다 '모래시계가 다 내려올 때까지'라고 정하면 쉽게 땀을 낼 수 있다.

뜨거운 탕에 들어가서 숫자를 500까지 세고 나가겠다고 하면 힘들지만 숫자를 100까지 5번 세고 나가겠다고 하면 쉽다. 30을 세고 나면 70밖에 남지 않고, 80을 세고 나면 20밖에 남지 않는다. 그렇게 세다보면 금방 100이 되고, 100을 5번 세면, 한꺼번에 500을 세는 것보다 쉽다.

20킬로미터 단축마라톤에 도전한 적이 있다. 한참을 달리다 보니 힘들어 포기하고 싶었다. 앞에 보이는 전봇대까지만 뛰자고 생각하고 전봇대를 하나둘 세다 보니 반환점에 도착했고, 벌써 반이나 돌았다고 생각하니 목표에 바짝 다가선 느낌이 들었다. 그렇게 목표를 향해 뛰다 보니 완주할 수 있었다.

세계챔피언 홍수환은 시합에서 지친 선수들에게 "5라운드 남았어"라고 말하지 않고 "한 라운드만 더 뛰어"라고 말한다. 힘들어 죽겠는데 한 라운드만 더 뛰라고 말함으로써 선수들이 포기하지 않고 전력질주하게 만든다.

100층짜리 건물도 100층부터 지어내려오는 것이 아니라 지하부터 한 층 한 층 쌓아 올라가야 한다. 처음 영업을 배우던 시절, 계약을 내 힘으로 한 건만 해보고 싶었다. 한 건 하니 두 건이 되고, 어느새 10건이 되고, 100건이 되었다.

이번 달 보장 자산을 제공하겠다고 타깃을 정하면 계약이 체결될 때까지 지속적으로 추진해야 한다. 고객이 거절하면 그 원인을 분석하여 고객에게 맞는 설계로 다시 제안해야 한다. 고객에게 보장 자산을 만들어 드리는 순간까지 포기하면 안 된다.

고객은 나의 제안을 거절한 것이지 나를 거절한 것이 아니다. 고객이 거절하면 고객이 거절하는 방법을 몇 개나 알고 있는지 확인한다고 생각하고, 지속적으로 고객을 설득해보자. 거절 방법은 다양하고, 고객을 설득하다 보면 보험에 대한 거절 방법을 많이 알고 있는 고객은 별로 없다. 고객이 원하는 보장을 제안하면 반드시 계약은 체결된다.

빨리 계약을 성사시키고 싶은 조급한 마음에 처음 만나는 고객에게 상품을 상세하게 설명하면 그 고객은 다른 설계사와 계약을 할지도 모른다. 보험 영업을 잘하고 싶으면 유망 고객을 만나 친밀감과 신뢰도를 쌓은 다음 고객이 필요로 하는 상품을 안내하는 요령이 필요하다. 그래야 다른 설계사에게 고객을 뺏길 염려 없이 계약을 체결할 수 있다.

신상품이 나오면 보유 계약자를 일제히 방문해 계약을 성사시키겠다고 큰소리치는 관리자들이 간혹 있는데 그런 무리수는 절대 통하지 않는다. 그들의 말처럼 일시에 수많은 고객에게 신상품 정보를 제공하려면 수박 겉핥기식으로 안내할 수밖에 없고 그렇게 해서는 성과를 기대할 수 없다. 가능성이 있는 고객을 선택하여 집중할 때 성과를 기대할 수 있다.

일 못하는 사람은 한두 번 해보고 안 되면 포기하고 새로운 쉬운 일을 찾는다. 주변에 보장이 필요한 많은 사람들을 놔두고 소개해달라고 하는 사람이나, 주변에 돈 벌고 싶어 안달하는 많은 사람 놔두고 리크루팅 후보자를 소개해달라는 사람치고 성장하는 사람을 못 봤다.

처음부터 저절로 달성되는 목표는 인생에서 몇 번 없다. 한번 목표를 정하고 전략을 세웠으면 달성될 때까지 반전에 반전을 하고, 역전에 역전을 하면서, 유연성을 갖고 달성될 때까지 포기하지 않고 원인을 분석하고 대책을 찾는 추진력을 발휘하는 사람이 성장하는 역사의 주인공이 된다.

매년 목표를 세우고 사업전략을 세우면서 모든 부분을 잘하겠다고 하는 사람들이 잘하는 경우는 본 적이 없다.

리더가 목표 달성을 위한 전략을 세운다는 것은 시장 상황과 내부 역량을 통찰하고 핵심을 찾아내어 조직의 역량을 집중하는 것이다. 집중하기로 판단한 것이 정확하면 목표 달성의 영광이 함께할 것이고, 오판이면 그 책임을 져야 한다. 자신의 운명과 조직의 운명을 결정하는 선택을 하고 그 결과를 책임져야 하는 것이 리더의 외로운 책무다.

벼랑 끝에 매달리면 새로운 길이 보인다

힘들고 어려운 상황을 표현하는 말로 '벼랑 끝에 서 있다'라는 말이 있다. 이 말은 벼랑 끝에 서니 이제 갈 길이 없다는 안타까운 심정을 표현한 것이다. 벼랑 끝에 서서 신세를 한탄한다고 목표가 달성되지 않는다. 목표를 달성하여 성공하고자 하는 사람은 벼랑 끝에 서 있지 말고 벼랑 끝에 매달린 심정이어야 한다. 벼랑 끝에 매달려 그냥 있으면 힘이 빠져 떨어져 죽는다. 시간을 지체할 수 없다. 온 힘을 다해 빨리 기어 올라가야 살 수 있다. 벼랑 끝에 매달리면 신세

한탄하거나 다른 누구를 탓할 수 없다. 모든 신경을 집중하고 온 힘을 다해 살길을 찾아야 한다. 그럴 때 새로운 길이 보인다.

나는 항상 꼴찌 조직을 맡아서 일했다. 발령이 나면 사람들은 나를 위로했다.

"더는 떨어질 곳이 없으니 올라갈 일만 남았네. 잘될 거야."

나는 이 말에 동의하지 않았다. 꼴찌 지점이나 지원단은 성장할 수도 있지만 폐쇄될 수도 있다. 나는 새로 부임하면 항상 폐쇄의 위험을 느꼈다. 내 인생에서 점포를 폐쇄하는 사람이 되고 싶지 않아서 벼랑 끝에 매달린 심정으로 일했다. 그러다 보니 새로운 길이 보였고, 생존하고 성장할 수 있었다.

도마뱀은 위험에 처하면 자기 몸을 자르고 생존한다. 간혹 덫에 걸린 산짐승도 자기 발을 스스로 자르고 도망가기도 한다. 죽기보다 자기 발목을 자르고라도 생존을 선택하는 것이다.

사람도 마찬가지다. 영화 〈127시간〉의 주인공 아론 랠스톤(Aron Ralston)은 대학을 수석으로 졸업하고 등산을 좋아하는 젊은이다. 2003년 4월 26일 토요일 아침 혼자 자전거를 타고 유타주 동부에 있는 에머리 카운티 동남쪽으로 여행을 떠났다. 노래에 정신을 빼앗겨 협곡에서 미끄러져 사고를 당하게 된다. 그 와중에 떨어진 돌덩이와 협곡 벽 사이에 팔이 끼어버렸다. 아무에게도 행선지를 말하지 않았고 지나가는 사람은 한 명도 없었다. 시간이 지나면서 손에서 썩은 냄새가 났고 그것을 떼어내야지 살 수 있다고 생각한 그는 스스로 팔을 자르고 협곡을 빠져나와 구조된다.

일을 제대로 하지 못하고 성장을 멈추는 지름길은 '나는 이만하면 됐어' 하고 현실에 안주하는 것이다. 성장은 '여기서 멈출 수 없어. 새로운 길이 있을 거야'라고 끝까지 포기하지 않을 때 이루어진다.

1990년 초 강남에 있는 회사에 후생복지 보험을 판매하기 위해 출입하던 때의 일이다. 수위들이 늘 입구에서 지키고 있어 출입이 어려웠다.

다행히 노동조합 사무실은 출입이 가능했고, 1년 동안 노조 간부를 설득하여 복지 차원에서 전 사원이 단체 보험에 가입하기로 결정했다. 회사 측 사무실을 방문하려면 사전 신청하여 허락을 받고, 사원이 내려와서 함께 들어가야 했다.

담당 부장에게 수차례 전화를 걸어 만남을 요청했지만 번번이 거절당했다. 출퇴근 시간에 길목을 지키려고 해도 얼굴을 모르니 방법이 없었다. 나는 수위가 화장실 간 틈을 이용하여 몰래 5층까지 올라가는 데 성공했다. 그러나 5층에서도 사무실에 들어가려면 출입증이 있어야 했고, 그곳에 출입하는 사람들 틈에 끼어 들어가려다가 신고를 받고 올라온 수위에게 끌려나와 도둑처럼 취조를 당하고 겨우 풀려났다. 그날 이후 수위들은 나만 보면 따라다니며 쫓아냈다.

"제발 우리 회사에 오지 마세요. 자꾸 이러면 우리 잘린단 말이에요. 책임질래요?"

어쩔 수 없이 건물을 나오는데 문득 옥상에서 내려온 물통이 눈에 띄었다. 나는 물통을 타고 5층까지 올라가 창문을 통해 사무실로 들어갔다. 부장님에게 인사했더니 깜짝 놀라면서 전화로 수위를 부르려고 했다.

"부장님 뵙고 싶어서 수위를 피해 물통을 타고 올라왔습니다. 저와 이야기 좀 하시지요."

"뭐라고요? 물통을 타고 와요?"

부장은 그 사실이 믿기지 않는지 어느 물통이냐며 창문까지 와서 확인하고 말했다.

"박낙원 씨, 떨어지면 어쩌려고 물통을 타고 올라옵니까? 내가 졌어요. 앞으로는 전화만 하세요. 내가 도와줄게요."

그날 이후 나는 자유롭게 그 회사를 출입할 수 있었다.

평탄하고 안락한 길에서는 창의적인 길이 보이지 않는다. 절박해야 평소에 보이지 않던 새로운 길이 보인다. 절망처럼 암담한 막다른 길에서 어떤 생각을 할 것인가?

길이 막혔다고 신세를 한탄하거나 왔던 길을 돌아가면 인생의 낙오자가 될 수 있다. 오직 목표 달성을 위해 막다른 길에서 벽을 뚫고 길을 내는 사람, 경쟁자에 밀려 벼랑 끝에 매달려 모든 힘을 다해 올라가야 하는 사람, 모든 사람이 더는 방법이 없다고 포기할 때 밤새워 고민하고, 새로운 시도를 하는 사람에게 신은 새로운 길을 열어준다. 성공한 사람에게 다시 그 정도의 시련이 오면 쉽게 극복할 수 있는 내공이 생긴다. 목표 달성 가능성이 1%일 때 그 1%가 온 세상인 것처럼 몰입하면 누구나 성장의 기쁨을 만끽할 수 있다.

PART 2

성장형 리더의 자세

–

Attitude

성공은 목표를 정하고 목표를 달성한 상태를 말한다. 그러나 목표를 한 번 달성했다고 그 사람이 성공한 인생을 살았다고 말할 수 없다. 진정한 성공은 지속적인 성공을 말한다. 사업을 시작해서 대표라는 그럴듯한 명함을 가졌더라도 그것은 일시적인 성공이다. 기업에 입사하여 임원이 되더라도 그것 역시 일시적인 성공이다. 성공하는 순간 수많은 시련이 파도처럼 몰려온다. 그 시련 속에서 지속적으로 성공하는 사람이 진정한 승자다.

나와 거래를 시작하여 창업 초기 정한 목표를 유지하며 지속적인 성장을 하는 리더가 있는가 하면, 큰 성과를 보이다가 금세 사라지는 리더도 있었다. 그럴 때마다 나는 의문을 가지곤 했다.

"잘나가던 기업이 왜 무너질까?"

"지속적으로 잘나가는 기업의 성공 요인은 무엇일까?"

호기심을 갖고 20여 년을 관찰해보았더니 아무리 부도 위기라도 훌륭한 CEO가 부임하면 성장하고, 아무리 초일류 기업이라도 CEO가 자만하거나 무능하면 흔적 없이 사라졌다.

리더가 어떤 자세를 가지고 있느냐가 무엇보다 중요하다. 리더가 얼마나 진실된 사람인지, 열정적인 사람인지, 겸손한 사람인지, 결국 리더의 자세에 따라 기업의 운명이 달라졌다.

Attitude 01

진실

당신은 믿을 수 있는
리더인가

컬럼비아대학에서 공부하는 각국 학생들에게 '당신 나라의 리더에게 무엇을 바라느냐'라고 물었더니 압도적 1위로 '진실'을 꼽았다.

또 다른 연구도 있다. 제임스 쿠제스(James Kouzes)와 배리 포스너(Berry Posner) 교수는 25년 이상 여러 조직의 리더를 연구해왔다. 연구진은 사람들에게 "리더가 갖추어야 할 가치관이나 특징, 성품은 무엇이라고 생각합니까?"라고 물었다. 더불어 전 세계의 7만 5,000명이 넘는 사람들에게 '존경받는 리더의 성품'은 무엇이어야 하는 설문조사를 실시했다. 그 결과 인종, 조직, 문화는 달라도 그들이 가장 바라는 리더의 성품은 '정직함'이었다. 정직함은 좋은 성품의 핵심으로 사람의 평판에 가장 큰 영향을 미친다.

사람들이 진실한 성품을 갖춘 리더와 함께 일하고 싶어하는 것은 당연하다. 예를 들어, 어느 제조업 회사 사장이 사원들에게 늘 회사에서 만드는 상품이 좋다고 이야기한다. 사원들은 사장의 말을 믿고, 고객에게 상품을 판매하면서 고객들의 삶을 더 풍요롭고 행복하게 만든다는 자부심을 갖는다.

그런데 어느 날 자사의 상품이 경쟁사의 상품보다 질이 좋지 않거나, 사원에게 제공하는 복지가 경쟁사에서 제공하는 복지보다 형편없다는 사실을 알게 된다면 사원들의 심정은 어떠할까? 그동안 믿어왔던 회사에 대한 애사심은 없어질 것이고, 매출은 당연히 떨어지고, 유능한 사원들이 하나둘 퇴사하게 되면서 결국 회사는 어려워질 것이다. 그렇기에 리더는 함께 일하는 사원들에게 정직해야 한다.

장수 기업의 비결은 이익이 아니라 거래처와 종업원들의 신뢰를 얻는 데에 있다. 막대한 매출과 이익을 내던 기업도 고객의 신뢰를 잃으면 한 방에 가고, 신뢰를 잃은 인재는 경쟁사로 가거나 창업을 한다. 한 번 잃은 신뢰를 회복하기는 창업보다 어렵고, 퇴사하기로 마음먹은 인재의 마음을 돌리기는 힘들다.

일에 대한
진실

일에 임하는 자세 중에 가장 성공하기 어려운 자세는 오직 돈을 벌기 위해 일하는 것이다. 본인의 이익만을 위해 일하면 고객의 공감을 얻기 어렵다. 성공하고 싶다면 본인이 하는 일에 진실해야 한다.

보험회사에 갓 입사한 영업사원들은 대부분 돈을 벌려고 일을 시작한다. 하지만 돈을 좇아 영업하는 사람 중에 돈 많이 버는 사람은 보지 못했다. 오히려 돈 계산할 줄 모르고, 고객이 미래에 닥칠지 모르는 역경을 극복할 수 있도록 도와주는 사람들이 더 좋은 결과를 내고 돈도 많이 벌게 된다.

내가 하는 일의 가치를 스스로 정하다

한국 사회에는 보험에 대한 오해가 많다. 미국의 경우 대학을 졸업한 사회 초년생들은 설계사의 도움을 받아 필수적으로 연금보험이나 종신보험으로 미래를 준비한다. 그러나 한국에서는 보험을 스스로의 미래를 위해 가입한다고 생각하지 않고, 설계사의 부탁으로 '들어준다'고 표현한다.

처음 보험 영업을 시작했을 때, 나 역시 "보험 좀 들어달라"고 말하고 다녔다. 그런 나를 위해 보험을 들어주는 사람은 없었다. 나는 여의도나 강남에 있는 빌딩에 들어가면 무조건 엘리베이터를 타고 최고층에 올라간 후 한 층 한 층 내려오며 모든 사무실을 방문했다.

일단 부딪혀보자는 생각이었지만 지금 와서 돌이켜보면 그리 효율적인 방법은 아니었던 듯하다. 아는 사람이라고는 전혀 없는 사무실 문을 열고 들어갈 때의 공포와 보험 가입을 권유하면서 나도 모르게 밀려오는 창피함에 내 자신이 너무 초라해지는 느낌이었다. 하루 이틀도 아니고 계속 이렇게 살아야 하나 생각하면 정말 피가 마를 지경이었다.

그러던 어느 날 보험에 대한 나의 생각을 완전히 바꿔준 사건이 있었다. 당시 나는 친구에게 보험을 들어달라고 애걸했다.

"오늘 마감인데 계약이 없으니 나를 봐서 한 건만 들어줘라."

"애가 둘이나 있어서 쓸 돈도 없는데 무슨 보험이야. 넌 왜 하필 보험회사에 가서 날 괴롭히냐."

"이 보험은 월 4만 원만 내면 교통사고시 1억 원이 나오고, 입원해도 매일 돈이 나오는 좋은 거야."

"나는 대기업 사무직이고 교통사고 날 일도 없어. 다시는 보험 때문에 찾아오지 마라."

나는 친구를 설득하는 데 실패했고, 친구의 주민등록번호와 주소를 받아와 내 돈으로 친구를 대신해 보험을 계약했다. 불완전 판매를 한 것이다.

친구에게 보험증서를 가져다주며 첫 달은 내 돈으로 냈으니 이번 달부터 네가 내라고 했지만 험한 소리만 들었다. 회사에서는 실적이 적다고 욕먹으니 보험 일을 딱 그만두고 싶었다. 그 후로도 친구의 보험료를 3개월 동안 대신 납부하며 설득했지만 돌아오는 건 원망

뿐이었다.

　그런데 몇 달 후 친구가 회식에서 술을 많이 마시고 무단 횡단하다가 교통사고로 사망했다는 소식을 들었다. 처음 그 소식을 들었을 때는 대신 내준 보험료를 돌려받을 길이 없어 안타까웠다. 그렇게 다시 몇 달이 지나고 나는 친구 앞으로 납부한 월 4만 원, 3개월치 보험료 12만 원으로 보험금 1억 원을 받을 수 있을지 의문이 생겼다. 그런데 이게 웬일인가. 회사에 확인해보니 서류를 갖춰 신청하면 보험금 1억 원이 나온다는 것이었다.

　나는 수소문해서 친구의 부인을 찾았고, 보험회사에서 1억 원을 준다며 만나자고 하니 나를 이상한 사람으로 오해했다. 심지어 오빠라는 사람이 찾아와 자기 여동생을 한 번만 더 희롱하면 죽이겠다고 협박까지 했다. 친구의 부인은 세 살배기와 태어난 지 몇 개월 안 된 아이를 키우고 있던 중 남편의 사망으로 아이 키우기가 막막한 상황이었다.

　나는 친구 대신 보험료를 납입한 그간의 자초지종을 설명한 후 서류를 받아 회사에 접수했다. 친구 부인에게 내가 보험료를 냈음을 알리고, 친구의 목숨값으로 나오는 1억 원으로 아이들을 키울 대책을 마련할 수 있도록 설계했다.

　보험금으로 2층짜리 주택을 구입했다. 1층에서는 문방구를 하고, 2층에서는 살림을 하며 아이들을 키우기로 하고 부동산을 계약했다. 보험금을 지급하는 날 아침 나는 가슴이 설레기까지 했다. 1억 원이라는 보험금으로 친구 가족의 생계가 해결된다는 사실과 함께 대신 내준 3개월치 보험료를 돌려받을 수 있다는 것도 기분 좋았다. 당시 대졸 초봉이 50만 원 정도이었으니 12만 원은 큰돈이었다.

그런데 친구 부인으로서는 보험료 1원도 안 내고, 보험금 1억 원을 받는 것이므로 잘하면 100만 원 정도를 나에게 주고 갈지 모른다는 상상을 하기도 했다.

친구 부인은 보험창구에서 1억 원이라는 돈을 받아 핸드백에 넣고 그냥 건물 밖으로 나갔고, 나는 따라가며 이야기했다.

"혹시 잊어버린 것 없나요?"

"없어요. 고마워요."

딱 잘라 말하는 친구 부인에게 내 돈 12만 원을 돌려달라는 말은 할 수 없었다. 몇 달 후 친구들 모임에서 죽은 친구의 이야기가 나왔다.

"죽은 놈만 불쌍하지. 그나저나 애들이 걱정이다."

나는 조심스럽게 말했다.

"너희들 그 친구를 위해 해준 게 있니?"

"뭘 해줄 수 있겠냐. 먹고살기 힘든 판에……."

"사실은 내가 그 녀석 앞으로 월 4만 원짜리 보험을 계약했는데 1억 원이 나왔어. 그 돈으로 문방구와 살림집을 마련했으니 부인이 애들 키우는 데 문제는 없을 거야."

"뭐라고? 월 4만 원 내고 1억 원을 받았다고? 그렇게 좋은 게 보험이면 왜 나한테는 안 알려준 거야?"

"그게 무슨 소리야. 내가 보험 들어달라고 그랬잖아."

"너는 보험을 들어달라고만 했지, 보험이 그렇게 가치 있다는 건 한 번도 말 안 했어."

나는 깜짝 놀랐다. 그동안 나는 친구들을 위해 보험 영업을 한 것이 아니라 나를 위해 보험을 들어달라고 구걸하고 다녔던 것이다. 그날 함께 있던 친구들은 보험이 자신과 소중한 가족을 보호한다는 것을 깨닫고, 대부분 보험에 가입했다. 그날 이후 나는 이런 말을 하지 않는다.

"한 건만 해줘. 마감이야"라는 말 대신 자신 있게 말한다.

"본인과 사랑하는 가족의 미래를 위해 준비하세요. 보험에 가입하고 입원하면 입원비 주고, 수술하면 수술비 주고, 질병이 발생하면 치료 자금도 줍니다. 더구나 사고가 나면 보험금을 주고, 오래 살면 연금까지 줍니다. 보험은 어떤 경우에도 당신의 미래를 보장합니다."

나는 경험을 통해 보험 영업이 세상을 행복하게 만드는 소중한 일이라는 것을 깨달았고, 그때부터 누구에게나 자신 있게 보험을 권하게 되었다. 내 실적을 높이기 위해서가 아니라 진심으로 상대방을 도와주고자 하는 마음이 생긴 것이다.

다른 어떤 일보다 보험영업이 보람 있는 이유도 바로 여기에 있다. 대부분의 상품은 구입하고 나면 일시적인 생활의 편리함을 주지만 시간이 지날수록 처음에 느꼈던 효용가치는 희석되기 마련이다. 그러나 보험은 가입을 결심하기는 어렵지만 어떤 경우에도 고객에게 도움을 준다. 중도에 사고가 나면 크게 보장해주고, 질병이 발생하면 치료비를 주고, 만기가 되면 목돈을 받을 수 있고, 오래 살면 사는 동안 안정적으로 연금을 받을 수 있는 것이다.

실제로 영국과 미국 같은 보험 선진국과 인도네시아, 중국 등의 보험 후진국의 보험 영업을 비교해보면 기술보다는 신념의 차이가 크다. 보험 후진국에서는 보험 영업을 돈벌이 수단으로 가르친다. 보험 선진국에서는 생명보험의 숭고한 가치와 가족 사랑의 가치를 강조하고, 고객이 미래에 발생할 수 있는 역경으로부터 본인과 가족을 지켜주는 생명보험인의 사명을 강조한다.

세상에서 가장 소중한 일은 세상에서 가장 소중한 당신이 하는 일이다. 자신이 선택한 일이 세상에서 가장 소중하다는 자부심을 가지고 살아가는 것이야말로 한 번뿐인 인생을 가치 있게 살아가는 훌륭한 자세다.

소명의식

단순히 경력을 쌓아서 다른 자리로 가기 위해 일하는 사람은 성공하기 어렵다. 지금 하는 일을 이루고자 하는 목적이 아닌 거쳐 가는 과정으로 생각하기 때문에 고객의 공감을 얻기 어렵기 때문이다.

본인은 대단한 사람인데 겨우 보험설계사를 하고 있고, 곧 큰일을 할 것이라고 말하는 사람 중에 성공하는 사람을 본 적 없고, 자신은 지금 지원단장을 하고 있어야 하는데 상사를 잘못 만나 지점장을 하고 있다는 사람치고 제대로 지점장을 하는 사람을 본 적 없다.

내가 하는 일이 세상에서 가장 가치 있는 일이라는 사명감과 나는 이 일을 통해 세상을 이롭게 하기 위해 태어났다는 소명의식을 가지고 일하면 고객의 공감을 얻어 반드시 성공한다. 사업으로 성공하고 싶다면 돈을 벌겠다는 생각보다 고객을 이롭게 한다는 사명감을 가져야 한다.

또한 리더는 돈을 벌기 위해 일하지 말아야 한다. 본인이 하는 일이 세상에서 가장 소중한 일이며, 이 일을 통해 세상을 이롭게 하라는 신의 명령을 받고 태어났다는 소명의식을 가져야 한다.

자신이 하고 있는 일의 진정한 가치를 깨달아 명확하게 정의해야 한다. 단지 생계를 꾸려나가기 위해 일하기보다는 자신이 하는 일에 하나하나의 가치와 의미를 부여해보라. 똑같은 일이라도 일을 대하는 태도에 따라 사람들이 당신을 보는 눈이 달라지고 결과도 확실히 달라진다.

돈만 좇는 불쌍한 사람이 되지 말고, 일을 통해 사람을 돕겠다는 가치를 바로 세워야 성공할 수 있다.

오랫동안 거래하던 건설회사 오너로부터 스카우트 제안을 받은 적이 있다.

"박낙원 씨 일하는 걸 보니 마음에 쏙 듭니다. 우리 회사에서 함께 일합시다."

"저는 건설보다 보험이 좋습니다. 그런데 건설 일은 힘들지 않나요?"

"세상에 힘들지 않은 일이 어디 있습니까? 하지만 건설은 이 세상에서 가장 소중한 일이지요. 우리가 사는 집, 출근하는 도로, 건너온다리, 근무하는 사무실 모두 건설입니다. 어떻게 건설하느냐에 따라 삶의 질이 달라집니다. 건설은 과학적인 예술이자, 창조예요. 삶의 핵심이지요. 인류의 삶을 행복하고 풍요롭게 하는 건설이야말로 세상에서 가장 가치 있는 일입니다."

그는 건설에 대한 자긍심과 소명의식이 있는 사람이었다.

한번은 의류업을 크게 하시는 분에게 비슷한 제안을 받았다.

"의류업은 세상에서 가장 소중한 일입니다. 사람은 누구나 옷 없이 단 하루도 살 수 없습니다. 마음에 드는 옷을 입으면 컨디션이 달라지고, 추위나 더위로부터 보호해주고, 어떤 옷을 입느냐에 따라 그 사람의 품격이 달라집니다. 우리 삶에 밀접한 영향을 주는 의류업이야말로 세상에서 제일 소중한 일입니다."

그분 역시 자신의 일이 세상에서 가장 소중하다고 생각하셨다. 돈을 벌기 위해서가 아니라 사람들의 행복을 위해 옷을 만드는 그 회사는 지금도 잘나가고 있다.

김치찌개, 된장찌개를 만들어 팔더라도 내가 만든 음식으로 고객의 건강과 행복을 위한다는 사명감으로 일할 때 단골 고객이 늘어난다. 본인이 하는 일을 진실로 사랑하는 리더가 이끄는 회사는 어떤 불황과 역경 속에서도 사원과 고객의 신뢰를 얻으며 꾸준히 성장한다.

용인에 가면 샘물호스피스를 운영하는 원주희 목사님이 있다. 그분은 장교로 군을 전역하고, 약국을 운영하던 중 죽어가는 사람들을 돕기로 마음먹고 호스피스를 운영하게 되었다. 호스피스라는 직업은 전문의로부터 더 이상 치료가 불가능하고 3개월 내 사망한다는 진단을 받은 환자들이 두려움 없이 편안하게 죽음을 맞이할 수 있도록 돕는 것이다. 원주희 목사는 22년째 7,000여 명의 임종을 지켜보고 죽음에 대해 확실한 것과 모르는 것을 3가지씩 정의했다.

> **확실한 것**: 반드시 죽는다. / 아무것도 가져갈 수 없다. / 누구라도 혼자 가야 한다
>
> **모르는 것**: 언제 죽을지 모른다. / 어디서 죽을지 모른다. / 어떻게 죽을지 모른다.

원주희 목사는 샘물호스피스 운영 자금을 구하기 위해 백방으로 강의를 다니면서 후원금을 모으고, 지친 몸으로 환자들이 두려움 없이 편안하게 죽음을 맞이할 수 있도록 항상 온화한 미소로 정성을 다한다. 그런 그의 모습을 보면 소명의식으로 일하는 표본이라는 생각이 든다.

여전히 많은 사람들이 좋은 직업과 그렇지 못한 직업을 구분하지만 무슨 일을 하던 가장 중요한 것은 그 일에 임하는 본인의 소명의식이다. 모든 일은 나름의 가치가 있고, 그 일이 만들어내는 가치 덕분에 세상은 돌아간다.

우리는 의사나 법조인, 국회의원처럼 사회지도층 사람들이 소명의식이 부족하여 저평가되는 시대에 살고 있다. 아무리 귀한 직업을 가졌다고 해도 스스로 직업윤리에 충실하지 않으면 비난받을 수밖

에 없다.

소명의식을 가지고 일하는 사람은 누구나 존경의 대상이 된다. 한 환경미화원이 늘 새벽부터 콧노래를 부르며 신나게 청소하기에 지나가던 사람이 물었다.

"도로 청소가 그렇게 즐거우십니까?"

"그럼요. 새벽에 나오면 거리는 아주 지저분합니다. 밤새 사람들이 버린 쓰레기, 술 마시고 토한 것들을 내가 청소하면 깨끗한 길이 되지요. 지구의 한 모퉁이를 깨끗이 하는데 어찌 즐겁지 않겠습니까?"

만약 우리가 사는 도시에 환경미화원이라는 직업이 없어지면 사람이 살지 못하는 곳이 될 것이다. 지구를 깨끗이 하는 환경미화원으로 소명의식을 가진 그분은 그 어떤 일을 하는 사람보다 멋진 삶을 살아가고 있다.

2008년 세계 MDRT(100만 달러 원탁회의) 연차 총회에 처음 참석하면서 기대가 컸다. 미국의 설계사들은 박사학위를 받은 젊은이들로 과학적 재무설계를 할 것이라고 생각했다. 그러나 MDRT 연차 총회 연사로 나온 사람들은 대부분 70대 전후의 할아버지들이었다. 저분들이 과연 무슨 이야기를 할까?

"나의 할아버지는 설계사셨고, MDRT 회장을 지내셨습니다. 나의 아버지는 설계사로서 MDRT 국장을 지내셨습니다. 저는 46년째 설계사를 하고 있고, 할아버지, 아버님이 가입시킨 고객의 연금과 보험금을 제가 전달해드리고 있습니다. 저의 아들은 대학을 졸업하고 제 밑에서 10년째 연수받고 있습니다."

4대를 설계사로서 고객의 재정주치의로서 재무설계를 하면서 고객과의 신뢰 속에 엄청난 부와 명예를 가진 명문가를 유지하고 있었고, 설계사라는 직업에 강한 자부심을 가지고 있었다.

직업적 소명의식이 강한 사람에게 추종자가 생기고, 결국 그들이 성공한다는 진리를 확인하는 순간이었다.

조직에 대한 진실

지원단장 시절의 건물 수위는 우리 회사 사람들의 얼굴과 이름을 모두 알고, 아침마다 출근하는 사람들에게 웃으며 큰 소리로 인사를 건넸다.

"P 설계사님, 안녕하세요."

늘 그렇게 밝은 모습으로 일하기에 물었다.

"여기서 일하는 게 즐거우세요?"

"그럼요. 제가 큰 소리로 인사하니 모두 저를 알아봐줍니다. 어떤 분은 그만두려다가 저에게서 용기를 얻어 열심히 했더니 계약을 따냈다고 자랑합니다. 그게 제 보람입니다."

그분은 건물에 근무하는 모든 사람에게 기쁨과 행복을 나눠주고 있었다.

나는 1988년 입사 이후 세상에서 가장 좋은 보험회사는 ○○생명이라는 굳은 신념으로 살아왔고, 주변 사람들에게 항상 자랑하고 살았다. 인생을 폼 나고 품격 있게 살고 싶다면 자신에게 일자리를 제공해준 회사가 세상에서 가장 좋은 직장이라는 자부심을 가져야 한다. 그래야 직장은 행복한 일터가 된다. 반대로 자기 자신을 불쌍하게 만들고 싶다면 간단하다. 자기가 일하는 곳이 별 볼일 없다고 생각하며, 먹고살기 위해 일한다고 생각하는 순간 바로 그렇게 된다.

부하 직원에 대한 진실

리더라면 세상에서 가장 멋진 사원과 함께 일하고 있다는 자부심을 가져야 한다. 다른 회사에 가면 더 좋은 기회를 가질 수 있는 사원들이 부족한 나와 함께 일하는 것을 고마워하며 그런 사원들이 더 큰일을 하도록 키워주어야 한다.

같은 업계에서 일하는 사람들보다 더 좋은 보상을 해주려고 노력할 때 사원들도 고객에게 최고의 상품과 서비스를 제공하는 회사를 만들기 위해 노력할 것이다.

리더라면 엄하면서도 때로는 물심양면으로 후원을 아끼지 않는 아버지와 같은 리더십이 있어야 한다.

일단 조직의 일원으로 받아들였으면 그 사람의 단점과 장점을 잘 파악하여 장점이 빛나도록 만들어주는 것이 중요하다. 단점을 열심히 지적해서 고치면 좋은 사람이 될 것이라는 기대는 하지 않는 것이 좋다. 성인이 되어서도 가지고 있는 단점은 지적한다고 절대로 고쳐지지 않는다. 본인의 문제를 스스로 깨닫고 고치려고 노력할 경우에만 변화할 뿐이다.

두 번째 지점을 맡았을 때였다. 우리 지점에는 한 명의 사원도 없었다. 그러다 보니 나는 입사하는 모든 사원들을 진심으로 사랑할 수밖에 없었다. 오로지 그들의 장점을 크게 보고 칭찬하고, 키워주기 위해 노력하며 신나게 일했다.

나는 가급적 설계사들의 장점만 보려고 노력했다. A는 근무 태도가 좋고, B는 인상이 좋고, C는 연금보험을 잘 팔고, D는 개척을 잘하고, E는 기계약자 관리를 잘하고, F는 지난달에 우수 신인을 도입했고, G는 가정적이고, H는 사교적이고 등등 찾아보면 모두 칭찬할 만한 점이 있는 우수 사원들이었다.

작은 일 하나라도 성공하면 나는 '이번 일은 A 사원이 한 일'이라고 자랑하고 다녔다. 그러다 보니 어느새 우리 지점은 우수 사원만 근무하는 지점이 되었다. 자연히 사원들의 사기도 오르고 실적도 올랐다.

이와 반대로 단점만 보려고 들면 무능한 사원만 눈에 보인다. A는 새로운 계약은 잘하는데 도입을 안 하고, B는 도입은 하는데 계약은 못 하고, C는 키는 큰데 못생겼고, D는 잘생겼는데 키가 작고 등등 이런 식으로 사원을 보면 자신이 부실한 사원만 데리고 있는 관리자가 된다. 그렇게 되면 사원의 사기가 높을 리 만무하고, 사원들도 관리자의 단점만 찾아내려고 혈안이 된다.

사원들의 장점을 찾아내 일주일에 한 가지씩 칭찬해보라. 그리고 단점은 관리자가 채워주어야 할 부분이라고 생각해라. 그렇게만 하면 항상 웃음꽃이 피어나고 사기충천한 조직이 될 것이다. 작은 조직이든 큰 조직이든 리더는 회사의 핵심이다. 그러므로 리더는 스스로에게 이런 질문을 해볼 필요가 있다.

나는 조직이 나에게 부여한 책임의 중대함을 자각하고 있는가?
나는 항상 풍부한 지식과 덕성을 쌓기 위해 노력하고 있는가?
나는 부하 직원들로부터 신뢰와 존경을 받고 있는가?
나는 매사에 공명정대하고 규정을 준수하고 있는가?
나는 항상 심신 단련에 힘쓰고 있는가?

나는 지점장이나 단장 시절에 시책으로 영업하지 않았고, 돈을 벌기 위해 일하라고 가르치지 않았다. 함께하는 사원들이 무엇을 원하는지 파악하려고 노력했고, 그들이 원하는 것을 이룰 수 있도록 도왔다.

보험 가입이 필요한 고객에게 어떻게 신뢰를 얻고, 필요한 보장자산을 어떻게 제공하여 고객이 현재보다 풍요로운 삶을 살아가도록 도울 수 있는지를 교육과 세미나, 동반, 협약 체결, 체험 마케팅등을 통해 가르쳐주며 사원들을 도왔다. 그 결과 나와 함께 일한 사람들은 성과가 좋았고, 돈을 많이 벌고, 좋은 평가를 받아 승진을 많이 했다. 이뿐만 아니라 사원들이 원하는 것을 파악하여 용기를 가질 수 있는 이야기를 많이 해주었다.

함께 오래 근무했던 사원들은 이렇게 말한다.

"너무 힘들어 포기하고 싶을 때 단장님께서 제게 10년만 일하면 K설계사보다 큰 사람이 되겠다고 말씀하셨어요. 그 말씀에 용기를 얻어 열심히 했는데 제가 이렇게 성장했네요."

"신입사원 시절 그만두려는 제게 본부장님께서 '자네는 내 나이가 되면 ○○생명에서 나보다 더 큰일을 하게 될 걸세' 하고 말씀하셨어요. 그 말을 듣고 용기를 내어 열심히 살았습니다."

"단장님은 저보고 우리 회사의 복덩어리라고 하셨어요. 제가 지원단으로 발령나고 지원단 분위기가 달라지면서 신인이 많이 들어오고, 성과가 좋아지기 시작했다고요. 그 말씀 덕분에 출근길이 매일 즐거웠습니다."

나는 사원들에게 희망과 용기를 주고 싶었다. 리더의 말 한마디는 부하 직원의 인생을 바꿀 수 있다.

대형지점을 맡아서 지점을 쪼글라들게 만든 지점장들은 대개 사원들의 문제점이나 단점을 일목요연하게 잘 알고 있다. 그래서 각각의 문제를 지적하게 된다. 그러면 사원들은 지점장의 단점을 더 정교하게 지적하며 떠나가고 결국 그 지점장의 결말은 뻔하다.

리더가 자신의 조직원을 험담하는 것은 누워서 침 뱉는 행동이다. 사원들이 자신을 잘 따라주지 않는다고 조직 밖에서 하소연해봤자 아무도 도와주지 않는다. 끊임없이 회사와 업계를 욕하는 사람과 누가 함께 일하고 싶겠는가? 내색하지 않아도 불평 불만 많은 사람을 곁에 두기를 원하는 사람은 없다.

그러므로 리더는 자신과 함께 해주는 사원이 지구상에서 가장 소중한 사람이라는 생각으로 단점은 덮어주고 장점은 빛나도록 키워주어야 한다. 성과에 대한 정당한 보상만 주어진다면 조금 무능해 보이거나 조직보다 개인의 이익만 챙기는 것 같은 사람이라도 리더가 원하는 결과를 만들어낼 것이다.

조직을 위해 목숨 걸고 헌신한 사람은 조직이 끝까지 보호해줘야 한다. 미국은 전쟁 중에 발생한 포로를 구하기 위해 엄청난 희생을 감수한다. 심지어 전쟁 중 죽은 시신을 인도받기 위해 기꺼이 비용을 치른다. 조직의 성장을 위해 헌신한 사람을 보호하지 않고, 작은 실수를 용서하지 못하고 버린다면 어느 누구도 목숨 걸고 조직을 지키지 않을 것이다.

리더는 항상 조직원을 먼저 생각하고 가장 위험한 곳에서 희생을 감수해야 한다. 현재 나와 함께 일하고 있는 사람이 세상에서 가장 소중한 사람이라는 확신과 신념을 갖고 그들의 단점을 덮어주고, 장점을 키워준다면 성장 가능성은 한결 높아진다.

세상에서 가장
강력한 무기

세상에서 가장 낭비되는 비용 중 하나는 진실 확인 비용이라고 생각한다. 만약 세상 모든 사람이 진실하다면 군대, 경찰, 검찰, 판사,

경비라는 직업은 없어도 될 것이다. 회사에는 감사팀도 필요 없을 것이고, 모든 일이 빠르게 처리될 것이다.

사업하는 사람이 가장 걱정하는 것도 어디까지 믿고 어디서부터 의심해야 하는가를 판단하는 일이다. 만약 모든 사람에게 신뢰를 얻는다면 주어진 시간에 많은 성과를 낼 수 있을 것이다. 조금 불리할 때 거짓말해서 빨리 일을 처리하고 싶더라도 목숨 걸고 진실하게 살아서 '저 사람 말이라면 믿어도 된다'는 평판을 얻기 위해 노력해야 한다. 진실이 쌓아 올린 신뢰는 성공의 엘리베이터라고 해도 과언이 아니다.

신뢰를 얻는 방법

첫째, 참용기가 필요하다. 참용기란 참아야 할 때 참을 줄 알고, 용서해야 할 때 용서할 줄 알고, 기다려야 할 때 기다릴 줄 아는 용기를 말한다. 유식한 고객을 만났을 때는 나의 무식을 인정하고 배우겠다는 자세로 임하는 용기를 가져야 한다. 혹시라도 말이 안 통한다고 포기하고 물러선다면 당신은 성장을 멈추게 된다. 대통령도 정부의 잘못이 있을 때 대국민 사과문을 발표한다. 진심으로 사과하면 국민들의 불만은 봄눈 녹듯이 없어진다. 그러나 잘못을 인정하지 않고 변명으로 일관한다면 여론은 걷잡을 수 없을 정도로 악화된다.

둘째, 잘못을 저질렀을 때 솔직하게 인정하고 진심으로 사과하고 재발 방지를 약속해야 한다. 누구나 맡은 일을 완벽하게 해내고 싶어하지만 인간인 이상 실수할 수 있고, 의도대로 일이 잘 진행되지 않을 수 있다. 그럴 때 자기의 실수를 솔직하게 인정하고 사과하는 사람이 있는가 하면 변명으로 일관하는 사람이 있다.

자기의 잘못을 인정하는 것은 대단한 용기다. 잘못을 인정할 때에는 수치스럽기도 하고 창피하기도 하다. 그렇기 때문에 대부분의 사람들은 일이 잘못되었을 때 다른 사람을 끌어들여 책임을 전가하거나, 상황론을 들어 변명하거나, 화를 버럭 낸다. 그렇게 하면 상황은 잠깐 모면할 수 있을지 몰라도 신뢰할 수 없는 사람으로 낙인찍힌다. 영업관리자와 영업사원 간의 갈등은 대부분 자신의 잘못을 인정하지 않고 상황을 모면하기 위한 변명에서 출발한다.

나보다 지위가 낮거나 어린 사람의 경우도 마찬가지다. 내가 나보다 훌륭한 후배를 인정하고 포용하는 만큼 유능한 후배와 함께 풍요로운 인생을 살 것이고, 나보다 훌륭한 후배를 시기하고 질투한다면 그만큼 초라하고 못난 인생을 살 것이다.

셋째, 솔직하게 사람을 대해야 한다. 평소 좋아하는 사람과 골프를 치고 싶어 통화한 적이 있었다.

"주말에 골프를 치러 가는데 같이 가시겠어요?"

"누구하고 치나요?"

"네, D와 H님이 함께 가기로 했어요."

"어디에서 치는데요?"

"○○○골프장에서요."

상대가 계속해서 묻기에 함께 골프를 칠 사람과 장소를 알려주었다. 그런데 반응이 이상했다.

"지금 보니 그날 다른 약속이 있네요. 아쉽지만 다음에 뵙겠습니다."

짧은 순간 그 사람은 나와 골프를 치는 것과 다른 사람을 만나는 것 중 어느 것이 이득인지 계산했고, 그 이후 나는 그와 한 번도 같이 골프를 치지 않았다. 나는 상황에 따라 마음이 달라지고 기회주의적 태도를 취하는 사람과는 만나고 싶지 않다. 이런 사람은 본인에게 이익이 생기면 따라오고, 조금이라도 손해 볼 일이 있으면 나비처럼 날아간다.

넷째, 인간관계에서 손익계산을 하고 싶거든 자신이 조금 손해 보는 선택을 해야 한다. 당신에게서 조금씩 이익을 본 사람들은 당신에게 미안해하거나 당신을 좋아하게 될 것이다.

말과 행동이 같은 사람, 본인 입으로 말한 것은 반드시 하는 사람, 되겠다고 하면 반드시 되는 사람은 주변의 신뢰를 얻는다. 비즈니스에서 진실보다 더 강한 무기는 없다. 모든 사람이 그대를 속일지라도, 모두 잘나가는데 나만 무능한 사람으로 세상에 혼자 남겨지는 외로움을 느낄지라도, 목숨 걸고 진실하라. 반드시 그대를 믿는 사람이 생겨날 것이고 결국 천군만마를 얻게 될 것이다.

열정

목표 달성에 모든 에너지를 몰입하라

인류 역사는 열정 있는 사람들이 만들어내는 창조의 기록이다. 모든 역사적 사건은 누군가의 열정에서 시작되었으며, 열정 없는 사람들이 바꾼 역사는 없다고 해도 과언이 아니다. 학생이 성적을 올리는 데도 열정이 필요하고, 작은 프로젝트를 성공시키는 데도 열정이 있어야 하고, 작은 기업이 중견기업으로 성장하는 데도 CEO의 열정이 필요하며, 못사는 나라가 잘사는 나라가 되기 위해서도 국가 지도자의 열정이 필요하다. 아무리 머리가 좋고 체력이 좋은 사람이라도 열정이 없다면 그 사람이 변화시킬 수 있는 것은 아무것도 없다.

인생을 바꾸고, 역사를 바꾸는 열정이란 무엇인가? 열정은 목표 달성을 위해 자신이 갖고 있는 에너지를 한곳에 온전히 쏟아붓는 상태를 말한다. 어떤 일에 빠져 아무것도 보이지 않을 때, 그게 바로 열정의 순간이다. 많은 사람들은 열정을 가지고 일하는 상대에게 매료된다. 아직까지도 리메이크되는 〈007〉 영화 시리즈를 보면 주인공 제임스 본드는 늘 목표에 깊이 몰입한다. 그는 누가 보아도 불가능한 목표를 달성하기 위해 1%의 가능성에 모든 에너지를 쏟아부어 결국은 임무를 완수한다. 그러고는 아름다운 여인과 밀월 여행을 떠난다. 〈007〉 영화 시리즈의 인기 비결은 바로 누구나 할 수 있는 일이 아닌, 불가능해 보이는 일에 열정을 갖고 도전하여 완수하면 커다란 보너스가 기다리고 있다는 사실에 있다.

당신이 맡은 일의 90% 정도는 이 세상 누구나 할 수 있다. 그러나 마지막 10%의 일은 열정을 쏟는 사람만이 성공시킬 수 있다. 이 세상에 태어나 조금이라도 나은 삶을 살고 싶다면 당신이 갖고 있는 에너지를 한곳에 몰입하는 열정이 있어야 한다.

성공하는 사람들의 하루는 출근하기 위해 집을 나서는 순간부터 열정의 연속이다. 아침에 출근해서 일하다가 배가 고파 점심을 먹으려고 고개를 들었는데 주변이 어두워 깜짝 놀란 적이 있었는가?

1990년 초 여름 하루 종일 강남 빌딩을 돌아다니며 고객 상담을 했다.

뜨거운 여름날 아스팔트에 발자국이 생길 때도, 땀이 등을 타고 다리로 흘러내릴 때도 있었지만 나는 그 느낌을 사랑했다. 겨울이면 빌딩 사이로 부는 바람에 가방을 든 손가락이 떨어져 나갈 듯 아플 때가 있었지만 칼로 살을 베는 듯한 추위를 즐겼다. 그렇게 고객을 상담하다 보면 운 좋게 정식으로 보험 상품을 제안해달라는 고객을 만나는 날도 있었다.

그런 날은 기쁜 마음으로 사무실에서 마음에 드는 제안서를 만들기 위해 단어를 바꾸고, 숫자를 검증하고, 글씨 크기를 조정하다 보면 어느새 환하게 날이 밝아오고 있었다. 해장국이나 한 그릇 하려고 건물을 나설 때, 출근하는 사람들은 이렇게 말하곤 했다.

"낙원이 일찍 출근했네."

보험영업 초기에 고객을 만나 직접 계약을 진행할 때에는 계약자들에게 다른 어떤 보험회사와 거래하는 것보다 나와 거래하는 것이 조금이라도 이익이 된다고 설득했다.

조직에 의한 영업을 시작하면서부터는 다른 지점장보다 설계사들이 돈을 잘 벌게 해주는 지점장이 되려고 전국 어디든 고객이 있는 곳이라면 설계사들과 함께 찾아다녔고, 지원단장을 하면서는 나와 함께 근무하는 사원들이 좋은 평가를 받도록 하기 위하여 밤을 지새웠다. 당시 나는 자정 무렵 잠이 들어도 새벽 4시면 설레는 마음으로 동네 사우나에 가서 계약자, 설계사, 사원, 지점장, 회사를 도울 방안을 궁리하면서 하루를 시작했다.

그때 느끼는 짜릿한 쾌감은 모든 에너지를 쏟아 업무에 매달린 사람만이 느낄 수 있는 행복이다.

산악인 엄홍길 대장은 히말라야 16좌를 완등한 사람이다. 언젠가 함께 등산할 기회가 있어 그에게 비결을 물어보았다.

"대장님, 8,000미터 히말라야 등반은 한 번 하기도 어려운데 16좌를 모두 완주한 비결이 뭐예요?"

"히말라야 정상에 오르는 비결은 없습니다. 한 걸음 한 걸음 가다 보니 정상에 있더군요. 정상이라는 목표를 향해 한 걸음 한 걸음 온 힘을 다해 가는 것 외에 비결은 없습니다."

1970년대 우리에게 "엄마 나 챔피언 먹었어"라는 말로 무한한 희망을 주었던 프로복싱 세계 챔피언 홍수환 선수 역시 이렇게 말했다.

"당시는 지금처럼 체계적으로 선수를 훈련시키는 프로그램이 없었어요. 누가 저에게 남산에 있는 계단을 쉬지 않고 단번에 뛰어 올라가면 세계 챔피언이 될 수 있다고 하더군요. 지금 생각해보면 무모하고 무식하기도 했지만 도전했어요. 힘차게 뛰어오르다가 계단이 얼마나 남았나 보면 아직도 수없이 남아 있는 겁니다. 도저히 못 뛰겠다 싶어서 그만두고, 다시 그만두고 했죠. 그러던 어느 날, 세계 챔피언이 될 수 없겠다는 두려움이 몰려오더라고요. 그때 이번에 올라가다 못 가면 죽는다는 생각으로 뛰었습니다. 그렇게 뛰다 보니 눈앞에 계단이 없었어요. '왜 계단이 없지?' 하고 보니 정상에 도착했더라고요."

엄홍길 대장이나 홍수환 선수처럼 세계를 정복한 사람들에게 비법은 목표를 향해 모든 에너지를 쏟아붓는 열정이다.

나무들은 봄이면 새싹을 틔웠다가 가을이면 낙엽을 떨어뜨린다. 그런데 그 수많은 낙엽 중 똑같은 모양, 똑같은 자세로 떨어지는 낙엽은 없다. 지난해와 똑같은 방향과 속도로 같은 지점에 떨어져 쌓일 수 없기 때문이다. 이것이 자연의 섭리다.

만일 당신이 어제 한 일을 오늘 똑같이 반복한다면 당신은 자연의 섭리를 거스르는 사람이다. 설령 똑같은 일을 반복하더라도 '좀더 빨리 할 수 있는 방법은 없을까', '상사나 동료를 더 많이 도와줄 방법은 없을까', '후배에게 한 수 가르쳐줄 수 있는 방법은 없을까', '고객을 좀더 기쁘게 해줄 수 있는 방법은 없을까' 하고 항상 고민하고 그 방법을 모색하는 사람이 되어야 한다. 그래야 주변 사람과 함께 성장할 수 있다.

역경을 즐기는 에너지

대기업 인사 담당 임원들이 꼽은 가장 골치 아픈 사원은 일찍 출근해서 하루 종일 자리에 앉아 있다가 늦게 퇴근하는데 성과는 없는 사람이라고 한다. 목표도 있고, 일자리도 있고, 성과 목표가 주어져 있는데 성과는 없고, 월급만 꼬박꼬박 받아가니 회사로서는 밑 빠진 독에 물 붓는 식이다.

보험회사 지점장을 해본 사람은 많다. 허나 지점장을 얼마 동안 했느냐는 아무런 의미가 없다. 중요한 것은 지점장으로 성공한 사람이냐 아니냐다. 역경을 극복하고 한계를 뛰어넘어 성공의 짜릿함을 맛본 사람만이 더 큰 성공을 일구어낼 수 있다.

코리안 몬스터 류현진은 한국 프로야구의 최고 투수였다. 마운드에 올라 무표정하게 던지는 류현진의 빠른 직구는 상대 투수를 압도

했다. 그런 류현진도 미국 프로야구에 처음 진출해서는 고전을 면치 못했다. 류현진은 메이저 리그에서 10승 이상 투수가 되어야겠다는 목표 달성을 위해 직구에서 변화구로 투구 연습을 했고, 지금까지도 그의 투구는 다양하게 변하고 있다. 미국 프로야구의 강한 타자들이 류현진을 더욱 강하게 진화시킨 것이다.

시골 학교에서 전교 1등을 하는 학생이 장학금을 받고 지방대학에 가면 1등으로 편하게 대학을 졸업할 수 있지만 실력은 크게 늘지 않는다. 그러나 명문대에 진학하면 전국에서 1등을 하는 학생들만 모였기 때문에 긴장해서 몰입하지 않으면 졸업하기조차 어렵다.

그러므로 성장하고 싶다면 나보다 강한 자들이 우글거리는 정글에 뛰어들어야 한다. 회사 내에서 동료들을 시기하거나 질투하지 말고, 그럴 에너지가 있으면 시장으로 나아가 고객이 원하는 것보다 더 좋은 가치를 찾기 위해 고민하자. 경쟁사를 방문하여 나보다 잘하는 점을 배우고 내 것으로 만들어 강한 자로 진화해야 한다.

모든 사람이 포기할 때 한 번 더 시도하는 끈기를 발휘하는 사람, 무엇이든 목표를 세웠으면 달성될 때까지 파고드는 에너지를 내는 사람, 마지막 1%에 목숨을 건 승부를 하는 사람이 세상의 주인공이 된다. 승부를 걸어야 할 때 인생을 걸지 못하는 사람이 변화시킬 세상은 없고, 작은 승부에 인생을 걸지 못하는 사람에게 큰 승부의 기회는 없다.

에베레스트산이 세계 최고봉인 이유는 히말라야 산맥에 있기 때문이라고 한다. 만약 에베레스트산이 바다 한가운데 있었다면 한라

산이나 후지산과 다를 게 없었을 것이다. 강한 자를 만나면 시기하지 말고 서로 배움을 주고받아 함께 강해지는 열정의 문화를 만들어야 아름답게 성장한다.

슬럼프를
벗어나는 방법

조직이 슬럼프에 빠졌을 때 탈출구를 찾아야 할 책임은 리더에게 있다. 조직을 처음 맡았을 때의 마음으로 돌아가 지금 가고 있는 길이 어느 방향인지를 파악하면 문제의 절반은 해결한 것이나 마찬가지다. 이럴 때는 새로운 시도로 조직에 활력을 불어넣어야 한다. 조직원이 힘들어한다고 해서 편하게 해주려고만 한다면 그 조직은 점점 어려워질 것이다.

현재와 다른 성과를 기대한다면 이제까지와 다른 생각과 행동을 해야 한다.

첫째, 대청소나 자리 배치를 다시 하여 사무실 분위기를 바꾸어 보는 것이 좋다. 환경이 바뀌면 사람들은 다른 생각을 하고 변화를 시도한다.

둘째, 고객이 원하는 가치를 창조하고 고객을 설득하기 쉽도록 새로운 자료를 만들어 제공하면 영업사원들의 사기를 진작시키고 성과를 향상시킬 수 있다.

2000년 금융소득종합과세에 관한 자료를 재산 증식 및 안정성이라는 고객의 입장에서 만들어 설계사들에게 제공한 결과 1년간 지점에서 3,000억 원 정도의 보험료를 거둬들인 경험이 있고, 1994년부터 육군부대를 방문하여 군 간부들을 대상으로 세미나를 실시하여 큰 성과를 거두기도 했다. 1996년에는 100세 시대에 맞는 노후준비에 대한 이론을 고객의 입장에서 논리를 개발하여 연금보험 계약을 많이 체결한 적도 있다.

셋째, 리더가 새로운 시장을 선정하여 통찰력을 갖고 적극적으로 공략하는 것이 좋다. 이 방법은 확실히 효과가 있다. 그러나 선정만 하고 리더가 앞장서지 않는다면 큰 효과는 기대하기 어렵다.

1991년도에 기업과 종업원이 보험료를 일정 비율로 부담하는 후생복지형 콘셉트를 개발하여 업계에 돌풍을 일으킨 적이 있다. 1993년에는 젊은 사원들을 많이 도입했다. 당시 젊은이들은 연고가 많지 않았고, 연고 시장에는 잘 가려고 하지 않았다. 활동 의욕은 높은데 갈 곳이 없었다. 기업체를 공략하면 한 명의 설계사에게 일자리가 주어지는 한계를 극복하기 위해 전문직 협회와 보험에 관한 협약을 체결하여 많은 설계사들에게 일자리를 제공했다.

슬럼프에 빠진 조직에 힘을 불어넣기 위해서는 리더가 앞장서서 상황을 통찰하고, 올바른 판단을 통해 성장으로 가는 길을 찾아야 한다.

고객을
감동시키는 열정

지금 눈앞에 있는 사람과 지금 하고 있는 일에 모든 에너지를 집중하는 열정적인 삶의 자세가 중요하다.

○○생명에는 열정이 무엇인지 보여주는 사람들이 많다. 이천에 있는 J씨는 일주일에 3명 이상의 고객에게 보험을 통한 보장을 제공하겠다는 목표를 세우고, 12년간 단 한 주도 빠짐없이 매주 3건 이상의 계약을 성사시켰다. 그 사람의 강의를 들으면 누구나 강한 동기부여를 받고, 자신을 되돌아보게 된다. 누구를 만나든지 언니, 형부, 이모와 같은 편한 호칭을 쓰며 친근하게 대하는 그는 보험인의 눈으로 세상을 본다. 만나는 사람마다 '노후 준비는 되어 있을까?', '만약 가장이 사망하면 아이들의 미래는 보장받을 수 있을까?', '건강 대책이 세워져 있을까?'를 고객 입장에서 고민하며 살아오신 분이다.

그렇게 일하다 보니 고객들은 다른 설계사에게 상품 설명을 듣고도 J씨에게 연락한다.

"오늘 좋은 상품을 소개받았는데 계약하고 싶어요. 빨리 오세요."

고객은 그녀를 침이 마르게 칭찬한다.

"돈 벌기 위해 일하는 사람이 아니라 우리를 도와주기 위해 일하는 분이잖아요. 정말 훌륭하세요."

○○생명 강남 지원단 L씨도 고객에 대한 열정이 남다르다.

"고객과 한 시간 이야기하면 한 달이 지나도 생생하게 기억이 나요. 처음 만났을 때의 표정부터 고객이 한 말과 제스처를 떠올리면 그의 생각을 정확히 읽을 수 있고, 그가 원하는 제안서를 건네면 마음에 쏙 들어합니다. 그런데 본사 사원들은 열 번을 만나도 얼굴이나 이름이 일치되지 않아요. 제게 문제가 있나봐요."

그는 고객에게 모든 에너지를 집중하는 좋은 습관을 가지고 있는 것이다. 지금 내 앞에 있는 고객의 말과 표정, 눈빛, 태도에 모든 에너지를 집중하는 습관을 들인다면 고객을 도와줄 수 있는 길이 보이고 성공의 문이 활짝 열릴 것이다.

포기하고 싶을 때 한 번 더 시도하는 열정

물, 기름, 전기와 같은 자연의 에너지는 쓰면 없어지지만 인간의 에너지는 쓰면 쓸수록 강해진다. 올림픽에서 금메달을 딴 선수들은 피곤이 두려워 쉬는 사람들이 아니다. 오히려 운동하다가 지쳐 쓰러져도 계속 강하게 근육을 단련시킨 사람들이다. 정신노동을 하는 사람들도 마찬가지다. 새로운 기술을 개발한 사람들은 아무리 피곤해도 며칠 밤을 새우며 연구에 몰입해 새로운 길을 찾는다. 절벽과 마주한 듯한 한계 상황에서 포기하면 끝이지만 그럴 때 한 번 더 힘을 쓰면 당신이 원하는 세상을 만들 수 있다.

일본의 한 경영연구소에서 다음과 같은 실험을 했다. 수족관 중앙에 투명한 유리를 설치해 양쪽을 차단하고, 한쪽에는 작은 물고기라면 닥치는 대로 잡아먹는 꼬치고기 한 마리를, 다른 쪽에는 꼬치고기가 좋아할 만한 작은 물고기를 넣었다. 실험이 시작되자 포악한 꼬치고기는 작은 물고기를 잡아먹으려고 돌진했고, 작은 물고기들은 겁을 먹고 한쪽 모퉁이로 도망치려고만 들었다. 그러나 중앙을 가로막은 유리 때문에 꼬치고기의 돌진은 번번이 무산되었고, 꼬치고기는 주둥이가 터지고서야 돌진하는 횟수가 줄어들었다. 며칠이 지나자 꼬치고기는 작은 물고기를 잡아먹는 것을 포기하고 돌진을 멈추었다. 작은 물고기들도 시간이 지나면서 꼬치고기를 겁내지 않고 자유롭게 수족관 안을 노닐었다. 나중에 연구원들이 중앙 차단유리를 제거했는데 꼬치고기는 작은 물고기를 잡아먹을 생각을 하지 않다가 굶어 죽고 말았다.

새로운 일을 시작해서 몇 번 시도해보고 안 된다고 포기하는 사람의 열정 지수는 꼬치고기와 비슷한 것이다.

아름다운 오기

대학 교수인 친구 연구실에 지속적으로 방문하는 보험설계사가 있었다고 한다. 친구는 항상 밝은 미소로 찾아와 메모지를 주기도 하고, 금융 상품에 대한 안내장을 주기도 하는 그가 고마웠다고 한다.

친구는 그동안 받은 선물이 고맙기도 하고 다음에 오면 상담을 받아서 보험을 들어야지 생각했는데 그 보험설계사는 오지 않았다. 시간이 흐른 후 교수들끼리 식사를 하다가 그 보험설계사 이야기가 나왔고, 모두 참 좋은 분이라며 그런 분이 교수 연구실에 정기적으로 오는 건 좋은 일이라며 연락해서 한 건씩 계약하자는 의견 일치를 보고 연락하기로 했다.

책상을 뒤져 연락처를 찾아 전화했더니 그는 보험회사를 그만두었다고 했다. 만약 그가 조금만 더 열정을 발휘했더라면 좋은 시장을 확보할 수 있었을 텐데 스스로 안 된다고 포기함으로써 기회를 놓치고 말았다. 앞으로 그녀는 보험 영업을 어렵다고 생각할 것이고, 다른 일을 하더라도 성공의 문턱에서 포기할 가능성이 높다.

사람은 자신이 인내해본 한계만큼의 인생을 살아간다. 그러므로 시련이 닥치면 이 일을 꼭 쟁취하겠다는 한계극복의 의지가 없으면 성공하기 어렵다.

우리에게는 아름다운 오기가 필요하다. 목표를 성취하고야 말겠다는 오기, 후배를 어느 단계까지 키워주고야 말겠다는 오기……. 사람은 아름다운 오기가 있어야 성장한다.

나는 지점장, 단장, 본부장을 하면서 한 번도 잘나가는 조직을 맡은 적이 없었다. 가장 어려운 꼴찌 조직을 맡아 키우면서 처절하게 일했다. 아침부터 저녁 늦게까지 일하고 집에 갈 때는 몸에 피가 하나도 없는 것 같은 나른함을 느낄 때도 많았다.

신혼 초, 하루 종일 초긴장 상태로 일하다가 퇴근해서 집에 가면 일하는 데 모든 에너지를 다 썼기 때문에 아내와 대화하는 것조차 힘들었다. 곧장 쓰러져 죽은 듯이 잠들었고. 다음 날 아침이면 용수철처럼 일어나 미친 듯이 일했다. 그런 열정이 나를 강하게 만들었고, 힘들고 어려운 일도 두려워하지 않고, 일머리를 풀어내는 지혜와 용기를 주었다.

매일 매월 모든 에너지를 쏟아부을 때 세상을 변화시키는 강한 에너지가 몰려와 목표가 달성되고, 당신이 이루고자 하는 새로운 세상을 만들 수 있다.

학습

누구에게든
배우는 자세

자신의 부족함을 인정하고 배우려는 태도는 스스로 크게 성장하겠다는 자존감을 가진 자만이 가질 수 있는 용기 있는 자세다.

미야모토 무사시는 전국시대의 최고 무사다. 그는 일본 역사상 최고의 검객답게 승부에서 한 번도 패한 적 없는 장수였다. 16세부터 29세까지 벌인 진검 승부에서 64전 64승을 했다고 한다. 당시 일본에서 내노라하는 검객 64명을 저승길로 보낸 무사시는 30세부터 서예를 배워《오륜서》라는 책을 쓴다.《오륜서》를 보면 이런 구절이 있다.

"나는 승부에 이기기 위해 어린아이에게도, 바람에게도, 풀에게도 배웠다."

천하의 날고 기는 무사들이 자기 실력을 믿고 무사시에게 덤볐지만 그들은 무사시를 이길 수 없었다. 왜냐하면 무사시는 도전자가 나서면 모든 촉(觸)을 동원하여 정보를 수집하고 대책을 세웠기 때문이다. 심지어 상대를 알고 있는 어린아이에게도 그가 싸우는 것을 본 적이 있는지, 어떻게 싸우는지를 물어보았다. 또 풀이 누워 있는 모양을 보고 바람을 예측하고, 지형에 따라 신발을 고쳐 신었다.

단 한 번도 싸움에서 져본 적 없는 무사인데도 늘 겸손한 자세로 현장을 살피고, 상대를 연구해 준비된 상태에서 싸움에 임했기 때문에 강한 자들과의 승부에서 모두 이길 수 있었다. 고객을 만나러 갈 때 막연하게 '잘될 거야'라는 마음으로 준비 없이 가는 것은 오만이다. 고객에 대한 정보 수집과 고객이 원하는 기대 이상의 가치를 제공하기 위해 무사시처럼 준비하고 또 준비하는 자세가 겸손이다.

옛말에 선과 악이 모두 나의 스승이라 했고, 셋이서 길을 가면 반드시 내 스승이 있다고 했다. 돌아보면 나에게 큰 가르침을 주신 스승은 나를 키워주신 부모님, 스승님과 입사 이후 나와 함께했던, 모든 상사님, 모든 동료님, 모든 후배님, 모든 설계사님, 모든 고객님들이었다.

지속성장의 필요 · 충분조건
지속적인 성장의 핵심은 학습력이다. 고객과 시장은 계속 변하기 때문에 조직에 몸담고 있는 사람이라면 지위고하를 막론하고 꾸준히 배워야 한다.

대부분의 사람은 아침에 일어나 일터로 나가고 하루 일과를 마치면 집에 돌아와 잠을 잔다. 이것이 보통 사람들의 라이프스타일이다. 당신은 어떠한가? 만일 현재의 라이프스타일대로 살아서 내년 이맘때가 되면 당신은 어떻게 변해 있을까? 3년 후, 5년 후에는 어떻게 변할까? 직장에서 당신의 위상은 어떻게 될까? 또 가정은 어떻게 변하며 주변 친구나 후배들에게서 어떤 평가를 받을 것인가?

당신의 미래를 가장 정확하게 예측할 수 있는 사람은 용한 점쟁이가 아니라 바로 당신 자신이다. 예측해본 미래의 모습이 만족스럽다면 굳이 당신은 변화를 시도할 필요가 없다.

만일 미래의 당신이 멋진 모습으로 떠오르지 않는다면 바로 자신의 라이프스타일에 변화를 주는 것이 좋다. 아침에 조금 일찍 일어나 운동을 한다든지, 일과시간에 주어진 일을 빨리 처리하는 방법을 연구한다든지, 일과 후 자기계발을 위한 스케줄을 준비해야 한다. 당신의 가치를 높이기 위하여 항상 학습하는 자세를 가져야 존중받을 수 있다. 지난달보다 더 성장하기 위해서는 실수로부터 배우고, 고객으로부터 배우고, 골치 아프고 지독하게 비판적인 이야기도 끝까지 듣는 겸손한 자세를 가져야 한다.

더글러스 맥아더(Douglas MacArthur) 장군은 '자신을 너무 중대히 여기지 말고 겸손한 마음을 갖게 하여 주시옵소서'라고 기도하며 겸손한 마음을 유지했다고 한다.

지원단장 시절, 새로 부임한 지점장이 매일 아침 설계사들에게 교육을 너무 못해서 훈련이 필요하다고 생각했다. 나는 그 지점장에게 전 사원을 모아놓고, 당시 가장 많이 팔리는 암보험을 교육하라고 시켰다. 당시 암보험은 가장 쉬운 보험이었는데도 지점장은 긴장해서 땀을 흘리며 횡설수설했다. 교육 내용 또한 형편없었고 내용 전달도 되지 않았다. 단장으로 안쓰럽기도 하고, 창피하고, 화가 나기도 해서 교육장을 나와 지점을 한 바퀴 순회하고 있는데 많은 설계사들이 투덜거리고 있었다.

"왜 교육을 안 받으세요?"

"제가 암보험을 얼마나 많이 팔았는데요. 오늘 교육이 형편없는 것 아시죠?"

할 말이 없었다. 교육장에 와 보니 많은 설계사가 잠을 자고 있었다. 그런데 맨 앞자리에 앉은 한 여성만은 열심히 메모를 하면서 교육을 받고 있었다. 당시 그녀는 매월 암보험을 평균 100건씩 판매하던 베테랑이었다. 그런 그녀가 무얼 저렇게 열심히 적을까 호기심이 생겼다. 강사가 교육을 못하면 강사를 비하하는 낙서를 하곤 했던 나는 그녀도 그럴 것이라 생각했다.

"교육 내용이 충실하지 못해 미안해요. 무얼 그리 적으셨어요?"

"오늘 교육 정말 좋았어요. 영업을 안 하신 분이어서 그런지 고객에게 써먹을 새로운 단어 두어 개를 건졌어요. 오늘은 고객님에게 이 말씀을 해드려야겠어요."

나는 망치로 한 대 얻어맞은 듯했다. 진정한 프로의식이 거기 있었다. 한 달에 한두 건 판매하는 사람들이 배울 게 없다는 교육에서 그녀는 고객에게 사용할 단어를 찾아내고 있었다.

그녀는 30년 동안 최고의 신계약 성과를 창출하면서도 교육장에서는 항상 열심히 공부했다. 그녀는 우리나라 보험업계에 놀라운 성과를 보여준 전설적인 인물로서 현재 ○○생명 수석 명예전무로 재직 중인 강순이 씨다. 그녀는 MDRT 종신회원이며, 2009년, 세계 MDRT 연차 총회에서 한국인 최초로 강연하며 자신의 성공 경험을 세계 여러 나라의 전문가들과 공유하기도 했다.

교육을 받았는데 80%는 이미 아는 내용이고, 10%는 별 볼일 없는 내용이고, 10%만 유익한 내용일 때 당신은 어떤 반응을 보이는가? 이때의 반응을 보면 그 사람의 미래를 예측할 수 있다. 성장을 멈춘 사람들은 거의 알고 있는 내용이고 시간 낭비라고 투덜거린다. 반면 성장을 계속하는 사람은 내가 알고 있었던 80%에 대한 확신을 심어주는 좋은 교육이었고, 유익한 10%의 새로운 지식을 얻은 보람에 뿌듯해한다.

영업하는 사람들은 대체로 처음에는 열심히 배우다가 어느 정도 성과를 내면 더 이상 배우지 않고 자기의 성공 경험에만 의지해 일한다. 그러다 보면 고객에게 외면받게 된다. 고객이 다양한 금융기관과 보험사로부터 정보와 지식을 제공받으며 점차 실력을 갖추게 되기 때문이다. 그런 고객은 영업사원에게 배울 게 없다면 만나려 하지 않는다. 지점장들은 더욱 그렇다. 지속적으로 공부하지 않으면 고객과 설계사로부터 모두 무시당한다.

나는 경제 단체에서 진행하는 조찬에 한 달에 두 번 정도 참석한다. 그곳에는 사회 지도층에 속하는 중소기업 대표나 대기업 임원들이 새벽 7시에 모여 간단하게 식사를 하고 열심히 강의를 듣고, 9시면 일터로 뛰어간다. 그곳에 온 사람들은 나름 성공한 사람들이고 일반인들보다 부자인데도 하나라도 더 배우겠다고 새벽부터 치열하게 삶을 살아간다. 그러므로 장담하건대 스스로 배우는 사람의 미래는 현재보다 멋질 것이다.

까칠한 상사는
나의 스승

노조 간부로서 파업을 선동했다는 이유로 지점장으로 발령받아 나갔을 때 나는 매일 아침저녁으로 사직을 강요받았다.

"그 지점을 운영하는 데 관리비, 인건비, 임대료가 얼마인데 이 정도 실적이면 책임을 져야 하는 것 아니야?"

"한 명도 리크루팅하지 못했으니 어쩔 거야? 책임을 져야지. 아무리 봐도 당신은 보험 영업에 안 맞으니 그만두고 다른 길을 찾아봐."

"박낙원 씨, 노조 간부 할 때는 그렇게 잘났더니 영업은 왜 이 모양이야? 화끈하게 그만둬."

매일 그렇게 강요를 받으며 시달리다 보니 자신이 없어졌다. 나는 사표를 써서 지원단장을 찾아갔다.

"내가 전생에 무슨 죄를 져서 너 같은 놈을 지점장으로 받아 이 고생인지 모르겠다. 너는 말귀를 못 알아듣니?"

그렇게 야단치는 상사를 보면서 내가 사표를 내면 어떻게 될 지 생각해봤다.

'노조한다고 껄떡대는 박낙원을 내가 깔끔하게 정리했다'고 자랑하고 다닐 것 같았고, 나를 모르는 사람들도 '잘난 척하더니 도망갔다'고 말할 것 같았다. 생각이 여기에 미치자 나는 사표를 내지 않기로 결심했다.

사람과 짐승이 다른 점은 지나간 후의 흔적이 다르다는 점이다. 남아 있는 사람들에게 도망갔다는 말을 듣는 것은 자존심이 허락하지 않았다. 어떻게든 일을 잘해서 '박낙원은 역시 잘한다'는 소리를 듣고 그만둬야겠다고 생각했다.

이튿날부터 지원단장이 나에게 욕을 하면 그의 얼굴을 쳐다보면서 되새겼다.

'다음에 영업 잘한다고 하면 사표에 침을 뱉어서 얼굴에 붙여주고 가야지.'

더 심하게 욕을 퍼부으면 더 독하게 마음먹었다.

'침을 참았다가 왕창 뱉어서 사표를 오른쪽 눈에다 붙여줄까? 아니면 입에다 붙여줄까?'

이런 상상을 하니 웃음이 절로 나왔다. 그 후 아무리 심한 욕을 들어도 나는 웃을 수 있었다. 빨리 일을 잘해서 사표를 지원단장 얼굴에다 붙이고 가야겠다는 생각뿐이었다. 지원단장은 나를 야단을 쳐도 웃는다며 미친놈 취급을 했다.

그러면서 나는 영업 현장에서 산전수전, 공중전 모두 겪으며 치열하게 영업했고, 거짓말처럼 영업이 잘되었다. 성과가 좋아지니 지원단장은 야단치지 않았고, 나에 대해 이렇게 말하기 시작했다.

"아무것도 모르는 박낙원을 내가 가르쳤어. 지금은 모든 부분에서 최고야. 리크루팅도 잘하고 상품 판매도 잘하고, 교육도 잘해. 회사의 보배야."

그렇게 나를 몰아세우던 분이 내 홍보대사가 되었고, 나 역시 회사를 그만둘 이유가 없어졌다. 결과적으로 그분은 나를 강하게 단련시켜준 스승이었다.

까칠한 부하 직원도
나의 스승

나는 지도를 보면 어디든 잘 찾아간다. 한 번 간 길은 언제라도 잘 찾아가서 길눈이 밝다는 소리를 많이 듣는다. 내가 독도법을 잘하는 데는 슬픈 일화가 있다.

소위로 임관하여, 야간 공격을 명령받았을 때의 일이다. 대충 지도를 보니 야산을 지나 있는 조금 높은 산이 우리 소대가 공격해야 할 목표 지점이었다. 워낙 어두운데다 비가 내리고 안개까지 짙어 가시거리가 2미터도 안 되었다. 앞장서서 산속으로 들어가려니 선임하사가 와서 말했다.

"소대장님, 날도 좋지 않은데 여기서 그만 돌아가든지, 큰 도로로 산을 넘으시지요. 이런 날 산속으로 들어가는 것은 위험합니다."

"무슨 소리인가. 훈련은 전쟁처럼 하는 거야. 따라와!"

나는 병사들을 이끌고 숲이 우거진 산속으로 들어가 공격로를 뚫었다. 한참을 가다 보니 야산을 지난 것 같은데 높은 산은 나오지 않았다. 평지 같기도 하고 내리막 같기도 했다. 한 치 앞도 보기가 어려우니 방향을 제대로 잡기가 힘들었다.

"소대장님, 목표가 어디입니까? 그만 가고 여기서 공격하시지요."

결국 안 되겠다 싶어 적당한 지점에서 병사들에게 공격 명령을 내렸다.

"1분대는 좌측, 2분대 우측, 3분대는 중앙, 화기분대는 기관총으로 엄호한다. 공격! 앞으로!"

그런데 소리를 지르며 공격하던 병사들이 갑자기 수군거리기 시작했다. 앞으로 나가보니 어렴풋한 여명 속에 한탄강이 보였다. 우리 소대는 목표 지점을 한참 지나서 한탄강 절벽 앞에서 공격했던 것이다. 병사들 볼 낯이 없어서 머리를 들 수가 없었다. 집결지로 돌아오는 길에 뒤에 있던 병장은 말했다.

"군 생활 3년 만에 절벽 앞에서 강바닥을 공격한 건 처음이다."

"그러게, 진짜 전쟁이었으면 우리는 어떻게 되었을까?"

"전멸이지, 전멸… 군대는 계급이 아니라 짬밥이야."

얼굴이 화끈거리고 너무 창피했다. 총에 실탄이 있으면 자살하고 싶었다.

그 일 이후 나는 어디를 가든 미리 지도를 보고 도상 연구를 했고, 지도를 들고 다니며 실제 지형과 지도를 비교했다. 그렇게 1년 정도 훈련을 하고 나니 지도만 보면 길을 훤히 알 수 있었다.

내가 만약 창피한 마음에 자살을 시도하거나 비가 오고 안개가 짙어서 그럴 수밖에 없었다고 핑계나 대고 있었다면 나는 지금도 길을 헤매고 다닐 것이다.

리더를 키우는 까칠한 사원

나는 ○○생명에 입사하여 1년에 책을 평균 100권 정도 읽었다. 내가 독서를 많이 하고 강의를 잘한다는 소리를 가끔 듣는 것은 첫 지점장을 맡았을 때 만난 스승 덕분이다.

지점장 초기에는 매일 영업을 다녔다. 고객과 약속이 있어 적당히 아침 교육을 마치고 나가는 길이었다. 가다 보니 자료를 지점에 두고 와서 다시 돌아갔다. 지점에서는 은행원 출신 설계사가 칠판에 무언가를 쓰면서 교육하고 있었다.

"여러분, 좀 전에 지점장이 헛소리한 것을 내가 제대로 알려드리겠습니다. 이건 요런 것이고, 저건 이런 것이고, 요건 그런 겁니다."

설계사와 지점 총무는 그 앞에서 웃고 있었다. 그 설계사는 내가 말하면 늘 열심히 적던 사람이었다. 내 말을 귀담아듣는 줄 알았더니 사실은 다른 설계사들에게 나를 조롱하기 위해 내가 한 말을 빠트리지 않고 적었던 것이다. 창피해서 조용히 문을 닫고 사무실을 나왔다. 차마 고객에게 갈 용기도 없었다.

'어디로 갈까?'

비참한 마음에 한강으로 갔다. 그날따라 보슬비가 내렸다. 모든 상황이 나를 낭떠러지로 내모는 것 같았다. 고객은 내가 찾아가면 벌레 보듯 피했고, 회사에서 상사들은 노조 간부로 파업을 주도했다는 이유로 사표를 내라고 아침저녁으로 강요했고, 어머니는 자주 아프셨고, 나를 좋아한다는 여자는 한 명도 없었다. 유일하게 믿었던 같은 지점 사람들이 나를 조롱하는 미소가 눈앞에 가득했고 비웃는 소리가 내 귀를 울렸다. 세상에 내 편은 한 명도 없었고, 비빌 언덕조차 없었다. 나는 한강다리 위에 올라섰다. 그 위에서 하늘을 보니 참 가깝게 느껴졌다. 대학교 1학년 때 돌아가신 아버지를 만날 수 있다는 생각을 했다. 아버지는 항상 내 편이셨다. 아버지는 내게 뭐라고 하실까? '낙원이 너 왜 이렇게 빨리 왔냐?'고 물으실 것 같았다.

'조회 교육을 못해서 왔습니다'라고 답하면 아버지에게 크게 야단맞을 것 같았다. 죽어서도 편할 팔자가 아니었다.

나는 죽기 전에 교육이라도 잘하고 죽어야겠다고 마음을 고쳐먹었다. 한강다리에서 내려와 교보문고에 가서 책을 샀다. 그리고 다음 날부터 철저히 강의를 준비했다. 읽은 책에 있던 말들을 인용하고 논리적 근거를 만들어 교육했다.

"《논어》에 보면 이런 말이 있습니다. 노요지마력 일구견인심(路遙知馬力 日久見人心). 길이 멀어야 집에 키우는 말의 고마움을 알고, 오랜 세월이 지나야 사람의 마음을 알 수 있다는 말입니다. 여기에 비추어 봤을 때 우리는 이렇게 살아야겠습니다."

"피터 드러커 박사는 이렇게 말했습니다."

"잠언에 보면 예수님께서……."

"불경에 보면 부처님께서……."

내가 하고 싶은 말을 고전과 성현들의 말씀을 빌려 논리 있게 강의했다. 술을 마시고 들어가는 날은 마신 술을 모두 토하고 책을 보며 다음 날 조회를 준비하기도 했다. 이렇게 독서를 통해 강의 내용을 탄탄하게 바꾸니 얼마 지나지 않아 나를 모욕했던 설계사가 회식 자리에서 말했다.

"지점장님, 요즘 교육이 너무 좋아요. 지점장님 조회 교육 들으려고 일찍 출근합니다."

처음 그 설계사가 나를 비웃을 때는 정말 죽이고 싶을 정도로 미웠지만 나를 바꾸니 그 사람이 내 스승이 되었다. 내가 만약 비관하거나, 그를 미워해 싸우거나, 그럴 수도 있는 것이라며 스스로를 위로했더라면 나는 성장하지 못했을 것이다. 나를 아프게 한 사람도, 내가 겪은 시련들도 모두 내 성장의 원동력이다.

많은 리더들은 자기가 부하 직원을 가르쳐야 한다고 생각한다. 성장하고 싶다면 고객과 고객 접점에 있는 사원들에게 배워야 한다. 잘났다는 사람을 가르쳐주려는 사람은 없다.

세상에 외톨이가 되는 지름길은 늘 잘난 척하고 다른 사람의 이야기에 귀 기울이지 않고, 자기 말만 열심히 하는 것이다. 리더가 배우는 자세를 버리고 잘난 체하며 거들먹거리면 사원들은 들어주는 척하면서 실제로는 벌거벗은 임금님으로 사는 리더의 모습을 조롱한다. 반면 나를 흉보는 사람은 미워하지 말고, 그 에너지로 나를 바꾸면 내 실력이 향상되고 더 크게 성장할 수 있다.

영업사원을 키워주는 까칠한 고객

영업하는 사람들은 이상하게 고객을 가르치려 드는 습성이 있다. 이것은 아주 나쁜 것이다. 고객은 여러 회사의 다양한 영업사원을 만나고, 인터넷이나 언론을 통해 많은 정보를 접하기 때문에 알량한 지식으로 아는 척하는 사람보다 본인의 상황에 맞게끔 문제를 묻고 파악하려고 하는 영업사원에게 호감을 갖는다.

나는 고객에게 영업을 배웠다. 1990년 봄, 우리 회사 노동조합은 업계 최초로 파업을 실시했다. 노조 운영위원으로 파업에 앞장섰던 나는 파업이 끝나고 얼마 후 아무런 준비도 되지 않은 상태에서 지점장으로 발령받았다.

그해 10월 8일 지점장으로 부임하니 다음 날이 바로 신인 서류 마감이었다. 10일 아침 지점장 회의를 하면서 지원단장은 될성부른 나무는 떡잎부터 알아보는데 지점장 부임 첫 달부터 신인이 없는 사람이 무슨 지점장을 하겠느냐며 사정없이 면박을 주었다. 노조 활동으로 미운 털이 박힌 것이다.

선배 지점장들을 찾아가보았지만 나에게 조언해주기는커녕 나와 어울리다가 찍힐까봐 좌불안석이었다. 회사 내에서 나에게 보험 영업의 활로를 열어줄 사람은 아무도 없었다.

보험 영업에 대해 아는 게 없었던 나는 무조건 명함을 들고 고객을 만나러 다녔다. 어느 날, 중견기업 과장이 나를 불러 세웠다.

"박낙원 씨! 열심히 하는 것은 좋은데 명함은 똑바로 가지고 다니세요."

"네? 뭐가 잘못되었습니까?"

"○○생명처럼 큰 회사가 당신 같은 사람을 지점장으로 발령을 낼 리가 있겠소. 내가 보기에는 입사한 지 얼마 안 된 설계사 같은데 명함에다가 지점장이라고 찍어 다녀서야 되겠소. 사기 치지 말고 다시는 우리 회사에 오지 마세요."

사원들은 모두 나를 쳐다보며 키득거렸고, 창피했지만 과장은 내 실력을 정확히 파악하고 있다는 생각이 들었다.

"과장님! 제대로 보셨습니다. 사실 저는 입사한 지 얼마 안 된 설계사보다 실력이 없습니다. 입사해서 노조를 하다가 갑자기 지점장으로 발령이 났고, 영업에 대해 아는 게 없는데, 회사에서 실적을 요구받다 보니 무작정 이렇게 나왔습니다. 제 수준을 한눈에 알아보신 걸 보니 과장님께서는 보험에 대해 저보다 많이 아시는 것 같습니다. 과장님께서 저를 좀 도와주십시오."

내 말에 과장은 당황하며 다시는 찾아오지 말라고 했다. 하지만 난 끈질기게 찾아갔고, 그때마다 그는 바쁜 척했다.

나는 전략을 바꿔 과장에게 도움을 청하지 않고, 도와주기로 했다.

"과장님! 많이 바쁘시죠?"

"네, 보면 몰라요? 다음에 오세요."

나는 포기하지 않았다.

"과장님 바쁘신 것 알고 제가 도와드리러 왔습니다. 무엇이든 말씀만 하세요."

나를 쫓아내기만 했던 과장은 언제부턴가 내게 심부름을 시키기 시작했다. 서류 정리를 주문하기도 하고, 어떤 날은 여사원과 함께 은행에 다녀오라고 하기도 했다. 그러던 어느 토요일, 과장이 나를 불렀다.

"내가 10년째 이 일을 하는데 당신 같은 사람은 처음 봤소. 내가 알고 있는 것을 가르쳐주겠소. S생명 사람들은 이렇게 영업하고, D생명과 교보생명 사람들은 이렇게 영업합니다."

그 과장은 각 보험 회사로부터 받은 제안서와 금융 상품 안내장을 주며 설명해주었다. 은행과 금융기관의 대출금리와 예금금리를 종합한 실제 비용 산출법을 알려주고, 재무제표를 보는 법, 각종 대출 서류를 심사하는 법 등을 알려주었다. 그리고 만기가 된 다른 보험 회사의 월납 500만 원 상품을 나와 계약했다.

그 후 그 과장이 가르쳐준 지식을 토대로 나는 많은 계약을 체결할 수 있었고, 몇 달 후에는 3개월 후에 맺을 계약까지 미리 약속받아 수월하게 마감했다. 쭉 뻗은 고속도로를 달리는 기분이었다.

이렇게 나에게 영업을 가르쳐준 스승은 까칠한 고객이었다. 회사

내에서 어느 누구도 영업에 대한 정보와 지식을 가르쳐주지 않을 때 고객은 나에게 살길을 가르쳐주었기 때문에 나는 언제나 고객에게 감사하는 마음으로, 고객에게서 받은 은혜를 갚기 위해 일했다.

2000년 어느 날 어떤 회사 노조위원장은 이렇게 말했다.

"단체 영업을 한다면서 한 건씩 받아오면 어떡합니까? 전 사원을 대상으로 한 번에 단체로 계약해야 하는 것 아닙니까?"

사실 그 사람은 나를 내쫓으려고 한 말이었는데 내게는 좋은 아이디어로 들렸다. 한 번에 단체로 영업할 수 있는 방법을 두고 고민했다.

회사에 사원을 위해 보험을 들어주라고 한다면 회사는 많은 보험료를 부담하지 않을 것이고, 그렇다고 전 사원들에게 미래를 위해 스스로 보험에 가입하라고 해도 하지 않을 것이다. 고심 끝에 보험료를 회사가 반, 사원이 반을 부담하는 복지제도를 제안했다. 회사는 보험료 부담 대비 두 배의 복지제도를 두는 것이고, 사원들은 본인이 내는 보험료 대비 두 배의 보장을 받는 제안서를 만들어 노조위원장을 찾아가서 설득하여 단체 협약으로 정식 제안했다. 회사 측에서는 회사가 부담하는 보험료에 대한 회계 처리 기준이 없어서 안된다고 했다. 나는 국세청을 찾아가서 회사가 종업원을 위해 보험료를 부담했을 경우 회계 처리 방법을 알려달라고 했다. 처음에는 그렇게 하는 회사가 있으면 조사를 해봐야겠다고 했다. 그때까지 그런 형태의 보험 가입은 한 건도 없었다. 결국 국세청 직원의 도움을 받아 회계 처리 기준을 받아냈고, 그 회사에서 전 사원을 보험에 가입시킬 수 있었다.

이러한 형태의 보험 계약은 한때 전 보험사에 확산되어 들불처럼 계약이 체결되었다. 이렇듯 고객의 이야기에 귀를 기울이면 많은 아이템을 만들어낼 수 있게 된다.

위기는 능력 있는 사람이 성장할 수 있는 기회

배우면서 생각하지 않으면 배움은 쓸모가 없고, 배우지 않고 혼자 생각해서 일하는 것은 위험하다. 무엇을 볼 때는 정확하게 봤는지 눈을 의심하고, 들을 때는 정확하게 들었는지 귀를 의심하고, 생각할 때는 내 이익만 추구하는 이기심은 아닌지 의심하며, 끊임없이 배우고 생각하고 실천해야 지속적으로 성장할 수 있다.

평화로운 시기에 1등은 영원히 1등이지만 변화가 많은 시기에는 1등과 꼴찌가 바뀌고, 여당과 야당이 바뀌고, 부자와 빈자가 바뀌고, 사원과 사장이 바뀐다. 기득권 프리미엄이 사라지고 누가 새로운 고객 가치, 사원 가치를 창조하여 세상을 바꾸느냐에 따라 성공과 실패, 생존과 소멸이 수시로 바뀐다.

지식과 정보의 생명이 하루살이처럼 짧아지는 급변의 시대에 지속 성장의 핵심은 학습력이다. 고객과 시장은 계속해서 변하기 때문에 조직을 이끄는 리더는 눈을 크게 뜨고, 꾸준히 공부하고 배워야 한다.

중소기업 사장들은 창업 당시 자사 제품에 대해 그 누구보다 가장 잘 알고 있다. 그렇게 만든 상품이 히트 치면 매출도 늘고 이익도 늘어나서 성공했다는 이야기를 듣고, 뜻밖의 상을 받기도 한다. 그런데 기업에 주는 상이라는 것이 대개 매년 돌아가면서 주는 것이어서 모든 부분을 완벽하게 검증하고 주는 것도 아닌데, 상을 받으면 정말로 자신이 1등인 줄 착각하는 리더들이 많다. 그런 리더들은 회의에서 자신의 생각을 큰 소리로 자랑 삼아 얘기하곤 한다. 그러면 모든 사원들은 회사의 성장을 위해 일하지 않고 대표가 좋아하는 일을 하게 된다. 결국 대표가 생각하는 과거의 방식으로 회사가 운영되고, 그렇게 시대에 뒤떨어진 회사는 시장에서 낙오하게 된다.

리더십을 선천적으로 타고나는 사람도 있지만, 리더십은 후천적으로 개발될 수 있다. 리더십은 스승이 가르칠 수 있는 과목이 아니라 스스로 배울 수 있는 과목이다.

아는 만큼 세상이 보이고, 보는 만큼 알 수 있다. 눈을 똑바로 뜨고 세상의 변화를 직시해야 한다. 귀를 열고 세상의 소리를 들어야 한다. 고객의 표정에서 우리 상품과 서비스의 문제점을 찾아내고, 사원들의 표정에서 회사의 변화와 혁신 방향을 잡을 수 있어야 한다.

리더는 온 신경을 곤두세우고 항상 배워서 고객과의 경쟁에서 이겨야 한다. 승리를 위해 위험을 감수하고, 악재를 만나더라도 의기소침하지 않고, 일이 잘되거나 많이 알고 있다고 오만하지 않고, 지속적으로 배우는 자세가 중요하다.

PART 3

성장하는 리더가
갖추어야 할 힘

—

Power

사자가 이끄는 양의 무리와 양이 이끄는 사자 무리가 싸우면 누가 이 길까? 뜻밖에도 사자가 리드하는 양의 무리가 이긴다고 한다. 리더가 강하면 약한 조직도 강해진다. 강한 리더와 함께 살면 조직원의 삶의 질이 좋아지고 행복해진다. 그래서 우리는 강한 리더를 원한다. 강한 리더란 다음과 같은 사람이다.

　　첫째, 세상을 멀리 보는 망원경과 세밀하게 보는 현미경을 번갈아 보면서 조직이 가야 할 방향과 목표를 정하고, 목표 달성 방법을 조직원과 함께 추진하며 길을 묻고 해결책을 찾는 통찰력이 있다. 멀리만 보고 가면 넘어지게 되고, 앞만 보고 가면 방향을 잃고 헤매게 된다.

　　둘째, 흐르고 넘치는 정보 속에서 목표 달성에 도움이 되는 정보와 지식을 선택하는 판단력을 겸비한다. 판단할 때 모든 사람이 동의하는 결정만 고집하면 성공 타이밍을 놓칠 수 있다. 기업에서 개혁의 발목을 잡는 것은 사원이 아니라 임원이나 간부이다. 조직을 운영하는 데 간부는 성공의 촉진 요소이자, 저해 요소일 수도 있다. 복잡하고 어려운 일이 매일 발생하는 요즘은 어떤 경우에도 과거의 성공이 미래를 보장하지 않는다. 리더는 미래를 설계할 때 과거를 교훈 삼아 고객과 사원들의 삶을 향상시킬 수 있는 판단을 해야 한다. 학자들은 이론을 교육하지만 미래를 예측하고 디자인하는 판단은 리더의 몫이다. 리더는 승부의 시기가 오면 본인과 조직의 목숨을 거는 판단을 해야 하고, 그 결과에 대해 무한 책임을 져야 한다.

　　셋째, 강한 추진력이 있다. 보통 리더라는 자리에 오르면 일을 추진할 조직을 만들고, 그들의 의견을 잘 듣고, 합리적으로 일을 추진해야 하지만 대의를 위해서는 누구의 말도 듣지 않는 소신이 있어야 한다. 승부의 시기가 오면 피하지 말고 목숨을 걸고 정면 승부해야 영광된 미래를 맞이할 수 있다.

통찰력

멀리 보고
깊게 보는 눈

교보생명 신용호 창립자는 사원 교육 시 "독수리처럼 높은 곳에서 세상을 멀리 보는 눈과 사물을 깊게 보는 눈을 가지려고 노력하라"고 했다. 통찰력은 '사태의 본질을 꿰뚫어 보는 힘'으로 망원경처럼 멀리 보는 눈과 현미경처럼 깊게 들여다보는 것을 말한다.

《삼국지》의 유비는 황족 출신이었지만 어릴 적 동네 패거리들에게 두드려 맞거나 도망 다니기 바빴다. 그러다 관우와 장비를 만난 유비는 그들과 뜻을 모아 도원결의를 하게 되었지만 이렇다 할 세력을 형성하지는 못한다.

유비를 왕위에 앉힌 결정적인 인물은 바로 제갈량이다. 당시 중국 상황을 정확히 읽고 있던 제갈량의 천하 삼분지계에 따라 유비는 촉나라 왕이 된다. 제갈량은 다양한 인적 네트워크를 활용하여 적군에 대한 정보를 수집했고, 아군에 대해서는 왕인 유비부터 장수들의 역량과 심리까지 모든 것을 꿰뚫고 있었다. 당시 손권이나 조조에 비하면 형편없는 전력이었지만 적군과 아군에 대한 빅 데이터 속에서 전쟁에서 이기는 데 필요한 정보를 찾아낸 제갈량의 통찰력은 승리의 역사를 쓴다.

이순신 장군의 통찰력

이순신 장군의 23전 23승 무패의 해전 기록 역시 통찰력에서 출발한다. 사람들은 이순신 장군이 남긴 말 중에 '생즉필사 필생즉사(生卽必死 必生卽死)'라는 말을 기억하고, 그가 무조건 죽기 살기로 싸워 이긴 것으로 오해한다. 이순신 장군은 단순히 용맹하기만 한 장군이 아니었다. 이순신 장군이 명량해전에서 13척의 배로 330척이 넘는 적을 무찌를 수 있었던 데에는 그의 통찰력이 절대적이었다.

이순신 장군은 어떻게 명량해협의 물살을 정확하게 읽었을까? 이순신 장군은 평소 다른 사람보다 바다에 대해 더 많이 연구했다. 수없이 관찰했음은 물론이고, 그곳에서 평생 고기잡이하며 살아온 경험 많은 어부들을 찾아 묻고 경청하며 정보를 얻었다. 그 결과 밀물과 썰물에는 물이 어떻게 흐르고, 언제 물길이 바뀌며, 어떤 경우에 물에 회오리가 이는지 파악하는 등 지형과 물의 흐름을 완전히 꿰뚫어 보고 바닷물을 우군으로 활용할 수 있었다.

　이순신 장군은 백성과 어부, 척후병 들을 활용하여 적군에 대한 정보와 지식도 최대한 수집하여 왜군의 장수가 어떤 전략으로 공격해올 것인가를 정확하게 파악하고 대비책을 세웠다. 또한 아군 병사 훈련도 직접 지휘하면서 병사들의 역량과 심리를 정확히 이해했다. 이순신 장군이 임진왜란 때 쓴 《난중일기》는 매일 날씨를 기록하는 것으로 시작하는데, 그는 날씨에 따라 병사들을 쉬게도 하고, 긴장시켜 경계 근무하도록 했다. 또 병사들과 막걸리 한 잔을 기울이며 인간적인 신뢰를 쌓음으로써 강한 전투력을 발휘할 수 있는 팀워크를 형성했다.

　그러나 넓은 바다에서 싸웠다면 아무리 바닷물의 흐름이 아군의 편이고, 적의 전략이 어리석다 하더라도 13척의 배로 330여 척의 배를 상대할 승부가 되지 않을 것이다.

　이순신은 적장의 성향을 정확하게 파악하여 적을 울돌목이라는 좁은 해협으로 끌어들이는 심리전을 폈다.

　23전 23승 무패라는 세계 해군 역사상 전무후무한 기록은 이순신 장군의 통찰력이 없었다면 세워질 수 없다.

　조직의 리더는 조직 구성원의 마음부터 하는 일 전체를 보아야 하고, 조직에 영향을 미치는 부정적 요소와 긍정적 요소를 파악하여 올바른 판단을 내릴 수 있는 통찰력을 갖도록 노력해야 한다.

아버지의
통찰력

나의 아버지는 평생 농사를 지으셨다. 아침에 눈을 떴을 때 주무시는 모습을 본 적이 한 번도 없을 정도로 부지런하셨다. 매년 다른 집보다 수확이 많아서 나는 경제적으로 어렵지 않은 어린 시절을 보냈다. 아버지의 풍년은 어떻게 이루어진 것일까? 성실함이 기본이지만 '성실함=풍년'이라는 공식은 성립하지 않는다. 아버지처럼 열심히 일하는 농부들은 주변에도 많았기 때문이다.

중학교를 졸업하고 아버지를 도와 농사를 지을 때였다.

"낙원아, 밭에서 수박 좀 따오너라."

밭에서 가장 큰 수박을 따서 아버지에게 가져갔다. 아버지는 내가 따온 수박을 보시더니 말없이 웃으시며 밭에 가셔서 내가 따온 수박보다 작은 수박을 가지고 오셨다.

"아버지, 제가 큰 수박을 따왔는데 왜 수박을 또 따오셨어요?"

"네가 따온 수박은 안 익은 수박이다. 칼을 가져와라."

칼로 수박을 가르니 내가 따온 수박은 속이 하얗고 아버지가 따오신 수박은 속이 빨갛게 익어 있었고, 아버지는 말씀하셨다.

"벼를 보고 벼, 고추를 보고 고추라고 말하는 것은 누구나 한다. 농사꾼은 수박의 겉을 보고도 그 속을 볼 수 있어야 한다."

이런 일도 있었다. 벼가 누렇게 시들어가자 아버지는 벼를 살리는 처방을 알려주셨다. 하지만 나는 내 방식대로 하고 나서 아버지가 시키는 대로 했다고 거짓말했다. 며칠 후 여전히 벼가 시름시름하자 아버지는 다르게 처방하셨고 벼는 다시 살아났다. 내가 보기에는 똑같이 누렇게 시든 벼였지만 아버지의 처방은 그때마다 달랐다. 어떤 때는 도열병 약을 치셨고, 어떤 때는 요소비료, 어떤 때는 질소비료를 주셨다. 신기하게도 아버지의 처방대로 하면 벼는 파랗게 잘 자랐다.

아버지는 농업 관련 책 한 권 읽어본 적 없지만 오랜 경험으로 농작물에 대한 탁월한 통찰력을 갖고 계셨고, 그것이 바로 아버지가 일구어내신 풍작의 비결이었다.

고수와 하수의 통찰력

고장 난 기계를 어떻게 해도 고칠 수가 없어 유능한 기술자를 불렀다. 그는 기계를 자세히 살펴보더니 한곳을 망치로 세게 몇 번 두드리고는 고액의 수리비를 청구했다. 기계는 멀쩡하게 작동했다. 망치질 두어 번의 비용치고는 터무니없어 수리 내역을 보여달라고 했다. 고장 난 곳을 찾아내는 비용이 대부분이고 망치질 값은 조금이었다. 통찰력은 실행력보다 부가가치가 높다. 유능한 기술자는 기계를 분해하지 않고 소리만 들어도 어디가 고장났는지 정확히 찾아낸다. 그것이 고수들의 통찰력이다.

바둑을 둘 때 고수는 본인이 두는 수에 따라 상대방이 대응할 몇 수 앞을 내다본다. 그걸 정확하게 읽는 사람이 이긴다. 1급의 고수 한 명과 9급 100명이 바둑을 둘 경우 9급 100명이 아무리 논의를 해도 1급을 이길 수 없다. 1급과 9급은 한 수에 따라 전개될 미래를 내다보는 수가 다르기 때문이다. 9급이 1급이 되기 위해서 공부를 하고, 실전 경험을 쌓고, 고민에 몰입을 더하면 상황을 보는 눈이 달라지고 통찰력이 생길 수 있다.

리더는 사원들보다 몇 수 앞을 내다보는 고수가 되어야 한다. 무능한 사람은 하는 일마다 사고가 나고 문제가 발생하지만, 통찰력 있는 리더는 앞날을 내다보고 사전에 예방함으로써 시행착오 없이 정교하게 조직의 성장을 이끈다.

제3의 길을 찾아내는 통찰력

우화 〈토끼와 거북이〉를 보면 걸음이 느린 거북이와 토끼가 달리기 경주를 벌인다. 거북이를 한참 앞서던 토끼는 중간에 낮잠을 자고, 그사이 거북이는 천천히, 그렇지만 꾸준히 기어가 경주에서 승리한다. 하지만 거북이의 승리를 예찬하기에는 거북이가 너무 멍청하다. 만약 거북이가 토끼와 바다에서 섬에 먼저 가기 경주를 했다면 백전백승했을 것이다. 사업의 세계에서 가능하면 전공에서 승부를 걸어야 한다. 부전공에서 목숨을 거는 것은 어리석은 짓이다.

노래를 잘하면 가수로 살면 되고, 운동신경이 뛰어나면 스포츠 선수로 살면 되고, 머리가 좋으면 머리 쓰는 일을 하며 살면 되고, 고객을 도와주는 것이 재미있으면 영업하며 살면 되고, 사람을 도와주고, 인재를 키우고, 조직을 성장시키는 것이 좋으면 지도자로 살면 된다. 살아가면서 본인이 갖고 있는 재능을 알고, 잘할 수 있는 일을 하면서 사는 것은 본인에 대한 통찰력이 있을 때 가능하다.

보험 영업으로 번 돈을 다른 일로 모두 날리는 사람들을 보면 안타깝다. 보험에서 성공한 사람은 한평생 보험으로 살아가는 것이 지혜로운 삶이다. 리더는 이기는 승부에 목숨을 걸어야 한다. 뻔히 질 게임에 배팅하는 것은 용기가 아니라 무모한 만용이다.

사원들이 기존의 방법으로 고객에게 거절당해 상품이 판매되지 않을 때 활동량을 늘려 더 열심히 해야 한다고 말하는 리더는 기업이나 조직을 성장시킬 수 없다. 시장 경기가 나빠지고, 매출과 이익이 줄고, 리더가 알고 있는 문제 해결 방법이 통하지 않으면 고객 접점의 프로세스를 재점검해야 한다. 시장에 통용되는 정보와 지식의 변화를 살피고, 고객 접점 및 경쟁사 상황을 정밀하게 파악하여 창의적인 제3의 길을 찾아내는 통찰력을 발휘해야 한다.

경영에서도 현재 사용하는 도구나 기법을 조금씩 개선하는 것은 사원들의 임무이지만 전혀 새로운 해결책을 만드는 것은 리더의 몫이다. 어둠을 밝히기 위해 등잔불과 촛불, 횃불을 연구하고 사용하는 기름의 종류를 개선하는 것은 사원의 몫이고, 전깃불을 만드는 창조는 리더의 몫이다. 고객이 깜짝 놀라 눈이 휘둥그레지고, 경쟁사의 고객을 빼앗아올 신상품을 만드는 사람은 리더여야 하며 최소한 그러한 아이디어를 내는 사람을 리더로 대우해주어야 한다.

"회사가 도약할 창의적인 아이디어를 내는 사원이 없어"라고 말하는 리더는 리더이기를 포기한 것이다. 세상을 바꾸는 혁신적인 아이디어는 리더의 통찰력에서 출발한다.

인재를 알아보는
통찰력

유능한 인재란 조직이 정한 목표 달성에 도움이 되는 능력을 발휘하여 성과를 창출하는 사람이다. 리더는 유능한 인재를 알아보고, 인재가 역량을 발휘하도록 판을 벌려주어야 한다. 본인보다 뛰어난 역량을 가진 부하 직원을 시기하여 실력을 발휘하지 못하도록 하거나, 인재가 창출한 성과를 가로채려 하거나, 그와 경쟁하여 이기려하거나, 두려워 견제한다면 유능한 인재는 회사를 떠나고, 그 밑에는 오갈 데 없는 사람들만 남게 된다.

또한 리더는 사람을 객관적으로 정확하게 보는 눈을 가져야 한다. 한두 번 실패했다고 의심의 눈으로 사람을 보면 사기가 떨어져 일을 안 하고, 한두 번 성공했다고 무조건 믿으면 큰 사고의 원인이 되기도 한다.

세종대왕과 선조의 차이

조선 시대 가장 강력한 국가를 만들었던 세종대왕은 재위 32년간 매일 15시간씩 일에 몰입하여 많은 치적을 남겼다. 그 많은 일을 할수 있었던 것은 사람을 잘 보고 적재적소에 배치하여 인재들의 역량을 낭비하지 않았던 덕분이다. 집현전의 재주 많은 젊은이들은 한글을 만들었고, 황희 정승은 뛰어난 판단력으로 최고의 선택을 이끌었고, 김종서는 탁월한 용맹함으로 여진을 정벌하여 세종대왕의 이름을 높였다.

또한 세종대왕은 백성들을 잘살게 하기 위해 필요한 인재라면 누구든지 그 재능을 마음껏 펼쳐 국가에 기여하도록 했다. 사실 황희 정승이나 김종서는 단점이 많은 위인이었다. 황희 정승은 여러 불미스러운 일에 연루되어 파면된 적도 있었고, 김종서 역시 술만 마시면 난봉꾼이 되어 사고를 치고 다녔다. 다른 시대에 태어났으면 그들은 귀양살이를 갔을 것이다. 하지만 세종대왕은 그들을 엄하게 질책해 반성하도록 했고, 그들을 다시 기용하여 조선을 위해 일하게 했다.

선조는 조선 역사상 최고의 인재를 보유한 왕이었다. 무관으로 세계 최고의 해군제독 이순신 장군이 있었고, 육군에는 권율 장군이 있었고, 의병장 곽재우와 김덕령도 있었다. 문관으로 류성룡, 이이, 이황, 정철, 이항복이 있었고, 종교 지도자로 서산대사, 사명대사가 있었다. 그러나 선조는 뛰어난 신하를 국가 경영에 활용하기는커녕 왕권을 위협하는 존재로 여기며 경계하고, 심지어 아들 광해마저 끊임없이 견제하며 오로지 왕권 강화에만 급급하다가 나라를 피폐하게 만들었다.

한반도 5,000년 역사에서 중국보다 잘살았던 시기는 한 번도 없었다. 박정희라는 지도자를 만난 이후 최초로 중국보다 잘사는 나라가 되었다. 박정희 대통령 시절 이후 많은 인재들이 먹고살기 힘든 나라에서 세계 11위의 경제 대국으로 도약하는 역사를 만들었다. 세종대왕과 박정희 시대에 하늘이 특별히 재주 많은 인재를 태어나게 한 것이 아니라 지도자가 인재를 발굴하여 국가를 위해 타고난 재주를 발휘할 수 있는 판을 만들어준 것이다. 인재는 리더 앞에 하늘이 떨어뜨려주는 것이 아니라 리더에 의해 발견되고 양성되는 것이다.

직접 인재를 찾아내라

지원단장 시절 한 달에 소액 계약을 100건씩 하는 설계사가 있었다. 그는 뛰어난 열정의 소유자였지만 판매하는 보험이 소액이다보니 수익이 적었고 항상 지쳐 있었다. 나는 그가 일하는 방법이 걱정스러워 이렇게 요구했다.

"당신은 놀라운 열정과 재능을 가진 사람입니다. 이미 3,000명의 고객을 가지고 있으니 보험료 납입 능력을 기준으로 분류하여 핵심 고객만 직접 관리하고 다른 고객들은 후배에게 넘기고 남는 시간에 VIP 마케팅을 시작하세요."

그는 처음에는 나의 제안을 받아들이지 않았지만 내가 직접 고객을 함께 만나며 고액 계약 체결 시범을 보여주자 VIP 마케팅에 눈을 떴고, 지금은 핵심 고객에게 집중하며 보험업계의 큰 별로 성장했다.

나는 모든 설계사들에게 VIP 마케팅을 권하지 않는다. 소액 다건 계약으로 재미를 만끽하는 성실한 설계사들도 중요하다. 자신의 재능을 미처 깨닫지 못한 인재의 재주를 발견하고 잠자는 재능에 불붙여 용기를 갖고 도전하게 하는 것이야말로 리더가 지녀야 할 통찰력이다.

강북 본부장으로 지원단을 방문하여 영업사원 출근맞이를 하는데 어디서 본 듯한 여자가 고객 플라자로 들어가는 것이 보였다. 따라 들어가 보니 과거에 두 지점에서 훌륭한 성과를 창출해 전국 1등을 한 사람이었다.

"아니, 영업의 달인께서 왜 이곳에 계십니까?"

"저 같은 사람이 지점장 전국 1등을 두 곳에서 해봤으니 교보에서 할 일 다했잖아요. 이곳에서 공부하면서 다른 길을 찾아보겠습니다."

남자 지점장들보다 몇 배의 성과를 내도 지원단장이 될 가능성이 보이지 않아 플라자에서 매니저를 하고 있었다. 나는 그분을 설득하여 지원단장으로 회사에 인사 상신을 했다. 당시만 해도 여성 지원단장이 한 명도 없었던 터라 반대가 많았고, 나를 이상한 사람으로 몰기도 했지만 임원들을 설득하여 그녀를 가장 취약한 지원단의 지원단장으로 부임시켰다. 그녀는 가뭄에 산불이 바람을 만난 듯 엄청난 성과를 창출했다. 그 후 옮겨 가는 지원단마다 좋은 성과를 냈고, 지금도 임원으로 회사에서 큰일을 하고 있다.

강남 본부장 시절에는 당시 획기적인 성과를 내고 있던 지점장과 면담해보니 회사 내에서 미래 희망을 갖고 있지 않았다.

"지점을 좀 더 키워서 분할하고 회사에서 큰일을 해야지요?"

"저처럼 노조 출신이 무얼 하겠습니까? 지점장 적당히 하다가 노동 운동할 생각입니다."

한때 노조 간부를 했다는 것 때문에 본인은 상위보직으로 성장하기 어렵다고 생각하고 있었다. 노조 간부로 파업을 주도하고도 임원이 되어 본부장을 하고 있는 내 이야기를 들려주며 지점 규모를 대형화하여 지점을 분할하는 것은 지점장이 할 몫이고, 그 이후 진로는 내가 열어주겠다고 약속했다. 그는 영업사원들을 훌륭하게 이끌어 지점을 분할했고, 힘든 절차를 거쳐 취약 지원단장으로 부임했다. 전임자들은 지원단 주변에 중소 생명보험사가 몇 개, GA가 몇개 있어서 어렵다는 지원단이었는데 그는 "너무 좋은 지원단입니다. 주변에 시스템이 갖춰지지 않은 중소 생명보험사가 몇 개, GA가 몇개 있는데 그곳에 근무하는 설계사들에게 교보의 우수성을 알려주면 리크루팅이 잘될 것 같습니다"라는 것이었다.

옛말에 난세가 오면 초야에 묻혀 있는 인재가 스스로 나타나 나라를 구한다고 했지만 현실에서 그런 일은 없다. 세상이 어지러우면 통찰력 있는 리더가 초야에서 평범하게 살고 있는 인재를 찾아내 정성으로 모시고 양성해서 조직을 성장시켜야 한다.

위기에서 기회를 보는 눈, 호기에서 위기를 보는 눈

모든 사람이 불가능하다고 포기할 때 새로운 길을 여는 사람을 영웅이라 한다. 영웅은 사물과 사건을 보통 사람들과 다른 눈으로 바라본다. 웅진그룹은 윤석금 회장의 통찰력에서 출발한 회사다. 1980년 당시 정부는 사교육 부담을 줄이기 위해 과외 금지 조치를 발표했다. 학원을 비롯한 사교육업계 종사자들은 사교육 시장에 더는 미래가 없다고 생각했다. 그러나 윤석금 청년은 과외 금지 조치를 듣는 순간 '학습지'라는 번쩍이는 아이디어를 떠올렸다. 본인은 힘들어도 자녀만큼은 잘살게 하고 싶은 부모의 높은 교육열이 어디론가 분출될 것이라 보았고, 학습지라는 새로운 시장을 만든 것이다. 그의 생각은 적중했고, 오늘날의 웅진그룹을 만들었다.

중견기업 창업자들과 이야기해보면 모두 이처럼 위기 속에서 문제를 해결할 새로운 방법을 찾아내는 통찰력에서 출발했다.

위기에서 호기를 보는 통찰력

IMF 외환위기 때 나는 전국 꼴찌 서울법인 지원단의 단장으로 부임하게 되었다. 상황을 파악해보니 한숨이 절로 나왔다. 내가 지점장 시절 운영하던 지점 한 곳보다 12개의 지점에 근무하는 영업사원의 전체 소득이 훨씬 적었다. 이 조직을 잘 이끌 수 있을지 순간 의심이 들었지만 그대로 주저앉을 수는 없었다. 방법을 찾아야 했다.

1998년 봄, 신문이나 TV에 나오는 뉴스는 모두 우울했다. 기업의 부도, 폐업, 워크아웃 소식이 끊임없이 전해졌다. 문득 기업 부도로 하루아침에 실업자가 된 가장들을 모아 함께 일해보고 싶어졌다. 그들의 절박함이 반전의 무기가 될 수 있을 것이라 여겼다. 바로 신문에 영업사원 모집 광고를 냈다.

예상 외로 많은 직장 경력자들이 지원했다. 그들 중 경력이 좋은 사람들 위주로 합격을 알리고, 입사설명회에 참석하라고 통보했다.

첫 강의를 시작하려는데 한 명이 손을 들었다.

"기본급이 얼마나 되나요?"

또 다른 한 명이 질문했다.

"요즘 경기가 안 좋아 보험 영업이 힘들다던데, 영업 말고 다른 일은 없나요?"

적당히 일하고, 적당히 돈을 벌고 싶다는 말이었다. 나는 강의에 참석한 모든 사람들에게 되물었다.

"한 달에 200~300만 원씩 안정적인 소득을 얻고 싶으신 분은 손 들어보세요."

꽤 많은 사람들이 손을 높이 들었다. 나는 그들을 천천히 바라보며 말했다.

"지금 손을 드신 분들은 일어나세요. 잘못 오셨으니 나가주세요."

손들었던 사람들이 웅성대며 나가려 할 때 다시 말했다.

"우리는 적당히 일하고 적당한 돈을 받으려는 사람을 선발하려는 것이 아닙니다. 월급 생활자가 안정되어 보이지만 종신고용이 보장되지 않는 우리 사회에서 성과를 내지 못하면 계속 근무하기 어렵습니다. 회사에서 엄청난 성과를 올려도 본인의 인생을 바꿀 만큼 성과급을 지급하지 않습니다. 월급을 받아 갑부가 되었다는 이야기를 들어보셨습니까? 적당히 일하고 고정급을 받는 직장이야말로 100세 시대에 가장 불안한 직장 아니겠습니까?

우리는 자신의 모든 에너지를 쏟아부어 큰 성과를 내고, 한 달에 1,000만 원, 3,000만 원을 벌고자 하는 열정적인 사람만을 모시려

합니다. 저와 함께 새벽부터 밤늦게까지 목숨 걸고 일해서 몇 년 후에 안정된 가정경제를 이끌고 싶은 분만 자리에 앉아 제 강의를 들으세요."

밖으로 나가려던 사람들이 다시 들어와 앉았다. 나는 이렇게 모인 절박한 가장들을 엄격한 면접 절차를 거쳐 선발했고, 혼신을 다해 가르쳤다. 당시 보험회사의 교육은 하루 두 시간 정도의 형식적인 것이었다. 하지만 나는 아침 7시부터 저녁 8시까지 엄격하게 교육하고, 많은 과제를 주고, 숙제 검사까지 하니 반발도 있었다.

"다른 곳은 편하게 교육한다는데 왜 저희만 이렇게 교육이 많습니까?"

"우리는 그들과 목표가 다르기 때문입니다. 우리는 적당히 일하고, 적당히 돈 벌기 위해 모인 것이 아니고 인생을 걸고 몰입해서 가문을 바꾸고, 고객의 삶을 바꾸고, 한국 사회의 미래를 바꾸기 위해 모였습니다. 당연히 엄격하게 교육받고, 이로써 인생을 통째로 바꿔야 합니다."

그렇게 다른 지원단보다 몇 배 더 많이 교육시켰고, 매월 유능한 신입사원 40~50명을 지속적으로 입사시켰다.

당시 회사에서 제공하는 교육 콘텐츠가 좋지 않았다. 나는 신입 영업사원들이 고객에게 보험을 권유했을 때 고객이 거절한 내용을 모두 적어 내게 했다. 그 유형을 정리해 고역량, 고소득 설계사들에게 본인의 거절처리 화법을 적게 했다. 그렇게 만든 화법 교재로 교육을 진행했다.

고객을 만나고 온 신입사원들은 자신 있게 말했다.

"고객들이 교육 내용에 있는 대로 거절하는 경우가 대부분이라, 보험 영업이 쉬워요."

이러한 노력 끝에 IMF 시절 서울법인 지원단은 부임 첫 달 월납 6천만 원에 그치던 실적이 1년 만에 월납 6억 원을 하는 대형 지원단으로 열 배 성장할 수 있었다.

모두 힘들다고 포기할 때, 나는 기업 부도로 실직한 가장들을 선발하여 억대 연봉의 목표와 비전을 심어주고 강한 훈련을 통해 누구나 놀랄 만한 성장을 할 수 있었다.

앞이 안 보이는 절망 같은 위기 속에서도 넓고 깊게 살피면 성장 기회는 반드시 있다. 위기와 기회는 함께 몰려다닌다. 위기 속에 기회를 찾아내는 통찰력은 기존 방식으로 풀리지 않는 문제를 해결하는 다른 방법을 찾아내는 안목이다.

호기에서 위기를 보는 통찰력

삼성전자가 분기 최대 이익을 내는 상황에서도 이건희 회장은 10년 후 먹을거리를 찾아내지 못하면 삼성이 망할 수 있다는 위기론을 주창하며 삼성그룹뿐만 아니라 우리 사회 전체를 긴장시켰다. 이건희 회장은 반도체와 스마트폰 이후의 삼성을 상상하고, 사원들에게 끊임없이 질문을 던지고, 정답을 요구함으로써 다가올 위기를 예측하고 대비하게 만든 것이다.

리더는 잘나갈 때 눈앞에 보이는 평화로움에 취할 것이 아니라 평화 뒤에서 싹트는 위기를 읽어내는 통찰력이 있어야 한다. 조직이 성장의 문턱에서 위기를 맞는 것은 시장 상황이 나빠져서라기보다 무뎌진 리더의 통찰력 때문이다. 어떤 조직이든 초기에는 일의 처음과 끝을 리더의 통찰력과 치밀한 관리로 처리한다. 그러나 매출과 이익이 성장하면 간부사원들이 감언이설로 리더를 유혹한다.

"현장은 저희에게 맡기시고 골프 치시면서 큰일을 하십시오."

처음 평일에 골프장에 나갈 때는 어색하지만 시간이 지날수록 당연하게 여겨지고 회사는 아무 일 없는 듯 보인다. 그러는 사이에 경쟁사가 신제품을 내놓고, 거래처는 하나둘 떨어져 나가고, 심지어는 유능한 사원들이 회사를 떠나간다. 정신 차리고 회사를 살펴보니 회사는 낭떠러지에 매달려 있고, 책임을 물어 임원들을 해고했더니 경쟁사로 이동하여 거래처까지 뺏어간다. 직원들을 처벌한다고 떠나간 거래처와 유능한 인재는 돌아오지 않는다. 원인은 직원도 시장 상황도 아닌 리더의 통찰력에 있다. 매출이 떨어지는 원인은 시장이 아니라 고객과 경쟁사의 상황을 한눈에 보지 못하는 리더의 부족한 통찰력이다.

지점장이나 지원단장 시절 성과가 좋아 회사로부터 매월 상을 받을 때, 이제 시스템이 잘 갖춰졌으니 편안하게 일해도 되겠다고 생각한 적이 있었다. 이러한 마음으로 서너 달이 지나면 어느 한구석이 무너져내리고 있었다.

리더가 잘나간다고 칭찬받고, 여러 곳에서 상을 받으며 우쭐해지는 순간부터 기업이나 조직은 내리막길을 걷게 된다.

상을 받고 리더가 정말 최고라고 기분 좋아할 때 사원들은 긴장이 풀리고, 고객과의 접점에는 하나둘 문제가 발생하고, 고객은 떠나간다.

기업도 마찬가지이다. CEO가 각종 상을 받고, 언론의 주목을 받거나 외부 강의에 불려 다니다 보면 어느 순간 기업이 무너진다.

정상에 올라가는 것은 어렵지만 내려오기는 쉽다. 정상에 오래 머무르고 싶다면 늘 긴장을 풀지 않고 세상을 살펴야 한다. 세상은 한 사람이 정상에 오래 있는 것을 가만 보고 있지 않는다. 잘나간다고 자만하면 오래가지 않아 무너지는 것이 세상 이치다. 호사다마(好事多魔)란 말은 좋은 시기에 리더의 눈이 어디를 향해야 하는지를 알려준다. '평화를 원하면 전쟁에 대비하라'는 로마의 격언은 참 좋은 교훈이다. 계약 체결을 원하면 고객의 거절에 대비해야 하고, 이익을 원하면 손실에 대비해야 하고, 100년 기업이 되고 싶으면 부도에 대비해야 한다.

고객의 생각을 넘어서는 고객가치 창조

리더가 시장의 움직임이나 미래를 예측하는 것도 중요하지만 이보다 중요한 것은 이해 관계자의 마음을 읽는 통찰력이다. 고객의 마음, 사원들의 입장을 이해하는 것, 특히 인간관계에서 모든 일이 벌어지는 금융업에서 사람의 마음을 읽는 것이 비즈니스의 전부다. 상품 설명을 잘하고, 정보와 지식을 제공하는 것도 중요하지만 고객은 마음에 드는 사람과 거래한다는 사실을 명심해야 한다. 고객의 마음을 얻으면 상품 설명이 조금 부족하더라도 쉽게 거래가 이루어진다.

보험 영업을 하다보면 여러 종류의 민원이 있다. 민원인도 깊게 들여다보면 불량 고객과 우량 고객으로 구분된다. 사적인 이익을 취하려는 민원도 있지만 민원인에게도 배울 것이 있고 새로운 성장 기회도 찾을 수 있다.

언젠가 남편이 자신과 상의하지 않고 보험을 들었다며 원금을 돌려달라는 민원인을 상담한 적이 있다. 통장에 들어오는 월급이 줄어서 확인하니 남편이 보험에 가입해 살림이 어려워졌다는 것이다.

그녀는 보험에 대한 나쁜 생각과 남편에 대한 원망을 쏟아붓기 시작했다. 고객은 불만을 토로했지만, 나는 미래에 대한 고객의 불안한 마음을 읽을 수 있었다. 나는 지금보다 나은 미래를 위해 민원인이 무엇을 할 수 있는지 이야기했다. 더불어 보험이 주는 보장의 가치와 설계사라는 직업의 가치를 설명했고, 우리 지점 설계사들의 입사 절차와 하는 일, 그리고 보람에 대해 이야기했다. 계약은 유지되었고, 몇 달 뒤, 남편의 적극적인 지원 아래 그 고객은 우리 회사의 설계사로 입사했다.

한번은 지역 의사회 회장님을 만나 한 시간 동안 야단맞은 적도 있다.

"○○생명에는 문제가 많습니다. 도대체 일 처리를 왜 이렇게 하는 겁니까?"

대단히 꼼꼼하고 논리적이며, 의사로서 자부심과 명예를 중요하게 생각하는 분이었다. 그 자리에서 내 이야기를 들으려 하지 않았다.

회사로 돌아온 나는 회장님이 말씀하신 내용을 모조리 파악하여 시정 조치한 내용과 시정이 안 되는 것은 그 사유를 상세히 적어 편지를 보냈다. 얼마 지나지 않아 회장님에게서 전화가 왔다.

"애로사항을 일목요연하게 정리해줘서 고맙습니다. 우리 식사 한번 합시다."

그 후 그분은 ○○생명의 적극적인 후원자가 되어주셨고, ○○생명은 의사회와 MOU를 맺어 많은 계약을 체결할 수 있었다.

고객이 상상하지 못하는 가치를 제공하라

리더는 고객과 사원의 소리를 잘 들어야 한다. 그렇다고 고객이나 사원이 원하는 대로 하라는 것은 아니다. 표면적인 말 이면에 숨은 의미를 파악하라는 것이다.

고객이 원하는 것만 만들어주는 기업은 고객에게 사랑받을 수 있을지 모르지만 언제 버림받을지 모른다. 노동조합이 해달라는 것을 모두 들어주다 어려움에 처한 회사 역시 많다. 고객 혹은 사원이 원하는 진짜 가치를 찾아 제공해야 존경받는 위대한 기업이 될 수 있다. 고객 만족은 고객이 원하는 것을 제공하는 것이고, 고객 감동이란 고객이 원하는 이상의 가치를 제공하는 것이며, 고객의 존경을 받는 기업이란 고객이 상상하기 어려운 가치를 제공하는 것이다.

헨리 포드가 자동차의 대중화를 이끌기 전, 자동차는 고가의 수제품으로서 초부유층들의 전유물이었다. 일반인들은 형편만 된다면 마차가 아닌 자동차로 빨리 자유롭게 이동하고 싶었지만 너무 비싸서 엄두도 못 내고 그저 빨리 달리는 마차를 만들어주기를 원했다.

"마차 바퀴를 크게 만들어주세요. 그러면 빨리 달릴 수 있지 않을까요?"

"저는 마차 바퀴를 네 개로 해주세요. 그러면 좀 더 안전하게 달릴 수 있을 것 같아요."

포드는 고객의 말 속에서 '빨리 이동하고자 하는 욕구'를 찾아냈다. 포드는 자동차 생산 프로세스를 정형화하고 자동화하여 누구나 생필품처럼 자동차를 사용하도록 해 세상을 변화시켰다.

"만약 내가 고객의 요구를 충실히 따랐다면 자동차를 만들지 않고, 빨리 달리는 마차를 만들고 있었을 겁니다."

고객의 소리를 듣는 VOC(Voice of Customer) 경영이 중요하다고 하지만 고객의 소리를 수집하는 것보다 고객의 소리를 해석하고 본래 의도를 파악하여 대처하는 통찰력이 성장을 가져온다.

통찰력을
기르는 방법

아이작 뉴턴(Isaac Newton)은 나무에서 과일이 떨어지는 현상을 보고 왜 과일이 풍선처럼 하늘로 날아가지 않고 땅으로 떨어지는지 의아해했고, 연구 결과 모든 물건은 서로 당기는 힘이 작용한다는 만유인력의 법칙을 발견한다. 아무리 평범한 현상이라도 호기심을 갖고 '왜 이럴까?'를 고민하다 보면 보이지 않는 원리를 발견할 수 있다.

하지만 그러한 원리를 발견하는 통찰력은 하루아침에 생기지 않는다. 어떻게 해야 통찰력을 키울 수 있을까?

첫째, 그 일을 좋아해야 한다. 사람은 좋아하는 일에 에너지를 집중한다. 좋아하는 일을 더 잘하려고 몰입하다 보면 다른 사람이 보지 못하는 것이 보이고 실력이 늘게 된다.

둘째, 끊임없이 '왜'라는 질문을 던져야 한다. 호기심을 갖고 사물을 보면 의심이 생기고, 의심스러운 부분을 확인하다 보면 사물을 깊게 들여다보게 된다. '왜 이럴까?', '왜 이렇게 하지?', '왜 이런 현상이 나타나지?' 등의 질문을 하다 보면 사물의 본질이 보이고, 다른 사람이 못 보는 것이 보인다.

셋째, 다양한 각도에서 현상을 보아야 한다. 나만의 눈으로 세상을 보면 세상은 매일 똑같다. 다른 사람의 말에 귀를 기울이면 그 사람의 시각으로 새로운 세상을 볼 수 있고, 책이나 신문, 강의, 전문가의 조언을 찾아보면 전문가의 시각으로 세상을 볼 수 있다. 사무실에 앉아 세상을 보지 말고 시장에 나아가 고객과 경쟁사를 보고, 외국에 나가 더 넓은 세상을 보면 더 넓은 세상도 볼 수 있다.

넷째, 나를 객관적으로 볼 수 있어야 한다. 내 입장에서 다른 사람을 움직이려고만 하지 말고, 다른 사람의 눈으로 나를 볼 수 있어야 한다. 일이 안 될 때 나는 주변 사람들에게 내가 잘못하는 것이 무엇이냐고 묻곤 했다. 나도 사람인지라 듣기 좋은 말만 하는 사람이 좋았지만 내게 새로운 길을 볼 수 있는 눈을 뜨게 해준 사람들은 나에게 아프게 말해준 사람들이었다. 다른 사람의 눈으로 나를 보고 나를 바꾸면 주변 사람들이 나를 대하는 태도가 달라지고, 세상을 바꿀 수도 있다.

다섯째, 목표와 문제에 깊이 몰입해야 한다. 해결하고자 하는 문제에 대하여 '왜', '어떻게'라는 질문을 반복하다 보면 문제의 근본과 전체적인 윤곽이 또렷이 보인다. 고객과 계약을 앞두었다면 고객 입장에서 왜 계약을 해야 하고, 고객이 얻고자 하는 가치가 무엇이며, 경쟁자는 어떤 제안을 할지 연구해보자. 그러면 정답을 찾을 수 있을 것이다.

판단력

상황 vs 목표

판단력은 리더의 가치를 결정한다. 현재 당신의 모습은 과거에 한 판단의 결과이고, 지금부터 내리는 판단은 5년, 10년 후의 모습을 결정할 것이다. 리더의 결정이 본인과 조직의 미래를 좌우하는 만큼 리더는 어떤 역경 속에서도 올바른 판단과 조치를 내려야 한다.

리더들은 매순간 결정해야 하고, 그 결과에 무거운 책임이 따르다 보니 판단의 순간을 가장 힘들어한다. 운명을 결정하는 선택의 기로에서 무엇을 근거로 판단해야 할까? 바로 조직의 목표다. 크고 작은 시련과 유혹에 한눈팔지 않고 목표 달성을 위한 판단을 내린다면 그 판단은 정확했다고 볼 수 있다.

불가에는 '달을 가리키면 달을 봐야지 왜 손가락을 보느냐?'는 말이 있다. 지혜로운 사람과 어리석은 사람이 밤길을 걷다 저수지를 보았다. 밝은 달이 하늘에도 있고 저수지에도 있었다. 지혜로운 사람이 손가락으로 달을 가리키며 말했다.

"이보게, 저 달은 밝지?"

어리석은 사람은 달은 보지 않고 친구의 손가락을 보면서 말했다.

"어느 달을 말하는가?"

"달을 가리키면 달을 봐야지 왜 손가락만 보는가?"

달은 달성해야 할 목표이고 손가락은 현실 상황을 의미한다. 현재 상황이 아니라 목표를 주시해야 올바른 판단을 내릴 수 있다.

축구할 때도 마찬가지다. 공은 놓쳐도 사람은 놓치지 말아야 한다. 빠르게 움직이는 공을 좇아 열심히 뛰어다녀도 방어가 뚫리면 골을 먹는다. 프리미어리그를 보면 공을 잡은 선수는 밀착 마크를 당한다. 공은 상황이고, 상대 공격수는 내가 막아야 할 목표다. 성공하는 사람은 상황에 마음을 뺏기지 않고, 오로지 목표를 달성하기 위해 판단한다.

올바른 판단을 위해서는 판단의 도구로 직관과 통계를 적절히 활용해야 한다. 직관은 과거 경험에 의존하는 것으로 성공 경험이 많은 사람은 적중률이 높다. 빅 데이터 시대에 어느 정보를 근거로 판단할 것인가? 목표 달성의 유용성을 근거로 판단해야 한다.

직관적으로 판단하는 사람은 평소 빠르게 일할 수 있지만, 급격하게 상황이 변할 때 크게 실패할 우려가 있다.

사원들이 올리는 보고서에 의지하는 것 역시 위험하다. 정확한 통계는 상황을 판단하는 데 중요한 정보를 제공하지만 통계는 작성자의 필요에 따라 얼마든지 조작될 수 있다. CEO들이 모인 어느 자리에서 이런 말을 들었다.

"저는 직원들의 보고를 절반만 믿습니다. 저는 부장 시절 보고서를 사장님이 원할 만한 통계치와 단어로 작성했습니다. 우리 사원들도 저를 잘 알고 있을 겁니다. 그럼 당연히 제 입맛에 맞는 보고서를 만들려고 노력하지 않겠어요? 회의 석상에서의 발언도 회의 주관자의 성향을 의식하고 하잖아요. 그걸 그대로 믿으면 내가 사원들에게 관리당하는 것이지요."

그의 말처럼 사원들이 올리는 보고서와 회의만으로 세상을 읽지 말고, 객관적인 눈으로 시장을 보고 조직의 목표 달성을 위한 판단을 해야 한다.

유능한 리더는 보고서를 보고 현장 상황을 정확하게 읽을 수 있어야 한다. 경영에 관한 숫자를 보고 영업 현장이 정확하게 읽히지 않거나 관리자들의 보고와 결과가 다르다면 리더는 지체 없이 고객 접점으로 나아가 직접 눈으로 현장을 살피고 원인을 분석하고 대책을 세워야 한다.

성장을 가로막는
성공 경험

　판단을 하고자 할 때 리더가 가장 경계해야 할 것은 바로 자신의 성공 경험이다. 성공 경험이 많은 사람은 자신감 때문에 새로운 아이디어에 부정적인 반응을 보이는 경우가 있다. 시장 환경은 끊임없이 변화하고 고객의 수준은 매일 향상된다. 어제의 방식으로 계속 성공하려는 리더는 기업을 위험에 빠뜨린다.

　스마트폰이 등장하기 전, 노키아는 휴대전화 시장에서 세계 1위를 달리던 기업이었다. 성공 가도를 달리던 노키아는 앞서 스마트폰을 개발했지만 시장에 내놓지 않았다. 노키아의 CEO는 휴대전화 시장에서 창출되는 안정적인 이익이 마음에 들었던 것이다. 그는 불안한 스마트폰 시장을 배제하고 기존의 성공 방식을 지켜나가기로 마음먹었다. 그러는 사이 애플과 삼성이 스마트폰을 세상에 내놓았고, 고객들은 과감하게 휴대전화를 버리고 스마트폰을 선택했으며 노키아는 추락한다.

　코닥필름도 마찬가지다. 세계 최고의 필름 회사로 세계 매출 1위를 달성하고 있을 무렵, 이들은 세계 최초로 디지털카메라를 개발한다. 하지만 코닥필름의 CEO는 디지털카메라를 출시하면 필름 매출이 줄어들 것이라 판단하고 디지털카메라를 사업 아이템에서 제외시킨다. 결과는 알다시피 참담했다. 곧 다른 회사에서 디지털카메라를 내놓았고, 고객들은 필름 없이 쉽게 찍고 지울 수 있는 디지털카메라에 열광했다. 시장 변화를 통찰하지 못하고, 필름만 고수하던 코닥필름은 자연스레 사양길을 걸었다.

현재 회사에서 제공하는 상품과 서비스를 고객이 마음에 들어 한다고 해도, 더 좋은 상품과 서비스가 있으면 과감하게 우리 상품을 버리고 경쟁사로 떠난다는 진리를 명심해야 한다.

나는 새로운 보직을 맡을 때 전임자가 해오던 일을 파악하고, 사원들의 이야기를 들었다. 경쟁사 상황을 파악하기 위해 경쟁 생명보험사뿐 아니라 손해보험사, 은행, 증권사를 방문하여 지점장, 본부장, 영업사원 들과 많은 이야기를 나누었다. 지역의 우수 고객을 만나 경쟁사에서 제공하는 상품과 서비스에 대한 평가도 들었다. 많은 것을 보고 듣다 보니 조직을 더욱 성장시킬 새로운 길이 보였고, 성장을 이끄는 판단을 내릴 수 있었다.

판단력을
높이는 방법

사람들은 이야기를 들을 때, 누가 한 말인지에 따라 받아들이는 뇌가 달리 작동한다. 똑같은 말도 전문가가 하느냐 보통 사람이 하느냐 혹은 사장이 하느냐 사원이 하느냐에 따라 달리 듣는다. 성공하고 싶다면 누가 말하든 그 말에 담겨 있는 가치에 집중해서 듣고, 판단해야 한다. 세상에는 전문가가 아닌 보통 사람의 이야기에서 영감을 얻어 문제를 해결한 경우가 많다.

목표달성에 유용한 지식 찾기

미국의 한 도시에서 건물을 짓고 있었다. 그런데 5층 정도 건물을 올린 상태에서 큰 문제가 발견되었다. 설계 도면에 엘리베이터가 빠져 있었던 것이다. 건축사들은 모여서 이 문제를 어떻게 해결해야 할지 논의했다. 어디를 어떻게 부수고 엘리베이터를 세울지 열띤 토론을 벌일 무렵 옆을 지나가던 청소부가 대수롭지 않게 말했다.

"건물 안에 자리가 없으면 밖에다 붙이면 되는데 뭘 그렇게 고민해요?"

머리를 싸매고 고민하던 고급 설계 기술자들은 청소부에게 도리어 핀잔을 주었다.

"아무것도 모르면서 뭘 안다고 그래요. 그게 말이나 되는 소리입니까?"

그러나 한 건축사는 청소부의 말을 듣고 공사 현장을 돌아보았다. 건물 뒤에는 강이 흐르고 드넓은 갈대밭이 펼쳐져 있었다. 엘리베이터를 타고 오르내리면서 이 멋진 풍경을 본다면 낯선 사람 둘이서 엘리베이터를 타도 어색하지 않을 것 같았다.

그는 청소부 의견을 구체화해서 바깥을 잘 볼 수 있도록 투명유리로 만든 누드 엘리베이터를 탄생시켰고, 그 건물은 그 지역의 명물이 되었다. 문제를 해결할 수 있다면 누가 한 말인지는 전혀 중요하지 않다고 여기는 열린 마음이 새로운 역사를 탄생시킨 것이다.

우리는 얼마 전까지만 해도 중국은 짝퉁의 나라라고 업신여겼다. 그러나 중국은 본인들이 모르는 것은 열심히 베껴서 물건을 만들다가 이제는 모방을 넘어 창조를 하고 있다. 여러 분야에서 한국과 일본을 앞서나가고 있다. 우수한 역량의 사원들은 잘하는 사람은 찾아다니며 배우다가 본인만의 창조를 통해 새로운 가치를 창조한다. 현재 실력이 부족하면 자존심을 버리고 '짝퉁', '모방'을 통해서 배우고 익히는 자세가 성장으로 가는 자세다.

강남 본부장 시절 용인 지원단을 만들기 위해 제법 오랜 기간 사옥을 찾아다녔지만 마땅한 곳을 찾지 못했다. 괜찮다고 해서 막상 현장을 답사하면 적합한 환경이 아니었다. 그날도 성과를 내지 못하고 돌아오는데 운전기사가 말했다.

"제가 보기에 오리역이 용인과 분당의 중간 지점인데 그곳을 보시면 어때요?"

실제로 오리역에서 우리가 찾던 건물을 발견할 수 있었고, 그곳에서 새로운 지원단을 만들었다. 만약 기사의 말을 가볍게 여기고 지나쳤다면 문제를 해결할 수 없었을 것이다.

실제로 정규 사원들과 오랜 시간 회의를 해도 해결되지 않던 문제가 설계사나 고객, 인턴 사원이 툭 던진 말에서 영감을 얻어 해결된 적도 여러 번 있다. 누구의 말인지보다 그 말의 내용을 귀담아듣고 목표를 달성하기 위한 판단을 내리는 태도가 성장의 발판이 된다. 성장에 필요한 정보는 전문가나 지위가 높은 사람에게서만 나오는 것이 아니므로 모든 사람들의 이야기에 귀를 기울여야 한다.

정보와 지식은 활용하지 않으면 소용이 없다. 빅 데이터 시대에는 많은 정보를 아는 것보다 어떤 정보를 어떤 기준으로 활용할 것인지 판단하는 것이 중요하다.

"훌륭한 장수는 나무꾼의 건의와 대신의 말을 모두 귀담아듣는다."

채용과
해고의 중요성

리더는 일에 대해서든 사람에 대해서든 객관적 정보와 지식에 근거하여 정직하게 판단해야 한다. 판단은 리더의 고유 권한이고 그 권한에는 무한한 책임이 따른다. 판단을 누구에게도 위임하지 마라. 그 사람이 당신의 인생을 대신 살아주지 않듯이 결과를 대신 책임져주지 않는다.

특히 사람을 판단할 경우 그 어느 때보다 신중해야 한다. 사람을 한 번 보면 알 수 있다고 자신 있어 하던 적도 있지만 사람은 오랜 시간을 두고 겪어봐야 알 수 있다. 그렇기에 직원을 채용할 때는 시간을 갖고 신중하게 하는 것이 좋다. 그 사람의 성향이 회사 문화와 잘 맞는지, 회사에서 필요한 직무를 수행할 수 있는 기본을 갖췄는지, 어떻게 성장했고, 어떤 역경을 겪었으며, 어떤 성공 경험과 실패 경험을 갖고 있고, 사람을 대하고 일에 임하는 자세는 어떠한지 면

밀히 살펴야 한다.

사원 역시 회사를 선택할 때 청춘 남녀가 배우자를 고르듯이 살펴야 한다. 호기심을 갖고 서로를 탐색하며, 함께 식사도 하고, 영화도 보고, 여행도 해보면서 나와 맞는 사람인지를 충분히 검증하고 결정해야 후회 없이 행복하게 살 수 있다.

강바닥에서 수석을 고르듯이 탐색하고 또 탐색하고, 질문하고 또 질문하고 신중하게 선택하고 선발해야 서로가 행복하다.

만약 기업의 핵심 가치와 맞지 않은 직원을 해고할 일이 생긴다면 사전에 치밀하게 준비하여 아주 과감하고 파괴력이 크게 해고하여 남아 있는 조직원들이 기업의 핵심 가치를 깨닫도록 경각심을 줄 필요가 있다.

《삼국지》에서 제갈량은 아들처럼 아끼던 마속을 패전 책임을 물어 처형한다. 지휘관에게 주어지는 권한 남용을 막기 위한 결단으로 잠시 흐트러진 군기를 잡았다. 울면서 마속을 참했다 하여 '읍참마속'이라는 말을 남겼다.

조직: 짤 조(組)와 짤 직(織)

사마천의 《사기》〈손자오기열전〉에 보면 오나라의 왕 합려는 손무에게 궁녀를 지휘해보게 한다. 손무는 궁녀들을 모아놓고 지시를 내렸으나 왕과 어울려 놀던 궁녀들은 손무의 말을 듣지 않았다. 손무는 왕이 총애하는 두 여성을 대장으로 삼은 후 다시 지시를 내린다.

"전쟁에서 왕에게 전권을 위임받은 장수의 지시는 곧 왕의 지시다. 지휘관의 지시를 따르지 않는 것을 그냥 두면 적에게 패하여 나라가 망한다. 그러므로 군령을 따르지 않는 자는 반드시 목을 벨 것이다."

다시 지시를 내려도 궁녀들이 말을 듣지 않자 손무는 왕이 가장 총애하는 궁녀의 목을 벤다. 훈련은 생각지 않고 조잘대기만 하던 궁녀들은 그제야 사태의 심각성을 깨닫고 살아남기 위해 일사불란하게 훈련에 임했고, 지휘관의 지시에 불속이라도 뛰어들 용맹한 병사로 바뀌었다. 손무는 왕이 총애하는 궁녀를 처형하여 군기를 바로 세웠고, 지휘관의 지시를 적군보다 두려워하는 부대로 만들었다.

지점장으로 근무하던 시절, 고객의 보험료를 받아서 한 달 늦게 입금한 사원이 있었다. 그런 일이 한두 번 반복되는 동안, 그 사원은 계속해서 거짓 보고를 했다. 나는 보험료를 유용한 증거를 수집하고, 기강을 세워야겠다고 생각했다.

아침 교육 시간, 모든 사원이 모인 자리에서 칠판에 조직(組織)이라는 한자를 적었다.

"조직은 짤 조(組)와 짤 직(織)이라는 한자로 이루어졌습니다. 왜 조직이라는 글자에 실 사(糸)변이 있을까요? 날실과 씨실을 넣고 가로줄과 세로줄을 엮어 천을 만듭니다. 그런데 만약 실수로 흰 천을 만들 때 까만 실을 넣었다면 어떻게 될까요?"

나는 해당 사원에게 물었다.

"그 천은 불량품입니다. 검은 실을 뽑아내야 합니다."

"이런 옷감으로 만든 옷을 당신이라면 사겠습니까?"

"안 사지요. 그것을 누가 삽니까?"

사원들은 모두 고개를 끄덕거렸다. 나는 다시 말했다.

"네, 그렇습니다. 흰 천에는 흰 실이, 검은 천에는 검은 실이 들어가야 합니다. 보험회사는 정직한 사람들이 정직하게 일해야 고객의 신뢰를 얻을 수 있습니다. 그런데 누군가 고객이 납부한 돈을 유용한다면 고객이 우리를 믿을까요?"

"못 믿을 겁니다."

잘못을 저지른 사원은 대답하면서 얼굴이 하얗게 질렸다. 나는 그 직원에게 지금까지 잘못했던 증거를 제시하고 이렇게 말했다.

"당신은 흰 천에 들어 있는 검은 실입니다. 당신이 있는 한 우리는 고객의 신뢰를 얻을 수 없습니다. 나는 고객으로부터 신뢰받는 회사를 만들기 위해 당신을 해고하겠습니다. 여기서 나가주십시오."

그리고 곧바로 퀵서비스를 통해 그의 짐을 집으로 보내라고 지시했다. 갑작스럽게 진행된 해고 절차에 사원들은 한동안 멍했다. 그 뒤로 보험료를 단 하루라도 유용하는 일은 절대 일어나지 않았다. 해고는 어려운 결정이지만, 일단 해고하면 그 파장이 조직에 긍정적으로 작용하도록 만들어야 한다. 사원들이 일을 잘하려다 발생하는 사소한 실수, 중대한 실패는 용서하고 격려해야 한다. 그러나 고객을 속이려 하거나, 기업의 핵심 가치를 위반하는 사원을 감싼다면 옳고 바르게 살아가는 많은 사람들이 피해를 볼 수 있다.

사기를 당하는 사람은 믿는 사람에게 당한다. 역대 대통령의 비리는 가까운 측근이 저지른다. 믿었던 친인척, 친구, 선후배들에 의해 넘어지는 리더가 많다. 사원들이 한두 번 일을 잘하면 믿게 되고, 믿는 사원들이 오만한 행동을 해도 자제시키지 않으면 조직에 문제가 발생한다. 리더는 사람들을 너무 믿어서도 의심해서도 안 되며, 객관적인 시각을 가져야 한다. 의심하면 사기가 떨어지고, 너무 믿으면 생각이 진전하여 사고를 칠 수 있다.

두려움과 고통 속에서도 정직한 사람

사람의 진면목은 평상시보다 위기에 처했을 때 어떻게 행동하는지를 살펴봐야 알 수 있다. 위기에 처했을 때 자기변명을 하는지, 정면 돌파를 하는지, 아니면 다른 사람에게 덮어씌우는지, 길길이 화를 내는지 유심히 지켜보면 믿을 만한 사람인지 아닌지 판단할 수 있다.

S팀장은 입사 초기 점심 먹을 돈도 차비도 없었지만 돈을 빌리려고 하지 않았다. 소장이 안타까워 활동비에 보태라고 돈을 주면, 월급일에 반드시 갚았다. 고객 앞에서도 늘 당당했다. 도와달라며 계약을 구걸하는 것이 아니라 무엇을 도와줄까를 먼저 생각하는 사람이었다. 그는 지금 큰 아파트에서 가족과 단란하게 잘살고 있다. 호랑이는 배가 고파도 풀을 먹지 않듯이 돈이 없을 때 제힘으로 돈을 벌려고 몸부림치는 사람은 반드시 성공한다. 반면에 돈을 벌기보다

빌릴 생각부터 하고, 일이 안 되면 밤새워 해결 방법을 찾지 않고 상황을 탓하며 변명하거나 다른 사람에게 덮어씌우려는 사람은 멀리 하는 것이 좋다. 본인이 힘들면 언제든 배신하거나 피해를 줄 사람이다.

목표 달성에 도움이 되는 인재는 보호하라

링컨 대통령이 국방부 장관을 대동하고 전선을 시찰하던 중이었다. 마침 사단장은 전방에서 전투 지휘를 하고 있는 중이어서 자리에 없었다. 몇 시간을 기다리고 있으니 사단장이 돌아왔다. 사단장은 국방부 장관과 대통령을 보더니 인사를 하고 2층으로 올라가버렸다. 보고서를 갖고 오려나 한참을 기다려도 사단장은 내려오지 않았다. 민망해진 국방부 장관은 부관에게 어떻게 되었느냐고 물으니 이렇게 대답했다.

"사단장님께서 피곤하셔서 침실에 드셨습니다. 내일 새벽 일찍 일어나실 것입니다."

국방부 장관은 불같이 화를 내며 대통령에게 사단장의 해임을 건의했고, 링컨은 웃으며 말했다.

"장관, 조용히 하게! 사단장이 깨겠어. 얼마나 열심히 전투를 했으면 저렇게 곤하게 잠을 자겠나. 이 전쟁을 하루라도 일찍 끝낼 수만 있다면 나는 기꺼이 병사들의 말고삐를 잡고, 그들의 군화라도 닦아주겠네. 조용히 돌아가세."

업무상으로 아주 유능하다면 설령 좀 예의가 없더라도 업적은 있는 그대로 평가해줘야 한다. 그래야 인재의 역량에 힘입어 조직이 원하는 목표를 달성할 수 있다.

또한 리더라면 앞에서 하는 말과 행동만 볼 게 아니라 보이지 않는 곳에 숨겨진 진짜 모습을 보고 사람을 판단해야 한다. 본인보다 높은 사람에게 당당하게 할 말을 하고, 지위가 낮은 사람에게 정성을 다하는 사람이 회사를 지킨다. 강한 자에게 강하고, 약한 사람을 배려할 줄 알아야 한다. 서양 격언에 '음식점에서 웨이터에게 함부로 대하는 사람과 거래하지 말라'는 말이 있다. 음식점에서 서빙하는 사람에게 함부로 하는 사람은 회사에서도 사원들에게 함부로 할 가능성이 높다. 사원들에게 함부로 하는 리더가 이끄는 회사의 상품과 서비스는 믿을 만한 것이 못된다.

골프를 치면서 캐디에게 함부로 하는 사람들도 좋아 보이지 않는다. 얼마나 자존감이 없으면 캐디에게 함부로 말하며 스트레스를 푸는지 안쓰럽기까지 하다. 건물을 지키는 수위나 건물을 깨끗이 해주는 환경미화원들에게 감사하고 따뜻하게 배려할 줄 아는 사람은 고객에게도 정성을 다할 가능성이 높다. 사회적 약자를 대하는 태도는 그 사람의 내면을 잘 보여준다. 임원을 대하는 태도보다 부하사원을 대하는 태도가 그 사람의 진실인 셈이다.

목표 달성 역량이 인사 판단 기준

인사를 할 때 항상 목표 달성을 위해 최적의 인물을 뽑아야 한다. 사업은 전쟁이다. 전쟁에서 승리하려면 적을 이길 수 있는 역량 있는 리더를 선별해야 한다. 회사를 살리고 싶다면 CEO는 경쟁사보다 고객이 거래하고 싶고, 우수 인재가 근무하고 싶은 회사를 만들 수 있는 역량이 있어야 한다. 군인에게 필요한 역량은 전쟁에서 승리하는 역량이듯 회사에서 필요로 하는 역량은 성과를 창출하는 역량이어야 한다.

만약 회사에서 지연·학연·혈연·사회연에 의한 인사를 한다면 사원들은 역량을 키우거나 성과를 창출할 생각은 하지 않고 힘 있는 사람에게 줄을 서거나 성과가 좋은 사람을 뒷담화하는 문화가 생길 것이다.

축구계에서 가장 유능한 리더 중 한 명인 퍼거슨 감독은 사적으로 박지성을 무척 아꼈지만 그가 컨디션이 좋지 않을 때는 절대 기용하지 않았다. 사적인 감정에 이끌리지 않고 매 경기마다 선수들의 역량뿐 아니라, 현재 컨디션은 어떤지, 상대팀 선수와의 경쟁에서 어떨지를 정확하게 판단해서 선수를 선발했다. 퍼거슨 감독의 지속적인 승리는 사람을 객관적으로 보는 안목에서 시작되었다.

리더가 인사에 객관성을 가질 때 사원은 줄서기를 하지 않고, 실력을 향상시키기 위한 일에만 매진한다.

사람을 판단하는 일은 리더에게 가장 무거운 짐이기도 하지만, 리더를 가장 리더답게 만드는 일이기도 하다. 판단력이 있는 리더는 어떤 상황에서도 편견이나 사적인 감정을 배제하고, 일의 현재와 미래에 집중한다. 사람의 능력이나 됨됨이를 살피기 전에 자신에게 친절한 사람을 선택하고 싶을 때도 있지만 훌륭한 리더는 어떤 순간에도 목표를 바라본다. 어떤 불리한 경우에도 통찰력으로 상황을 꿰뚫어 보고 모든 정보와 지식을 활용해 목표를 달성하기 위한 최적의 인재를 찾아내고, 최선의 인재가 아니면 차선의 인재라도 찾아서 차질 없이 목표가 달성되도록 해야 한다.

《노자》에 보면 '큰 나라 다스리기를 작은 생선 굽듯이 한다(治大國若烹小鮮)'는 말이 있다. 생선을 구울 때 함부로 뒤집으면 작은 생선은 다 부서져서 형체가 없어진다. 취직하고 싶은 사람이 넘치는 요즘 사람을 쓰는 입장에서는 사원들을 단순히 소모품처럼 생각할 수도 있지만 사원들 입장에서는 인생이 걸린 중차대한 문제다. 인사를 할 때에는 회사 입장만 생각하지 말고 인재들의 희망사항을 반영하여 신중하게 해야 한다. 사람을 소중히 여기는 마음이 조직을 키우는 마음이다.

복잡한 일을
단순하게 하는 것이 능력

《명심보감》에 '생사사생 성사사성(生事事生 省事事省)'이라는 말이 있다. 일이란 만들면 끝없이 생기고, 덜면 줄어든다는 말이다.

복잡한 문제를 해결하려 할 때 많은 정보와 지식을 수집하다 보면 도리어 일이 점점 복잡해진다. 이때 어느 정도 문제의 윤곽이 보이면 한 걸음 뒤로 물러서 일의 원인과 목적을 명확하게 따져보면 오히려 문제를 간단하게 해결할 수 있다. 또 이런 습관을 가지면 올바른 판단을 할 수 있다.

복잡한 문제를 간단하게 해결하는 법

첫째, 문제의 원인을 규명한다. 문제가 발생했을 때 '왜 이 문제가 발생했을까?'를 생각하면 문제의 원인이 명확해지고, 원인이 규명되면 사건의 실체를 파악하는 데 도움이 된다.

유씨네는 시골에서 꿀벌을 키웠다. 그런데 거미줄 때문에 피해가 많았다. 아침마다 거미줄을 치웠지만 가끔 잊는 날이면 어김없이 꿀벌이 몇 마리씩 거미줄에 걸려 죽었다. 머슴은 주인에게 거미줄을 치우지 않았다고 야단을 맞고 투덜거렸다.

"매일 거미줄을 치웠는데 겨우 하루 안 치운 것 갖고 너무한 것 아니야?"

방학에 내려온 주인 아들은 머슴에게 말했다.

"우리 거미를 잡아버리자."

"밤에만 나오는 거미를 어떻게 잡아요?"

"오늘밤 하루만 고생해보세."

주인 아들과 머슴은 어스름한 달빛 속에 빗자루로 거미를 잡았고, 그 후 거미줄을 치울 필요가 없었다.

단순히 반복되는 문제는 근본 원인을 찾아 해결하면 일이 빠르게 진행되고 결국 성장할 수 있다. 단순 반복 업무는 시스템화하여 컴퓨터에게 주고, 인간만이 할 수 있는 창의적이고, 감성적인 일을 찾아야 지속적으로 성장할 수 있다.

둘째, 일의 목적을 명확하게 한다. 아무리 복잡한 문제도 처음 이 일을 시작할 때 목적이 무엇이고, 이해 당사자가 일을 통해 얻고자 하는 목적을 명확히 하면 고민이 줄어들고, 해결 방법이 보인다.

예를 들어, 조직원 간에 갈등이 발생하면 발생 원인과 서로 얻고 자 하는 목표를 명확하게 규명하면 해결책을 찾을 수 있다. 거래처 와 발생하는 문제도 원인을 규명하고 각 사가 얻고자 하는 목적을 명확하게 하면 의외로 쉽게 해결책이 나온다.

셋째, 고객 입장에서 최선의 선택을 한다. 모든 사람은 선택의 순 간에 고민한다. 고객에게 선택의 기회를 많이 주는 기업은 실패한 다. 고객 입장에서 고민해 최적의 선택을 하고, 고객의 고민을 덜어 주는 곳에 고객이 몰린다. 당신의 선택으로 잃어버릴 손님에게 미련 을 버려라.

넷째, 무능한 사람은 핵심을 요약할 수 있는 보고서를 조금이라도 관련 있는 모든 내용을 포함시켜 수십 페이지로 만든다. 유능한 사 람은 빅 데이터 시대에 넘치고 흐르는 정보 속에서 목표 달성에 필 요 없는 정보는 과감하게 버리고 꼭 필요한 것만 골라내어 핵심에 집중하여 많은 일을 빠르게 할 수 있다.

모든 이해 관계자가 만족하는 판단은 없다. 성장하고 싶은 리더라 면 목표 달성을 위해 일부 희생을 감수하고라도 시기를 놓치지 말고 빠르게 판단해야 한다. 비즈니스 세계에서 오판으로 인해 손해 보는 것보다 정확한 판단을 위해 결정을 미루다가 기회를 잃어버리는 경 우가 더 많고 이런 손실은 회복불능의 사태를 가져온다.

추진력

모든 에너지를
목표 달성에 집중하라

목표가 정해지고 일을 시작했으면 정교하게 목표를 향해 나아가야 한다. 추진력은 목표를 향해 거침없이 나아가는 힘이다. 100미터 달리기에서 선수가 출발 총성이 울리면 결승선을 향해 전력 질주하듯이 일하는 것도 경쟁자보다 먼저 목표에 도달해야 한다. 스포츠든 사업이든 1등과 2등에게 주어지는 보상은 매우 다르다.

스피드 스케이팅 경기를 보면 스케이트 칼날 하나의 차이로 0.001초가 벌어져 1등과 2등이 결정된다. 그러나 1등은 영웅이 되고, 2등은 아무도 기억해주지 않는다. 야구에서 2할5푼인 선수는 12번의 타석에서 3번 안타를 치고, 3할3푼인 선수는 12번의 타석에서

4번 안타를 친다. 12번에 한 번 정도 더 치는 것이지만 메이저리그에서 연봉은 10배 차이가 넘는다. 우리는 미세한 차이가 큰 차이로 평가받는 승부의 세계에서 살고 있다.

비슷한 상품이 작은 차이로 명품으로 판명되면 높은 가격을 매길수록 잘 팔리고, 2등 제품은 원가만 건지려 해도 팔리지 않는다. 업종별 1위 회사와 2위 회사의 주가 차이가 보통 10배 이상이 나고, 매출 대비 영업이익도 몇 배나 차이 난다. 누가 기회를 선점했느냐에 따라 생사가 결정되는 셈이다.

사람이 아무리 좋고, 좋은 목표와 전략을 갖고 있더라도 추진력이 없으면 성과를 낼 수 없다. 실질적인 성과는 모두 추진력을 통해 나온다. 추진력은 무조건 일을 밀어붙이는 힘이 아니라 완벽한 준비를 통해 목표를 달성하는 힘이다. 일을 시작하면 일이 잘 풀릴 경우와 돌발 변수에 대한 대응 시나리오를 세우는 것을 습관화해야 한다.

유능한 축구선수는 공을 받자마자 감각적으로 패스할 것이냐 드리블할 것이냐를 판단한다. 잠시만 망설여도 원하는 공격을 할 수 없고, 망설이다 공을 빼앗기면 다음에 주전 선수로 선발되지 못한다. 목표를 정하고 전략을 세우면서 일이 순조롭게 진행될 것만 구상하지 말고, 추진 과정에서 발생할 장애 요소를 점검하고 미리 대책을 세워야 한다. 그리고 상황을 통찰하여 일을 해야겠다는 판단이 서면 일을 바르고 빠르게 추진해야 한다.

일을 빠르게 추진하는 법

첫째, 프로젝트를 가장 잘 수행할 수 있는 인재를 선발하여 조직을 구성하고, 일을 수행하는 과정에서 발생하는 이해 관계자들과 네트워크를 잘 형성해야 한다. 프로젝트의 책임자는 최적의 인재를 선발하고, 관련 부서와의 협력 관계를 잘 구축해야 한다.

둘째, 조직을 지휘할 책임자를 정하고 권한을 위임해야 한다. 전쟁을 수행하는 과정에서 전방 지휘관이 일일이 국방부에 보고하여 승인 후 조치하는 군대는 반드시 패배한다. 급박한 상황에서 선조치 후보고할 수 있는 재량권을 주지 않으면 누구든 소신 있게 일할 수 없다.

셋째, 활용력을 높여라. 필요한 정보와 지식을 잘 활용하도록 지휘하고 지원하며 조율한다. 정보와 지식을 알고 있는 것만으로 성과는 나지 않고, 활용하여 가치를 창출할 때 성과가 실현된다. 고정관념에 얽매이지 않고, 목표 달성을 위한 유용한 정보와 지식을 발견하면 즉시 활용하는 유연성이 있어야 한다.

넷째, 99% 가능한 일은 돈이 되지 않는다. 99% 불가능하고 1% 가능한 일을 정교하게 추진하여 성공할 때 돈이 된다. 불가능을 가능으로 만드는 추진력, 길이 없으면 길을 만드는 추진력, 모든 사람이 벽 앞에서 포기할 때 그 벽을 허무는 추진력이 새로운 성장을 이끈다.

치밀한 준비,
스피드한 일처리

2001년 변화추진 팀장을 하면서부터 위성방송이 필요하다는 생각으로 위성방송을 준비했다. 경쟁사 상황을 파악하고, KT 무궁화 위성국과 협상을 하며, 위성방송에 필요한 비용뿐 아니라 추진 과정을 연구 분석했다. 2002년 영업교육 팀장으로 부임한 어느 날 엘리베이터에서 사장님을 만났다.

"사장님, 위성방송을 해야겠습니다."

"그게 뭔데?"

"창립기념일에 사장님이 기념사를 문서로 내려보내도 현장에서 읽지 않는 경우가 많은데 위성방송을 하면 사장님 기념사를 전국에서 TV로 보는 겁니다."

"좋겠는데……. 비용은 얼마 들어?"

"7억 원 정도 들어갑니다."

"그럼 해야지. 구체적으로 보고하게."

하지만 실무진은 모두 반대했다.

"이미 두 차례나 시도했지만 반려된 사안입니다. 어차피 안 되는 일입니다."

하지만 전사적으로 균질한 커뮤니케이션을 하기 위해 위성방송이 꼭 필요하다고 판단하여 준비 작업을 시작했다. 과거 담당자들이 접촉했던 회사들은 KT무궁화 위성국에서 망을 분할받아 되파는 사람들이었다. 유통 단계가 늘어나니 비용이 높아진다는 판단에서 KT무궁화 위성국으로 직접 찾아갔다.

"저희 회사에서 방송을 준비 중인데 도움을 받고 싶습니다."

"잘 오셨습니다. 위성국에 아직 비어 있는 망이 많아서 고민하고 있었습니다."

KT무궁화 위성국의 고민을 덜어주면서 비용을 절감할 수 있었다. 전국에 흩어져 있는 지점 건물에 대형 안테나 276개를 설치해야 하는 대형 공사였다. 당시 이런 일은 한 공사업체가 맡아 한 달에 한 지역씩 진행하여 1년 이상 걸리는 것이 관례였다. 기간도 길어지면 비용은 올라간다. 연구해보니 전국에 안테나 설치 기술을 가지고 있는 회사는 많았다. 그렇다면 굳이 한 회사에 맡길 이유도 없어서 여러 업체에 분할해 맡기기로 하고 총무팀장을 찾아갔다.

"시간과 비용을 절감하기 위해 한 업체에 맡기지 말고 여러 업체를 지정해서 진행합시다."

"지금까지 그렇게 한 적이 없습니다."

나는 기간 단축과 비용 절감을 들어 총무 팀장을 설득했다.

당시 ○○생명은 이미 많은 방송장비를 보유하고 있었다. 그러나 기술자들은 새롭게 위성방송을 한다고 하니 모든 장비를 새롭게 구입하려 했다. 20억 원은 있어야 가능하다는 것이었다. 다른 회사 방송 기술자와 외부 전문가를 불러 우리 회사 장비를 보여주니 2억 원 상당의 장비만 추가로 구입하면 된다고 했다.

결국 저렴한 비용으로 두 달 만에 사내 방송을 시작했다. 모든 일의 흐름을 치밀하게 파악하고 있었기 때문에 가능한 일이었다. 위성방송 개국방송을 앞두고 인사 팀장이 전화를 했다.

"○○생명의 새로운 역사를 만들었으니 사장님이 표창하시겠답니다."

"위성방송은 내가 한 것이 아니고 우리 팀의 배 대리와 총무 팀장이 가장 고생을 많이 했습니다. 두 사람에게 표창해주시기 바랍니다."

일을 시작하기 전에 최대한 정보를 수집하여 성공과 실패 요인을 분석하여 그것을 극복할 대책이 서면 과감하게 몰아붙이는 추진력이 세상을 바꾼다.

어떤 일을 하겠다고 마음먹으면 치밀한 사전 준비 작업은 필수다. 사례를 연구하고 정보와 지식을 탐구하고, 경쟁사와 고객 상황, 회사 내부 상황을 파악하고, 누가 어떻게 반대할지도 예측하고, 반대에 대한 대처 방법도 미리 준비해야 한다. 큰 프로젝트일수록 추진력을 발휘하기 위해서는 일의 프로세스뿐 아니라 문제가 될 만한 상황과 일을 추진하면서 들어가는 비용 대비 손익 분석도 모두 마친 상태에서 시작해야 한다. 개인의 사심, 체면, 감, 명분만을 내세워 함부로 뛰어들지 말고, 과학적으로 분석하고, 철저하게 준비했다가 때가 오면 전광석화처럼 추진해야 한다. 강력한 추진력은 완벽한 준비에서 비롯된다.

급한 마음에 목표로 가는 주소와 지도도 없이 길을 떠난다면 시간과 에너지를 낭비할 수밖에 없다.

일을 처음 시작할 때에는 어려운 일보다 쉬운 일부터 시작하여 경험을 쌓고, 새롭고 어려운 일을 할 때에는 윗사람부터 솔선수범해야 하고, 중대한 일일수록 사원 한 명 한 명의 마음을 모으지는 못할지언정 반감을 사지 않도록 해야 한다. 1,000년 된 거목도 작은 씨앗에서 시작되고, 천년 고찰도 작은 개미구멍 때문에 무너지고, 사소한 말 한 마디에 원한을 사고, 한 맺힌 사원 한 명이 백년 기업을 무너뜨린다.

생각나면
즉시 하라

사업을 해야겠다고 생각하면 즉시 시작하는 용기가 있어야 한다. 마크 주커버그(Mark Zuckerberg)는 19세에 페이스북을 창업했고, 스티브 잡스(Steve Jobs)는 21세에 애플을 창업했고, 빌 게이츠는 31세에 마이크로소프트를 창업했고, 마윈은 35세에 알리바바를 창업했다. 그들은 수많은 시행착오 끝에 세상을 바꾸는 기업을 만들었다.

아이디어가 생각나도 즉시 메모하고 행동에 옮겨야 한다. 아이디어가 생각났을 때 즉시 실행하지 않으면 다른 사람이 성공할 때 '나도 생각했었는데' 하고 후회하게 된다. 아무리 참신한 아이디어도 추진력이 없으면 잡념에 불과하다.

고객과 통화하다가 식사하자고 하면 그 자리에서 약속을 잡아야 한다.

"언제로 할까요?"

"이번 달은 약속이 다 있는데 어떻게 하지요?"

"그럼 다음 달 며칠로 할까요?"

'언제 한번', '다음에 하자'는 약속은 없는 것이다. 말이 나왔을 때 즉시 약속을 잡아야 만날 수 있고, 비로소 일이 시작된다. 밥을 먹다가 만날 고객이 생각나면 즉시 숟가락을 놓고 전화해서 안부를 묻고 약속을 정하고 만나야 한다. 화장실에서 볼일 보다가 일이 생각나면 즉시 나와서 해야 성공할 수 있다. 밥 다 먹고, 볼일 다보고, 컨디션 좋을 때 찾아가면 고객은 이렇게 말할 것이다.

"좀 빨리 오지 그랬어. 지난주에 계약했는데……. 어떡하지?"

목표가 명확하면 실패는 성공으로 가는 과정

박정희 대통령이 서울과 부산을 빠르게 이동하기 위해 경부고속도로를 건설했는데 자동차가 없어 고속도로가 한가했다. 자동차 공장을 만들어 국민들이 편하게 이동할 수 있도록 해야겠다고 생각했고, 당시 모 그룹 회장에게 자동차 회사를 세울 의향을 타진했다. 회장은 회사로 돌아와서 실무 회의를 했다. 2만여 개의 부품이 정교하게 맞아 돌아가야 하는 자동차를 만들기만 하면 대박이 날 텐데 실현 가능성을 놓고 검토를 하고 있었던 것이다. 그 회사가 하고 싶으면서도 자신이 없어서 망설이고 있는 사이, 정주영 회장을 만난 박정희 대통령은 자동차 회사를 만들 의향이 있느냐고 묻는다.

"자동차는 제 전공입니다. 제가 하겠습니다."

"정 회장님이 건설만 하는 줄 알았더니 자동차를 아세요?"

"그럼요. 제가 전에 자동차 정비공장을 했었습니다. 걱정하지 마십시오. 세계적인 자동차 회사를 만들겠습니다."

회사로 돌아와 자동차 산업에 진출한다고 하니 임원들은 한결같이 정 회장의 의견에 반대했다.

"답답한 사람들 같으니라고……. 자동차라는 게 별건가? 네모난 양철통에다 바퀴 네 개 달고, 엔진 올리고, 안에다 소파 집어 넣고, 핸들 꼽으면 자동차야. 그 간단한 게 뭐가 어렵다고 그래."

결국 현대자동차는 수많은 시행착오를 거쳤지만 똑똑한 실패를 거듭하며 세계적인 자동차 회사로 성장했다. 전략을 수립할 때 너무 완벽하게 하기 위해 시간을 끌 필요는 없다. 가야 할 방향이 정해지고, 목표가 명확하고, 반드시 해야 할 일이라면 설계도가 100% 완성될 때까지 기다릴 필요는 없다. 일단 70% 정도 전략을 세운 상태에서 시작해 문제가 발생하면 모든 조직원이 지혜를 모아서 완성해 나가면 된다. 가만히 앉아서 계산기만 두드린다고 꿈이 이루어지지는 않는다.

일을 추진하다가 앞이 보이지 않을 때 길을 찾는 방법도 얼마든지 있다. 첫째, 성공한 사람을 찾아가 조언을 구하라. 둘째, 정보와 지식을 볼 때마다 활용처를 생각하라. 셋째, 고객에게 질문하고 경청하며 문제의 본질을 생각하라. 넷째, 만나는 사람을 진실되게 우호적으로 대하라. 당신 편이 많을수록 일이 쉬워진다.

'이것이다'라는 생각이 들 때 과감하게 도전하라. 한 살이라도 젊어서 실패에 도전하고, 실패를 성공으로 가는 과정으로 받아들이고, 실패를 발판으로 성공을 지향하라. 나이가 들수록 실패는 아픔으로 남고 상처 회복이 오래 걸리거나 치료가 불가능할 수 있다.

항상 목표로 향하는 길을 생각하고 찾다 보면 성공의 문이 당신을 향해 열리기 시작할 것이다. '무엇을 할 것인가?'와 '무엇을 안 할 것인가?'를 판단해서 목표 달성에 도움이 되지 않는 것은 과감하게 포기하고, 목표 달성에 도움이 되는 핵심에 과감하고 강력한 추진력을 발휘할 때 성장의 기쁨을 누릴 수 있다.

추진력을 높이는 방법

리더는 고객보다 고객 상황을 정확히 통찰하고, 경쟁사 임원보다 경쟁사 상황을 통찰하고, 사원보다 회사 내의 상황을 통찰하고 명확한 판단에 의해 정확한 언어로 지시해야 한다.

연평도 사태가 났을 때 당시 국방부는 '단호하게 대처하되 확전되지 않도록 하라'는 지시를 내린다. 이 지시를 받은 일선 지휘관은 포를 쏘라는 것인지, 포를 쏴서 전면전 양상이 되면 책임을 묻겠다는 것인지 판단하기 어려웠을 것이다.

김관진 국방부 장관은 '전방지휘관은 적의 도발 시 보고하지 말고, 원점을 100배 타격하라'고 지시한다. 이처럼 리더는 누가 들어도 똑같이 해석되는 명확한 언어로 지시해야 한다. 추진력을 높이는 지시 방법을 자세히 알아보자.

첫째, 핵심을 찾아내어 단순하게 지시해야 한다. 기업에서 경쟁사와 고객 사이에서 복잡하게 얽혀 있는 상황에서 상황을 통찰하고 목표 달성을 위한 판단을 해서 명확한 언어로 지시를 내릴 때 조직은 일사불란하게 움직인다.

리더는 아무리 복잡한 지시라도 남녀노소 누구나 이해할 수 있는 언어를 사용해야 한다. 리더가 지시를 내릴 때 처음부터 끝까지 모두 다 잘하려 하면 안 된다. 리더의 지시에는 사심이 없어야 하고 조직과 고객을 위하는 대의가 있어야 한다.

둘째, 지시한 사항의 이행 여부를 반드시 확인해야 한다. 지시 사항이 지켜지는지 끊임없이 피드백해 목표가 달성될 때까지 추적하고 관리해야 한다.

셋째, 리더의 지시를 잘 따른 사람에 대한 보상이 주어져야 한다. 리더의 지시를 따라한 사람이 실수를 했을 경우에 관용을 베풀어야 하고, 성공한 사람에 대한 포상을 명확하게 해줘야 한다.

넷째, 리더의 지시를 따르지 않은 사람에 대한 벌이 있어야 한다. 전쟁에서 지시 불복종은 총살이지만 사회에서 정당한 지시를 듣지 않는 사람은 반드시 책임을 추궁해야 한다. 그렇지 않으면 모두가 잘난 오합지졸이 된다.

일을 시작한 리더는 착하고 좋은 사람이라는 평가보다는 힘들고,

일만 알고 재미없는 사람이라는 평가를 듣더라도 반드시 목표를 달성하는 사람이 되어야 성공이 습관화된다. 성장을 위해 전략보다 우선하는 것이 실행력이다. 아무리 좋은 전략도 추진력이 약하면 아무것도 이룰 수 없다. 반대가 두렵고, 실패 시 질책이 두려워서 아무 일도 하지 않고 기회를 기다리는 사람에게 기회는 없다. 기회는 주어지는 것이 아니라 상황을 통찰하고, 목표 달성을 위한 판단을 하고, 추진력을 발휘해서 문제를 해결하는 사람이 기회를 만드는 것이다.

PART 4

성장하는 리더가
갖추어야 할 기술

–

Skill

조직을 이끄는 리더가 성장하기 위해 해야 할 일을 크게 구분하면 사람 관리, 일 관리, 경영 관리다.

사람 관리는 사람을 채용하고 양성하여 갖고 있는 모든 재능을 쏟아내어 세상을 바꾸는 보람과 행복을 만끽하도록 도와서 사원 가치를 창조하는 것이다.

일 관리란 상품과 서비스의 품격을 향상시키고 고객에게 제공하는 프로세스를 시스템으로 만들어 일을 정형화하고 지속적으로 개선시켜 고객 가치를 창조하는 것이다.

경영 관리란 균형을 맞추는 일이다. 즉 수입과 지출, 투자 대비 성과, 사업에서 발생할 리스크를 예측하여 예방, 통제, 전가, 회피하거나 이미 발생한 피해를 최소화하여 사업을 지속 성장시키는 것이다.

리더는 좋은 사람들을 모아 세상을 이롭게 하는 일을 지속적으로 하는 조직을 만들어야 한다. 즉, 모든 사람이 근무하고 싶고, 모든 고객이 거래하고 싶고, 모든 이해 당사자가 보람과 행복을 만끽하도록 만들어야 한다.

사람 관리

조직의 흥망성쇠는
사람에서 출발한다

세상의 모든 변화를 주도하는 것은 사람이다. 성장을 위해서는 자본, 상품, 전략, 마케팅도 중요하지만 같은 제도와 시스템에서도 누가 하느냐에 따라 차이가 발생한다.

리더는 스스로 유능해지기 위해 노력해야 하고, 유능한 인재를 알아보지 못하거나 인재를 놓치지 않을까 전전긍긍해야 하고, 유능한 인재가 자신의 재능을 발휘하도록 도와주지 못함을 두려워해야 하고, 유능한 인재가 있음에도 제대로 쓰지 못하는 것은 아닌지 밤잠을 설쳐야 한다. 기업의 흥망성쇠는 무엇보다 인재에 달려 있다.

리더가 개인의 이익이나 명성을 얻고자 하면 유능한 인재는 초야에 묻히고, 난신들이 설치는 세상이 된다. 리더가 고객 가치를 창조하여 세상을 이롭게 하고, 사원들의 삶의 질을 향상시키기 위해 고민할 때 인재들이 모이고, 그들이 최고의 조직을 만든다.

인재란 스스로 조직이 원하는 이상의 성과를 창출하거나 주변의 인재를 발굴해 잘 가르쳐서 성공시키는 사람이다.

최고의 인재는 기존 방식으로 해결되지 않는 복잡한 문제를 제3의 방식으로 단순하게 해결하는 창의력을 발휘하여 세상을 이롭게 하는 사람이다.

현대 그룹의 정주영 회장은 국가에 의해 취업이 제한된 이명박이라는 청년을 재목이라고 여겨 박정희 대통령에게 취업제한 조치를 해제시켜달라고 간곡하게 부탁했다. 결국 취업이 자유로워진 이명박을 채용하여 적극 양성하고 보호함으로써 현대라는 거대 그룹의 지렛대로 활용했다.

리더는 채용·양성·보호라는 일련의 과정을 거치면서 인재가 자기 소득이나 스펙을 쌓기 위해 일하지 않고, 소명의식을 가지고 일할 수 있는 조직 문화를 조성해야 한다. 나에게, 우리 회사에 필요한 인재는 경쟁사에서 호시탐탐 눈독을 들이는 스카우트 대상일 뿐 아니라 기회가 되면 스스로 독립을 할 수 있는 능력이 되는 존재다. 그렇기 때문에 인재를 붙잡기 위해서는 비전을 심어줘야 한다.

한편 의욕이 넘치는 인재들은 기존 프로세스에 의문을 갖고 새로운 시도를 하다 문제를 일으킬 수 있기 때문에 사전 코칭이 필수이며, 혹여 문제가 발생하면 적극적으로 보호해주어야 한다. 보통 사원들은 평상시 성과가 탁월한 인재를 부러워하지만 문제가 발생하면 그때를 놓치지 않고 적극적으로 공격한다. 이럴 때 리더가 핵심인재를 보호해주지 않으면 그는 미련 없이 퇴사한다는 것을 명심해야 한다.

리크루팅의
기본

"천하를 다투고자 하는 사람은 먼저 사람 얻기를 다투라(夫爭天下者, 必先爭人)."

관포지교로 잘 알려진 관중의 이 말은 리더에게는 사람 관리가 얼마나 중요한지를 말해준다. 대통령은 당선되면 가장 먼저 총리와 장관을 임명하고, CEO는 회사를 창업하면 함께 일할 인재를 가장 먼저 선발한다.

영업사원은 고객 선택에 따라 성과가 달라지고, 지점은 보험설계사에 따라 지점의 성패가 좌우되며, 지원단은 지점장 진용에 따라 성과가 달라진다. 크든 작든 조직의 리더에게는 조직을 만들고 단위조직의 운영자를 결정하는 것이 가장 큰 일이다. 회사는 사원을 채용하지만 사원에 의해 회사의 운명이 좌우된다.

요즘 뉴스를 보면 기업은 쓸 사람이 없고, 취업하고자 하는 사람은 다닐 회사가 없다고 말한다. 이 말은 회사의 성과 창출에 기여할 역량 있는 사람은 입사하지 않고, 회사 발전에 도움이 되지 않을 사람이 입사하려고 줄을 섰다는 것이다.

성장은 인재로부터 출발

중국 고사에 왕이 인재를 구한다고 널리 방을 붙였다. 몰려든 사람들을 대상으로 면접을 보니 이론이 밝으면 실무가 약하고 문(文)이 좋으면 무(武)가 약했다. 모두 불합격 처리하고 유능한 인재가 오기를 기다렸으나 응시자가 없었다. 얼마 후 스스로 인재라고 하는 사람이 나타났는데 기쁜 마음에 만나보니 다리는 절고 눈은 애꾸였다. 왕이 실망하자 면접자는 이렇게 말한다.

"그동안 유능한 인재들이 모두 떨어졌다는 소문에 아무도 지원하지 않습니다. 제가 부족한 것은 누구나 아는 사실입니다. 저를 합격시켜 후하게 대접한다면 유능한 인재들이 몰려들 것입니다."

왕은 그 사람을 합격시켰고 정성으로 일을 시키고, 후하게 대접했다. 그랬더니 과연 유능한 인재들이 몰려들었다.

작은 조직에 최고의 인재는 오지 않는다. 리더 스스로 실무를 잘 챙겨 성과를 내고 보람과 행복이 넘치는 조직을 만들면 유능한 인재가 찾아오기 시작한다.

삼성의 이건희 회장은 '인재 한 명이 10만 명을 먹여 살릴 수 있다'며 계열사 사장단에게 S급 인재는 전용기를 몰고 가서 파격적인 대우로 모셔오라고 했다. 1990년대 초만 해도 다른 회사 제품을 베끼는 3류 전자 회사에 지나지 않던 삼성전자는 전자 분야에서 리딩 컴퍼니로 도약을 꿈꿨다.

그 일환으로 반도체 분야의 유능한 인재를 미국에서 영입하려 했으나 불확실한 국내 상황 때문에 누구도 한국행을 선택하려고 하지 않았다. 삼성은 과감하게 연구소를 국내가 아닌 실리콘밸리에 세우고 인재를 영입한다. 이때 삼성실리콘밸리연구소에 스카우트된 인물이 현 황창규 KT 회장, 진대제 전 장관, 권오현 부회장이다. 당시 30대의 나이로 입사한 이들은 삼성전자에서 눈부신 활약을 펼쳤다.

인재를 한국으로 데려오기 어려워지자 인재가 있는 곳에 회사를 차리고 인재들이 일할 판을 벌인 삼성의 인재 욕심이 오늘의 삼성전자를 만든 원동력이 되었다. 삼성전자 윤종용 부회장은 한때 필립스전자와 현대전자를 전전했다. 이건희 회장은 현대전자에서 근무하던 40대 윤종용의 떡잎을 알아보고 매사추세츠공대로 유학을 보냈고, 그는 훗날 삼성을 세계적인 회사로 키운다.

비단 이건희 회장뿐 아니라 성공한 사업가들 곁에는 좋은 인재가 항상 있다. 그들은 수많은 사람 중에서 인재의 싹을 알아보는 눈이 탁월하고, 그 인재가 마음껏 재량을 발휘하도록 도와줌으로써 최고 기업을 만들었다.

가까운 사람을 기쁘게 하라

잘나가는 지점도 무능한 지점장이 부임하면 얼마 가지 않아 소형 지점으로 전락하며, 통폐합 직전의 지점도 역량 있는 지점장이 부임하면 대형 지점으로 성장한다.

인재를 모으기 위해 리더가 명심해야 할 격언이 있다. '근자열원자래(近者悅 遠者來)', 가까운 사람을 기쁘게 하면 멀리 있는 사람이 온다는 이 말은 리더가 어떻게 사람을 관리해야 하는지를 잘 보여준다.

가까이 있는 사람을 소중히 여기지 않고, 외부 리크루팅에 매달려봤자 조직은 크지 않고, 결국 옆에 있는 사람들이 떠난다. 함께 있는 사람을 성공시키지 못하는 리더에게 좋은 인재가 찾아올 리 없다.

고객을 대할 때도 마찬가지다. 교보생명을 창립한 신용호 전 회장은 기계약자 봉사를 신계약에 우선하라고 강조했다. 기존 계약자에게 잘하면 자연스럽게 추가 계약과 소개가 이루어지고, 잘 아는 사람, 가까운 사람들에게 신뢰받는 게 중요하며 함께 일하는 사람들을 정성으로 도와주어 성공시켜야 모든 사업이 성공한다는 뜻이다. 이것은 진리다.

지점장 시절 설계사들의 전문직 단체와 제휴를 하고 일하는 방법을 연구하여 고액 계약을 많이 할 수 있는 방법을 가르쳐 돈 잘 버는 지점을 만들었더니 입사하겠다는 사람이 많아서 엄격한 면접 절차를 거쳐 선발할 수 있었다. 그 후 나는 함께 일하는 사람들이 더 많은 성과를 창출하는 시스템을 만들기 위해 노력했고, 그 덕분에 지점에는 억대 연봉의 설계자가 20명이 넘고, 평균 연봉 500만 원이 넘는 풍요로운 지점이 되었다.

인재 탐색

인재 탐색이란 질문과 경청으로 인재에 대해 알아가는 과정이고, 교육이란 우리 회사는 어떤 회사이고, 함께 일한다면 어떤 미래가 창조될 것인지 알려주는 것이다.

스티브 잡스는 1983년 마케팅의 필요성을 느끼고 당시 코카콜라를 제치고 펩시콜라를 1위로 성장시킨 마케팅의 달인 펩시콜라 회장 존 스컬리(John Scully)에게 제안한다.

"당신은 설탕물을 팔며 여생을 보내길 원하십니까? 나와 함께 세상을 바꾸겠습니까?"

스티브 잡스는 아이폰을 만드는 데만 집중한 것이 아니라 애플사의 CEO로서 각 분야의 유능한 인재를 모셔 와서 세계 최고의 기업을 만들었다.

나는 교보생명에 근무하면서 매년 리크루팅을 했다. 지점장 때는 지점 인원의 70% 이상을 직접 리크루팅하였고, 본사에서 근무할 때도 매년 인재를 입사시켰지만 돈으로 리크루팅한 적은 없다. 돈을 보고 입사하는 사람은 언제든 더 많은 돈을 주는 곳으로 떠난다. 회사를 알려주고 내가 신념을 갖고 일하는 모습을 보여주면서 700여 명을 입사시켰고, 현재까지 근무하는 사람들만 200여 명이 된다. 어떤 사람은 만난 지 3년 만에 입사한 분도 있고, 아직도 입사를 고민하는 사람도 있지만 나는 좋은 사람들과 인연의 끈을 놓지 않으려고 노력하고 있다.

최고 인재를 뽑고 싶으면 소득, 연봉, 근무 조건도 중요하지만 리더 스스로 지금 하는 일이 세상에서 가장 가치 있는 일이라는 신념의 화신이 되어야 한다. 리더의 신념만큼 인재가 모인다. 큰 교회와 작은 교회의 차이는 목사님이 사용하는 성경책이 아니라 신념의 차이일 것이다. 큰 사찰과 작은 암자의 차이도 스님이 사용하는 불경이 아니라 신념의 차이일 것이다.

사후 세계를 믿지 않는 성직자가 아무리 설교를 잘한다고 하더라도 신도는 늘지 않는다. 성직자가 가진 신념의 크기만큼 신도가 모인다. 리더가 그 일에 대해 가지는 소명의식, 사명감, 신념의 크기에 따라 인재가 모인다.

인재에 윙크하라

한고조 유방은 천하를 통일한 후 신하들에게 천하 최고 장수인 항우의 실패와 유방의 성공을 연구하여 발표하도록 했다. 결론은 다음과 같다.

"나는 전략에 있어서는 장량만 못하고, 국내 정치에 있어서는 소하만 못하고, 전쟁에 있어서는 한신만 못하다. 그러나 나는 이러한 유능한 인재들이 나와 함께 능력을 발휘하도록 도왔다.

반면에 나보다 모든 면에서 월등한 능력을 소유한 항우는 범증이라는 걸물조차 제대로 쓰지 못해 나에게 무너졌고, 나는 천하를 통

일할 수 있었다."

그렇다. 유방은 인재들이 재능을 마음껏 발휘할 수 있도록 도와줌으로써 천하를 얻을 수 있었다.

세종 대 문신인 강희맹은 과거 답안에 '세상에 완전한 사람은 없다. 그 사람의 결점이나 허물만 지적한다면, 아무리 유능한 사람이라도 쓸 수 없다. 따라서 어떤 인물을 기용함에 있어, 그의 단점은 버리고 장점을 취하는 것이 인재를 구하는 기본 원칙인데, 이렇게 하면 탐욕스러운 사람이든 청렴한 사람이든 적합한 자리에 기용해 키워서 부릴 수가 있다'고 하여 장원급제를 하였고, 세종은 재임하는 기간 동안 기단녹장(棄短錄長)의 인사를 하여 재주 있는 모든 사람으로 하여금 조선을 위해 일하게 했다.

GE의 크로톤 빌 연수원 학장인 스티븐 커(Steven Kerr) 역시 "리더는 인재를 알아보고, 소중하게 모셔야 한다. 뛰어난 인재에게 허드렛일을 시키거나, 일일이 간섭하거나, 사람을 시켜 모니터링하며 의심한다면 인재는 조직을 떠난다. 우수한 인재를 화나게 하지 마라. 왜냐하면 인재가 회사 성과의 대부분을 만들어내고, 그들을 화나게 하면 조직을 떠나기 때문이다"라고 말했다.

단점 지적 vs 장점 칭찬

지원단장 시절 2명의 과장에게 골프클럽을 사주고, 연습장에서 훈련을 시켰다.

처음에는 둘 다 골프 세계에 입문한 것을 기뻐했다. 문 과장은 틈만 나면 연습장을 들락거렸고 골프 이야기에 신나 했다. 반면 이 과장은 골프에 흥미가 없었다. 한 달 후 연습하는 것을 지켜보면서 놀라운 사실을 발견했다.

문 과장의 코치는 끊임없이 긍정적인 신호를 보내면서 훈련을 시켰다.

"프로로 입문하세요. 한 달 만에 이런 스윙을 한다는 건 자질을 타고난 겁니다."

"바로 그겁니다. 대단하세요."

"폼을 이렇게 해보세요. 역시 멋있습니다."

반면 이 과장의 코치는 쉴 새 없이 야단을 치고 있었다.

"젊은 사람이 그게 뭡니까?"

"그게 아니라니까요. 운동신경이 이렇게 없어서야⋯⋯."

"답답하네요. 오늘은 이 동작만 계속하세요."

결국 이 과장은 골프 배우기를 포기했고, 문 과장은 신나게 골프를 즐겼다.

조직에서도 마찬가지다. 직원은 상사가 싫으면 돈을 주어도, 함께 일하기 싫어진다. 사원들을 존중하고, 사원들의 작은 성공에 감동해줌으로써 그를 스스로 춤추게 만들어야 한다.

초임자 양성법

상위관리자는 새로운 업무를 맡은 사람에게 친절한 코칭을 해야 한다. 신입 설계사가 입사하여 연고 고객과 계약할 때 매니저가 수

수방관하고 있으면 신입 설계사는 낙오할 수 있다.

단장들이 신임 지점장에게 일을 믿고 맡기다가 설계사와 지점장 간에 갈등과 불신이 생긴 이후에 개입하면 원상회복하는 데 오랜 시간이 걸린다.

나는 설계사가 입사하든 지점장이 새로 부임하든 모두 철저하고 혹독하게 훈련시켰다. 군대에서 장교든 병사든 처음 입대하면 엄격함 속에 훈련으로 사회의 물이 완전히 빠지고 진정한 군인으로 탄생한다. 초임 장교의 훈련은 한국이나 미국 육사도 속칭 애니멀 트레이닝(Animal Training)이라고 할 정도로 가혹하다. 혹독한 훈련을 통해 어느 정도 군인으로서 자세가 나오면 그제서야 하나둘씩 자율권이 주어진다. 신임 설계사나 지점장들도 처음에 엄격히 통제하여 일하는 자세가 잡혔을 때 조금씩 자율권을 주는 것이 상생의 길이다.

유능한 리더는 보통 사원에게서 최고의 성과를 창출하는 사람이다. 지점장 시절 사원들의 단점을 덮어주고, 장점을 키워주려고 노력했다. 사원들이 흉을 보면 맞장구치지 않고 오히려 그 사원의 장점을 이야기했다.

"P씨는 매너가 없어요."

"그래요? 내가 보기에는 진실하고 순수한 사람이에요."

"D씨는 술 마시면 출근을 안 해요."

"그래요. 그래도 계약은 매월 잘하고 유지율도 좋아요."

그들을 믿고, 모든 사원들의 좋은 면을 계속해서 부각시키다 보니 사원들 사이에서도 서로의 장점을 칭찬하는 문화가 생기고, 다른 사원을 홍보는 사람들은 줄어들었다.

나와 함께 일하는 사원들이 가장 멋지다는 생각에 다른 사람을 만나면 자랑하고 다녔다. 시간이 지나자 다른 지점장들은 나를 부러워했다. 본인과 함께 일하는 설계사들은 우리 지점에 못 미친다고 생각했던 모양이다.

리더는 나와 다르다고 미워하지 말고 다름을 인정하고 공생의 길을 찾아야 한다. 현재 사회생활을 하고 있는 사람들은 학교에서 최소한 12년 이상 선생님으로부터 가르침을 받았고, 태어나면서부터 부모님으로부터 가르침을 받은 사람들이다. 부모님이나 선생님이 못 바꾼 습관을 상사가 바꾸려고 하는 건 어리석은 시도다. 단점을 고치려고 노력하기보다 그 사람이 가지고 있는 장점을 길러줘야 한다.

윗자리에 있으면서 아랫사람을 무시하지 말고, 아랫자리에 있으면서 윗사람을 끌어내리지 않아야 팀워크가 생긴다. 오직 선과 악을 스승 삼아 자신을 바르게 하고, 다른 사람을 원망하지 않아야 많은 동지를 얻을 수 있다.

사랑하는 사람들은 서로 한쪽 눈을 감고 윙크를 한다. 윙크는 나는 당신의 단점에 눈감고 장점을 크게 보겠다는 맹세라고 한다. 함께 일하는 사람들과 행복하게 살고 싶다면 인재에게 윙크하라. 좋은 리더십은 사람들이 스스로 신나서 리더가 원하는 일을 하도록 하는 것이다.

충성의 대상

　국가에 충성할 것인가? 대통령에게 충성할 것인가? 국가에 충성하는 사람은 대통령에게 직언하고, 그런 사람을 중용하는 시대는 강한 국가를 탄생시켰다. 반면 대통령에게 아첨하는 사람을 중용하는 시대는 약한 국가가 되거나 망했다.

　고려 말 이인임은 우왕의 골치 아픈 일은 잘 처리하며 왕실을 보호하는 정책을 펼치면서 민생을 외면한다. 외적의 침입과 백성의 굶주림은 안중에도 없었다. 민심은 백성을 돌보지 않는 고려왕국을 외면하고, 백성을 위한 민본정치를 하겠다는 이성계를 통해 조선이라는 새로운 세상을 연다.

　영화 〈명량〉에 보면 이순신의 아들은 이렇게 말한다.

　"현재 수군으로는 도저히 적을 막아낼 수 없습니다. 몸이 아프다고 하고 고향으로 가서 몸을 돌보십시오. 이번 전쟁에서 이겨도 왕은 아버지를 인정하지 않을 것입니다. 아버지를 죽이려 했던 왕이 아닙니까?"

　"무릇 장수된 자의 의리는 충(忠)을 좇아야 하고 충은 백성을 향해야 한다. 백성이 있어야 나라가 있고, 나라가 있어야 임금이 있다."

　"백성들은 돌보아줘도 자기 살길만 찾는 데도요."

　이순신은 아무 말 없이 일어나 그 자리를 피하지만 위기의 순간에 이순신을 구한 것은 왕이 아니라 백성들이었다.

　CEO가 고객과 사원을 돌보지 않고, 주주 이익만을 위해 일할 때 사원들의 로열티를 기대할 수 없다. 결국 유능한 사원과 단골 고객이 떠나게 되고, 회사는 망하게 된다.

주주의 이익만 추구하는 기업이 망하지 않으면 거래하는 고객이 피해를 보고, 사원들은 겨우 먹고살고, 주주만 살찌우다 한 방에 세월호처럼 망하여 사회에 큰 해악을 끼친다.

유능한 경영자는 단기적인 주주 이익보다 고객 가치 창조, 사원 가치 창조를 위해 일함으로써 기업 가치를 높여 5,000원짜리 주식을 10만 원으로 만들어 회사를 보호한다.

2006년 ○○생명은 보험 본연의 목적보다 보험금 수령을 목적으로 위험한 직업이나 건강 상태를 정확하게 알리지 않는 불량 고객들 때문에 언더라이팅을 강화시켰다. 계약 성립과 거절의 경계선에 있는 고객들은 모두 반송되어 영업 현장은 아수라장이었다.

설계사들은 회사에서 반송된 고객을 경쟁사에 가져다주고, 수수료의 일정 부분만 돌려받으니 회사를 옮기겠다고 난리였다. CEO 주재로 임원 회의가 있었고, 분임 토의 후 조별로 발표가 이어졌다.

1, 2, 3조는 모두 "정말 옳은 조치다", "더욱 강화해야 한다"라고 발표했다. 하지만 마지막 발표자로 나선 나는 다음과 같이 말했다.

"언더라이팅을 정교하게 하자는 원칙에 동의합니다. 그러나 우리 회사에서 반송된 계약이 경쟁사에서는 성립되고, 설계사들이 계약을 경쟁사에 가져다주고 수수료의 일부를 돌려받다가 회사를 떠나고 있습니다. 고객이 떠나고 설계사가 떠나면 보험회사는 망합니다. 따라서 이번 조치는 재검토되어야 합니다."

회의장에는 찬바람이 돌았고, 열띤 격론이 벌어졌고, 서로 한 치의 양보도 없었다. 화가 난 CEO는 자리를 박차고 나가면서 말했다.

"내일 10시에 다시 이야기합시다."

다음 날 나는 사표를 써서 가슴에 넣고 회의에 참석했다. 만약 CEO가 의견을 받아들이지 않으면 미련 없이 사표를 내고 그만둘 생각이었다. 그날 ○○생명 CEO는 임원 회의에 참석해 말했다.

"어제 박상무의 말이 일리가 있습니다. 영업 현장이 상당한 경각심을 불러일으키고 있으니 완화 조치를 시행하고 제도를 정교하게 하도록 합시다."

기업의 임원들은 본인이 맡은 분야에 대해 책임감을 가지고 소신 있게 일해야 한다. 자신이 속한 조직의 발전을 위하는 일과 조직이 위험에 처했을 때 사심을 버리고, 소신 있게 발언하는 사람이 되어야 하고, 리더는 이런 사원을 보호해야 한다.

사람 관리는 단순히 상사가 부하를 관리하는 것만이 아니라 상하 좌우를 동시에 관리해야 한다. 조직에서 모든 사람은 리더이면서 팔로워다. 훌륭한 리더가 되고 싶다면 훌륭한 팔로워가 되어야 한다.

기업에서 진정한 충성은 사원들이 근무하고 싶은 회사를 만들고, 고객이 거래하고 싶은 회사를 만들어 기업 가치를 높임으로써 주주를 보호하는 것이다.

리더의 행복은 조직원과 고객이 함께 즐겁고 이익이 되는 행복한 세상을 만드는 데 있고, 소인배의 행복은 오직 개인의 즐거움과 이익을 추구하는 데 있다.

칭찬으로 키울 사람,
질책으로 키울 사람

이순신 장군은 군사들을 세심하게 살피고, 공이 있는 사람들을 가려내어 상을 주는 데 인색하지 않았다. 그러나 전쟁 중에 죽음이 두려워 탈영한 군인 33명을 처형시키며 문란한 군기를 바로 세워 23전 23승의 강한 군대를 만들었다.

강북 본부장 시절에 마감이 끝나면 목표를 달성한 지점장들에게 전화를 했다.

"어려운 상황에서도 사업 목표를 달성해줘서 고맙습니다. 지점장의 노력으로 고객님은 보장 자산으로 행복한 미래를 보장받았고, 설계사님은 삶의 질이 좋아졌고, 회사는 발전하고, 대한민국은 살기 좋은 나라가 됩니다."

어떤 날은 전화만 열 시간을 한 적도 있었다. 전화 한 통이 과연 무슨 힘이 될까 싶지만 지점장들은 자신감이 넘쳤다.

"전화 한 통에 한 달 동안 받은 스트레스와 피로가 다 날아가는 것 같았습니다."

설계사들에게 매월 격려 문자를 보낸 적도 있다.

'고객님에게 만들어드린 보장 자산은 고객의 미래 행복을 지켜줄 것입니다. 당신은 힘든 환경 속에서도 대한민국의 행복한 미래를 만드는 위대한 일을 했습니다. 존경합니다.'

어떤 설계사는 그 문자를 보고 한 달간의 고생을 보상받는 것 같다며 울음을 터뜨렸다.

"본부장님, 문자를 오래도록 보고 있었습니다. 그동안 제가 하는 일에 확신이 없었는데 그 문자를 보고 제가 정말 중요한 일을 한다는 자부심이 생겼습니다."

사람은 자신이 인정받는다고 느낄 때 가장 큰 힘을 발휘한다.

마라톤보다 단거리 경주

지점장 시절부터 매월 상을 많이 받았지만 의례적으로 주어지는 똑같은 모양에 똑같은 문구의 상패는 보관할 필요가 없어 모두 버렸다. 본부장 시절 성과 우수자에게 아크릴 상패가 아니라 천마총 왕관, 거북선, 금관총 왕관 등 다양한 상패를 주었더니 친구나 가족에게 보여주며 자부심을 느끼고, 주변에서는 그것을 부러워했다.

목표 달성에 대한 보상도 중요하지만 자신이 한 일의 가치를 인정받을 때, 사원들은 존재감을 느끼고, 일에 더욱 몰입하는 힘을 얻는다.

리더가 사원들을 끊임없이 긴장 상태로 몰아넣는 것도 중요하지만 작은 성공에도 적절한 인정과 보상을 제공해야 지속 성장이 가능하다. 작은 성공을 인정하고 보상하면 1년 사업계획이 마라톤이 아니라 단거리 경주의 연속이 되어 스피드하게 일하게 된다.

리더는 바로 밑에 있는 부하에게 엄하고 사원들에게 인자해야 한다. 군대에서 장군은 대령들에게 엄하지만 병사들에게 항상 자애로운 미소를 보낸다. 장군이 병사들을 보고 야단친다면 조직 질서가 무너질 수 있다. 임원들은 부장들의 작은 실수도 그냥 넘어가지 말고 엄하게 대해야 하지만 사원들의 실수는 이해하고 가르치고 기회를 줘야 한다.

조직이 대형화되려면 무엇보다 기강 확립이 필요하다. 자동차는 가속페달을 밟으면 가고, 브레이크를 밟으면 멈춰야 한다. 가속페달과 브레이크가 작동하지 않는 자동차가 있다면 그것은 살인 무기가 될 수 있다. 리더가 독려해도 사원들이 긴장 속에 몰입하지 않고, 하지 말라는 것을 하는 기강이 서 있지 않은 조직은 파산한다. 리더가 칭찬과 질책을 통해 기강을 세워야 조직은 지속 성장할 수 있다.

49:51의 법칙

영업사원과 고객, 사원과 관리자의 이상적인 관계는 존경이다. 단호하게 말할 수 있는 것은 어떤 경우에도 리더는 존경받아야 한다. 존경과 사랑에는 차이가 있다. 사랑은 내가 상대방을 좋아하는 것이다. 내가 좋아하는 마음이 없어지면 사랑은 식은 것이다. 존경은 좋아하는 마음과 두려운 마음이 49:51로 교차하는 것이다. 내가 좋아하지만, 내가 실수하거나 잘못하면 상대방으로부터 질책받거나 버림받을 수도 있다는 긴장이 유지되는 관계가 존경이다.

유능한 보험설계사는 고객에게 다양한 이익과 가치를 제공하여 고객으로부터 존경을 받는다. 유능한 지점장은 많은 연구를 통해 필요한 정보와 지식을 제공하고, 고객을 직접 만나 신뢰를 구축하여 보험설계사의 존경을 받지만, 보통 지점장들은 보험설계사가 다른 곳으로 간다고 할까봐 쩔쩔매며 비위를 맞추지만 설계사들은 함께 근무하고 싶어 하지 않는다. 유능한 영업사원은 고객이 나와 거래하지 않으면 손해 보는 상황을 만들어야 한다.

고객에게 존경받는 기업이 되기 위해서는 고객의 삶을 향상시켜 줄 수 있어야 한다. 고객의 삶의 질을 향상시키는 가치를 제공할 수 있으면 존경받는 영업사원이 될 수 있다. 꿀이 있는 꽃은 시궁창에 피어 있거나 낭떠러지에 있어도 벌이 찾아오기 마련이지만 꽃에 꿀이 없으면 꽃이 벌집 앞에 피어 있어도 벌이 쳐다보지 않는다.

존경받는 리더가 되기 위해서는 사원에게 줄 꿀을 가지고 있어야 하고, 말을 듣지 않으면 손해를 줄 수 있는 힘도 동시에 갖고 있어야 조직의 기강을 세울 수 있다.

미안한 마음을 갖게 하라

부모가 자식을 낳아 먹여주고, 입혀주고, 재워주었다고 해서 모두 효자가 되지는 않는다. 아이들 입장에서 보면 다른 부모들도 그 정도는 해주기 때문이다. 엄한 질책에도 자식이 잘되길 바라는 진정한 마음이 전해질 때 효도할 마음이 생긴다.

사원을 채용하여 일을 가르치고, 월급을 준다고 해서 회사에 충성하는 것은 아니다. 사원들은 '다른 회사에 입사했더라면 더 좋은 대우를 받을 수 있었을 텐데'라는 미련을 갖고 있다. 열심히 가르치면 존경하는 사원도 있지만 다른 상사를 만났다면 더 훌륭한 코칭을 받았을 거라고 생각할 수도 있다.

조직을 성장시키고, 사원들의 마음을 얻으려면 배려심을 가져야 한다.《배려》라는 책을 보면 깜깜한 밤에 눈이 보이지 않는 사람이 등불을 들고 길을 걷는 장면이 나온다. 앞을 못 보면서 등불을 든 것을 보고, 지나가던 청년이 이유를 묻는다.

"앞이 보이지 않는데 왜 등불을 드셨어요?"

"나는 환한 낮이나 어두운 밤이나 똑같습니다. 이 지팡이 하나면 어디든지 갈 수 있습니다. 눈이 보이는 사람들은 낮에는 잘 다니는데 밤에 넘어지더군요. 앞을 보는 사람이 넘어지지 말라고 등불을 들었습니다."

배려란 잘나갈 때 나보다 못한 사람에게 주는 적선이 아니라 상대방이 잘되기를 바라는 마음에서 베푸는 넓은 마음이다. 리더가 사원의 이야기를 즐겁게 듣고 지지하며, 자신의 이익이 아니라 사원들의 성장을 위해 노력할 때 신뢰가 생긴다. 리더에게 조금 빚진, 미안한 마음을 가지게 해야 사원의 충성심이 생기고 큰 성과를 내는 대형 조직이 될 수 있다.

주고받는 아름다운 사회

정성을 다해 도움을 주어 성공하게 해줬더니 도움을 잊고 자기가 잘나서 성공했다는 사람을 보면 더 이상 도와주고 싶은 생각이 없어진다. 그런 사람은 악취를 풍기는 사람이다. 어떤 고성과 설계사가 지점장에게 물질적인 지원을 강하게 요청하고 지점장은 돈밖에 모르는 사람이라고 서로 흉보는 경우를 본다. 설계사나 지점장이나 모두 잘못된 경우라고 생각한다.

지원단장 시절 연간 설계사 평가에서 최고의 상을 받은 Y씨가 단장실로 찾아왔다.

"단장님, 이 부탁은 꼭 들어주세요."

"뭔데요? 말씀하세요. 반드시 들어드리겠습니다."

그녀는 환하게 웃으며 핸드백에서 봉투를 꺼내 내게 주었다.

"이게 뭐지요?"

"이번에 회사에서 받은 상금입니다."

"아니, 이걸 왜 저에게 주시나요?"

"저는 상을 받아 정말 기쁩니다. 생각해보니 제가 이렇게 큰 상을 받은 것은 단장님을 만나 가르침을 받은 덕분입니다. 그래서 상금을 가져왔습니다. 지원단을 위해 써주시기 바랍니다."

"아하, 그렇군요. 고맙습니다. 잘 쓰겠습니다."

우리는 즐겁게 1년을 회고하며 행복한 시간을 보냈다. 나는 내 지갑에서 10만 원을 꺼내 그 봉투에 담아 그 훌륭한 설계사에게 드렸는데 그녀는 받지 않으려고 했다.

"좀 전에 설계사님께서는 저의 도움에 감사하는 표시로 1,000만 원을 제게 주셨고 저는 흔쾌히 받았습니다. 이 돈은 우리 지원단을 빛내주신 것에 대한 격려금 1,010만 원입니다."

"아니, 이러시면 안 됩니다."

"설계사님이 주신 감사의 돈을 단장이 흔쾌히 받았는데, 단장이 주는 격려금을 안 받는다는 것은 말이 안 되는 것입니다. 받으세요."

"네, 알겠습니다. 감사합니다."

도움을 받았으면 감사할 줄 아는 사람은 향기로운 사람이다. 리더는 그런 사람을 정성으로 키워야 한다. 그분은 지금도 모범적으로 일하며 모든 사람의 사랑과 존경을 받고 있다.

사소한 이익 vs 모두를 위한 대의

지점장이 설계사를 대상으로 이익을 보려고 계산하는 순간 설계사들은 모두 개인의 이익을 챙기기 시작한다. 반면 지점장이 설계사들의 성공을 위해 헌신하는 자세로 일할 때 지점장을 중심으로 단결된 모습을 보인다.

경영자가 사원과의 관계에서 계산하면 일시적인 이익을 볼지는 몰라도 사원들의 애사심이 떨어진다. 애사심 없는 사원이 근무하는 회사가 지속적으로 성장하는 경우를 본 적은 없다. 사원들에게 충성을 얻고 싶으면 진심으로 사원을 사랑하고 그들이 회사에 미안한 마음이 들거나 고마워하게 만들면 된다.

리더가 사소한 것에 리더의 품격을 걸면 리더는 모든 것을 잃는다. 고객과의 관계도 똑같은 이치다. 고객의 로열티를 얻고 싶으면 고객을 대상으로 이익을 챙기려 하지 말고, 고객에게 최고의 가치를 제공하는 회사가 되기 위해 노력하면 된다. 고객은 같은 비용을 지불하고 높은 가치를 얻는다고 생각하면 단골이 될 것이다.

지점장 시절, 동료들은 내게 물었다.

"박 지점장은 왜 설계사나 여사원을 대할 때는 단장이나 본부장

대하듯이 깍듯하고, 단장이나 본부장은 사원 대하듯이 합니까?"

지점을 시작할 때 여사원도 설계사도 없이 직접 한 명 한 명 리크루팅하여 지점을 만들었다. 계약을 하고 나면 우리 지점에 여사원이 없어서 다른 지점 여사원에게 컴퓨터 입력을 부탁해야 하는 형편이었다. 행여나 다른 지점 여사원이 까칠하게 굴면 이러지도 저러지도 못하고 꽤 마음고생을 했다. 그러다가 지점에 여사원이 배치되었을 때 천군만마를 얻은 기분이었다.

여사원도 설계사도 한 명 없이 홀로 지점을 운영하며 힘들었던 기억 때문에 그 시절 이후로 나는 설계사들을 공손하게 대했다. 우리 지점에는 설계사로 일하는 군대·학교 선배들이 많았는데, 난 그들과 격의 없이 지냈다.

"박 지점장, 술 한 잔만 따라라."

"예, 선배님! 한 잔 받으십시오."

우리 지점 회식을 보면 누가 지점장이고 누가 설계사인지 구분이 가지 않았지만 좋은 팀워크를 유지했고, 그런 일로 지점장의 권위는 떨어지지 않았다.

나는 인간적으로는 사원들에게 양보를 많이 했지만 일의 목표에 대해서는 절대 양보하지 않았다. 지점장 시절 아침 조회를 8시에 했는데 지각하는 사람들이 있었다.

"8시 출근은 우리 모두가 정한 규칙인데 지키지 않는 사람이 있어서 안타깝습니다. 내일부터 지각하는 사람이 있으면 조회를 6시에 하겠습니다."

'설마' 했는지 또 지각하는 사람이 생겼다.

"약속한 대로 내일 조회는 남산타워에서 6시에 하겠습니다. 또 전원 정시 출근할 때까지 30분씩 앞당기겠습니다."

1월 새벽의 남산은 엄청 추웠다. 우리는 남산타워 앞에서 사가를 부르고 조회를 했다. 조회는 30분씩 계속 앞당겨졌고, 4시가 되었을 때 전원이 정시에 참석했다.

그런 일이 있은 후 사원들은 나를 일사불란하게 따라주었다. 리더가 하자는 것을 따르지 않는 사람을 그냥 두면 조직 기강이 제대로 서지 않는다. 조직이 대형화되려면 일에서는 엄격하게 대하고, 사적으로는 너무 멀지도 가깝지도 않은 편안한 관계를 유지해야 한다.

리더가 사원들이 기여한 것 이상을 인정해주고, 더 크게 보상해주지 못하는 것을 안타까워하고, 사원들의 성장을 위한 교육 및 성공 기회를 제공하고, 시장을 개척하여 일거리를 제공하고, 성과를 정확하게 인정하고 보상해준다면 리더를 교주처럼 믿는 조직이 된다.

리더는 사원들에게 작은 것은 져줄 때 충성심을 얻는다. 일에서 엄격함을 요구하되 인간적으로 사원들의 말에 귀를 기울여 듣고, 실수하면 잘못을 인정하고, 사과하고, 재발 방지를 약속할 줄 알고, 사원들의 실수를 눈감아주어 함께 하는 사람의 자존감을 세워줄 때 리더 곁에 사람이 모인다. 그러나 조직을 대형화하려면 조직이 지향해야 할 비전이 명확해야 하고, 조직이 유지되기 위해 지켜야 할 핵심 가치를 지키지 않는 조직원에 대하여 엄격한 기강 확립이 필요하다.

갈등 관리

인류 역사 이래 인간사회는 갈등의 연속이었다. 가깝게는 부모 자식 간, 회사 내 부서 간, 경쟁사 간, 여당과 야당 간, 국가 간에 갈등이 없는 역사는 단 하루도 없었다. 어쩌면 인간은 갈등을 스스로 만들고 해결하는 재미로 살아가는 갈등의 동물인지도 모른다.

사원들은 회사를 보고 입사하여 상사를 보고 퇴사한다. 좋은 회사라고 판단해서 입사하지만 직속 상사와 맞지 않으면 그만두게 되는 것이다. 사원들 간 발생하는 갈등은 비용을 투자하여 양성한 인재를 잃는 주요 원인이다.

갈등(葛藤)은 칡덩굴 갈(葛) 자에 등나무 등(藤) 자로 구성되어 있다. 칡덩굴과 등나무는 어린 새싹인 상태는 부드럽지만 시간이 지나면 나무처럼 딱딱해진다. 칡덩굴과 등나무가 얽히면 풀기 어려우므로 굳기 전에 풀어야 한다. 작은 불씨도 그냥 두면 큰 불이 되어 산을 태운다. 사원들 간 다툼이 있으면 방치하지 말고 조기에 해결해야 한다.

지원단장 시절 젊은 사원들이 회식하다가 술을 마시고 평소 감정이 좋지 않은 상황에서 말다툼이 시작되었고, 결국은 주먹다짐과 병을 깨서 휘두르는 사건이 발생하여 경찰까지 출동했다. 나는 모든 사원들의 진술서를 받았다. 서로 자기가 잘했고 상대방을 처벌해주고, 본인은 회사에 근무하고 싶다는 내용이었다. 한쪽 편을 들면 지점은 반토막이 나는 상황이었다. 나는 모든 사원을 모아놓고 큰절을 한 후 말을 시작했다.

"이 사건의 모든 책임은 저에게 있습니다. 보험회사의 기본 정신은 더불어 사는 것입니다. 보험 계약자는 본인이 낸 돈의 이자를 다 받을 수는 없지만 불행한 일을 당한 사람이 내가 낸 돈으로 보장을 받는다는 더불어 사는 정신으로 보험을 가입합니다. 내가 낸 돈의 이자를 모두 받고, 보장도 받아야겠다는 욕심쟁이는 계약자도 될 수 없습니다.

보험회사에 근무하는 사람은 돈을 많이 벌어야겠다는 생각보다 고객에게 최고의 보장과 서비스를 제공하겠다는 고객과 더불어 사는 정신, 동료를 위하는 정신이 있어야 합니다. 그러나 이 지점은 불행하게도 더불어 사는 마음이 없는 지점으로 판명되었습니다. 참으로 안타까운 일입니다."

사건에 연루된 사람을 한 명 한 명 이름을 불러 모두 해촉이라 발표하고, 지점장은 책임을 물어 사규 절차에 따라 사표 처리할 것이고, 지점은 해체하겠다고 발표했다.

지점 사람들은 웅성거렸다. 오후가 되자 지점의 대표 사원들이 단장실로 몰려왔다. 사원들이 모두 화해하고 일치단결해서 일하기로 했으니 용서해달라는 거였다. '비온 뒤에 땅이 굳어진다'고 앞으로 모두 뭉쳐서 일하겠다는 서면 약속을 받고 모든 사원을 용서했다. 덕분에 한 명도 낙오시키지 않고 지점을 살릴 수 있었다.

갈등 발생 시 상위관리자가 한쪽 편을 들어주면 조직은 반토막이 난다. 신중하게 판단하여 둘 다 살릴 방안을 찾아야 한다. 인재

유출은 회사의 중요한 자산을 도난당하거나 사옥에 불이 나는 것보다 더 큰 손해를 끼치기 때문이다.

갈등을 방지하려면 사원 간의 경쟁 문화를 없애야 한다. 사원들이 각자 목표를 세우고, 자신의 목표 달성에 모든 에너지를 쏟아붓도록 하고, 회사 내에서 순위를 다투지 말고, 시장에 나가 고객과 경쟁하는 문화를 만들어야 한다. 비즈니스 세계에서 진정한 경쟁은 고객의 문제 해결 방법을 찾아 제공하는 경쟁사와의 경쟁이다.

작은 강아지는 작은 위협에도 온 동네가 떠나가도록 짖지만 누구도 두려워하지 않는다. 그러나 진돗개나 셰퍼드는 아무 때나 짖지 않지만 한 번 짖으면 두렵다. 동물원에 가면 호랑이나 사자는 사람을 보고도 일일이 대응하지 않는다. 그렇다고 그냥 침을 흘리며 졸고 있는 맹수들을 누구도 함부로 하지도 않는다. 약한 자일수록 시끄럽고 강한 자일수록 점잖다. 길을 가다 강아지가 시끄럽게 짖는다고 왜 짖느냐고 따지면 강아지 같은 사람이 된다.

일하다가 목표 달성에 큰 문제가 없는 사소한 문제는 의연하게 넘어가는 지혜가 필요하다. 리더가 개인적으로 이익을 취하려는 조직에 갈등이 많이 생긴다. 리더가 이익을 추구할 때 조직원들이 각자의 이익을 추구하다 보니 갈등과 분열이 시작되고, 리더가 대의와 정의를 추구할 때 조직은 화합하고 성장한다.

보랏빛 소가 되자

캐나다 밴쿠버에서 토론토로 가는 길에 목장이 보였다. 끝없이 펼쳐진 목초지에 수많은 소들이 한가롭게 풀을 뜯고 있었다. 한참을 바라보다 지겨워 잠들었다 다시 깨어보니 차는 아직도 그 목장을 달리고 있었다. 세스 고딘은 누런 소, 검은 소가 끝없이 이어지는 이런 광경을 보고 저 소들 중에 만약 보랏빛 소가 있다면 사람들은 신기하게 바라볼 것이라는 영감을 얻어 《보랏빛 소가 온다》를 썼다고 한다.

보통 사람들은 사무실 문을 열고 들어서는 영업사원을 단 3~4초 내에 '이 사람의 말을 들어볼 것인가 또는 핑계를 댈 것인가'를 판단하고, 마주앉아 이야기를 하는 3~4분 내에 '이 사람의 말을 끝까지 들어볼 것인가 또는 거절할 것인가'를 결정한다고 한다.

고객의 사무실에는 수많은 영업사원들이 방문할 것이고, 고객의 눈에는 보통 영업사원들이 누런 소, 검은 소로 보일 것이다. 고객의 눈에 보랏빛 소로 보이려면 어떻게 해야 할까? 자신만의 매력을 만들어야 한다. 첫인상을 나타내는 표정, 눈빛, 미소, 당당한 자세 등 외모일 수도 있고, 목소리일 수도 있고, 고객을 압도하는 논리일 수도 있다.

자신의 입장에서 고객이 내 말에 귀를 기울여주지 않고, 하자는 대로 하지 않는다고 속상해하지 말고 고객의 관점에서 스스로를 관찰하면 정답을 찾을 수 있다. 나는 고객의 움직이는 시선을 꼼짝 못하게 멈추게 하는 어떤 매력을 가지고 있을까?

첫인상: 바른 자세, 걸음걸이, 눈빛, 표정, 외모, 복장, 헤어스타일, 구두, 명함, 제스처

청각적 요소: 매력적인 목소리, 경청하는 자세, 상대방 말에 넣는 추임새

논리: 자료 준비, 고객 가치 창조, 고객 입장에서 논리 전개, 상품 설명, 명쾌한 거절 처리

감성관리: 선물, 편지, 이메일, SNS, 인적 네트워크, 스피치 기법, 공명정대한 자세, 호감을 주는 마음 씀씀이, 도와주는 자세

영업을 지속적으로 잘하는 사람들을 보면 자신만의 매력을 가지고 있다. 모든 고객에게 매력적으로 보일 필요는 없지만 나만의 매력을 강화할 필요가 있다. 보험을 싫어하는 사람을 만나면 보험의 가치를 정성을 다해 알려주면 되고, ○○생명을 싫어하는 사람을 만나면 좋은 회사라는 것을 정성을 다해 알려주면 된다. 공자는 활이 과녁을 벗어났을 때 그 이유를 자신에게서 찾아 성찰하고 훈련하는 사람은 군자이고, 바람 탓, 활 탓을 하면 소인배라고 했다. 나를 미워하는 고객을 미워하거나 피하지 말고, 그 고객이 좋아하는 사람이 되도록 나를 바꿔야 큰 비즈니스를 할 수 있다.

일 관리

일 관리
프로세스

기업에서 일을 잘한다는 것은 기업의 목표 달성에 맞는 프로세스를 만드는 것이다. 프로세스를 만든다는 것은 같은 행위를 하면 같은 결과가 나오도록 시스템화하는 것이다. 기업은 생물체와 같다. 사람은 간이나 폐 같은 어느 한 장기가 기능을 못하면 연쇄적으로 모든 장기가 나빠져서 결국 죽게 된다. 기업도 이와 마찬가지로 상품을 판매하고 서비스를 제공하는 프로세스 중 하나만 제 기능을 하지 못해도 성장할 수 없다.

일 관리란 CEO로부터 사원에 이르기까지 기업의 목표 달성을 위해 하나의 생각으로 일하도록 만들어 고객이 거래하고 싶은 조직을 만드는 것이다.

고객이 원하는 것을 제공하는 것이 고객 만족이고, 고객이 기대하는 이상의 가치를 제공하는 것은 고객 감동이다. 만족한 고객은 지속적으로 다른 만족을 요구하지만 감동한 고객은 충성심을 가지고 단골 고객이 된다. 고객을 감동시키려면 준비하고 준비하고 또 준비해야 한다.

고객 접점 프로세스를 지속적으로 개선하라

비행기를 운행할 때 이륙과 착륙이 가장 위험하듯 새로운 보직에서 일을 시작할 때, 가장 정교한 일 관리가 필요하다.

과장일 때 일 잘하는 사람이 부장이 되어서는 일을 못하는 경우가 있다. 상위 보직을 맡게 되면 일을 더 깊고 넓게 볼 수 있어야 한다. 승진이란 오래 근무한 대가로 받는 보상이 아니라 한 차원 높은 직무 수행으로 더욱 큰 성과를 내라는 기대에서 주어지는 것이다.

한 보직에 오래 근무하여 편안함을 느낄 때 내리막을 달리고 있음을 깨달아야 한다. 내가 편하게 안락함을 즐기는 순간 경쟁자는 쉬지 않고 달리며 더 빨라지고 더 강해진다.

매출이 떨어질 때 경기가 안 좋다고 시장 상황을 탓한다면 성장하기 어렵다. 경기가 안 좋다는 것은 상품과 서비스가 경쟁사에 뒤지거나 고객이 이미 우리의 논리를 모두 알고 있다는 것이다. 이럴 때는 리더가 직접 고객 접점에서 일어나는 프로세스를 두루 살펴야 한다.

나는 매출이 떨어지고 회복이 안 될 때 고객 접점에 있는 사원을 만난다. 그들에게 질문하고 경청하다 보면 많은 정보를 얻을 수 있기 때문이다.

"요즘 고객들이 주로 뭐라고 거절하나요?"

경쟁사에서 잘나가는 지점을 수소문하여 직접 방문해 그 회사 리더들과 이야기하면서 많은 것을 배울 수 있었다.

"잘하신다는 말을 듣고 한 수 배우러 왔습니다."

"리쿠르팅은 어떻게 하시나요?"

"고객 유치를 위해 특별히 하는 일은 무엇인가요?"

"주로 어떤 상품을 판매하시나요?"

때로는 우수 고객을 찾아 다른 회사에서 제공하는 정보를 파악하기도 하고, 생명보험사, 손해보험사뿐 아니라, 은행, 증권사를 방문하여 고객에게 어떤 가치를 어떤 방법으로 제공하는지 파악하면서 새로운 성장 방향을 찾을 수도 있었다.

한번은 대한빙상경기연맹 부회장을 지낸 전명규 교수가 스피드스케이팅 국가대표 감독으로 활약할 때 어떻게 세계대회에서 연속으로 금메달을 획득했는지 그 비결을 물어보았다.

"훈련시킬 때 목표를 높게 잡아야 합니다. 저는 선수들에게 우승 목표의 120% 수준으로 훈련을 시킵니다. 100%에 맞춰 훈련하면 경기 중 생기는 돌발 변수에 대처하지 못하지만 120% 높은 훈련을 시키면 실전에서 어떤 상황이 발생하더라도 100% 이상의 실력을 발휘합니다."

그는 덧붙여 이런 말도 했다.

"세계대회를 나가서 지난 대회 때 우승했던 전략을 그대로 사용하면 우승하지 못할 가능성이 높습니다. 한 번 사용해서 우승한 기술은 다른 선수들이 훈련해서 나올 것이 분명한데 같은 방법으로 실전에 임한다면 지는 것은 당연하지요. 계속 우승하고 싶다면 다른 전략을 짜야 합니다."

보험 업계도 업종을 뛰어넘어 은행, 증권사 등이 고객에게 제공하는 가치를 계속 연구하여, 차별화된 고객 감동을 끊임없이 제공해야 생존할 수 있다.

이제까지 잘되었으니 앞으로도 잘될 것이라는 생각은 실패를 가져올 가능성이 높다. 고객은 지금도 당신을 거절하기 위해 연구 중이고, 경쟁자는 당신의 장점을 베끼고, 단점을 고객에게 홍보하고 있다. 경쟁자는 나보다 빠르게 강해진다. 고객의 거절에 대비해야 계약 체결이 가능하고, 경쟁자보다 앞서기 위해서는 경쟁사가 무엇을 하는지 수시로 살펴 나도 바뀌어야 그들보다 강함을 유지할 수 있다.

성과에 대한 정당한 보상은 지속성장의 보증수표

한 젊은이가 대기업에 취직했다. 어느 날, 전기를 활용해 만든 자석으로 쇳덩이를 옮기는 모습을 보고 전율을 느낀다. 전기로 자력을 발생시키는 데 엄청난 양의 전기가 소모된다는 것을 알고, 적은 전기량으로 자력을 발생하는 방법을 연구한다. 기술이 완성되면 회사는 전기료를 절반으로 줄여 수천억 원의 이익을 얻게 될 것이었다.

하지만 거듭되는 실패에 상사로부터 엉뚱한 짓을 한다고 야단만 맞고, 연구 막바지에 이르렀는데도 회사는 자신에게 그 어떤 보상도 약속하지 않고 그저 빨리 기술을 완성하라고 재촉하기만 했다. 돌아올 보상은 고작 사장의 표창장, 격려금, 승진뿐일 텐데 밤낮을 가리지 않고 고생한 대가로는 초라했다.

그는 결국 회사를 사직하고 혼자 연구를 진행했다. 실패를 반복하다 기적처럼 상품화에 성공했고, 개인 특허를 받고 창업에 성공했다. 지금은 엄청난 매출과 이익을 창출하는 중견기업으로 성장했다. 그가 근무했던 회사 입장에서는 배신자라고 할지 모르나 그보다 성과를 낸 우수 직원에 대한 보상 시스템을 만들지 못한 경영자의 잘못이 더 크다. 사원들에게 큰 성과를 기대한다면 가슴 설레는 보상을 준비해야 한다. 사원들이 주인의식을 갖고 일하기를 바라면서 큰 성과를 창출한 사원들을 머슴처럼 대하고 이익은 회사가 취하면 유능한 사원은 떠난다.

지금은 수천억 원대 자산가가 된 모 회장님에게 들은 이야기다.

"대기업에서 열심히 일하던 대리 시절 우연히 이사님 급여명세서를 보고 충격을 받았어. 내 급여의 두 배밖에 안 되더라고. 내가 이사가 되려면 최소 10년은 일해야 하는데 그 돈으로는 애들 유학은 꿈도 못 꾸겠더라고. 고민하고 있는데 일이 터진 거야."

"무슨 일이요?"

"그 이사가 회사 공금 10만 원을 유용했다고 징계를 받더라고. 그걸 보고 이튿날 사표를 냈지. 사장이 불러서 '왜 그만두냐'고 묻기에 '큰 도둑놈이 되려고요'라고 답하고 나왔어."

"큰 도둑놈이 뭐예요?"

"사업하는 사람이 큰 도둑놈이지. 원가 공개 안 하고 이문을 붙여 팔기만 하면 되잖아."

그분은 회사가 마음에 안 든다고 투덜거리지 말고 자신 있으면 사업을 통해 세상을 바꾸면 된다고 말했다. 회사는 유능한 사원이 없다고 말하지만 유능한 사원들이 인생을 걸 만한 가치 있는 보상 체계를 만들어야 한다.

요즘 프로선수들은 실업팀 선수들과는 비교할 수 없는 훈련으로 수준 높은 경기를 하고 높은 연봉을 받는다. 미국 프로야구에 진출한 박찬호, 추신수, 류현진이나 프리미어 리그의 박지성 선수는 국내에서는 상상할 수도 없는 높은 연봉을 받았다. 모든 열정을 쏟아부어 구단의 승리에 기여하면 확실한 보상이 주어지는 곳에 최고의 선수들이 몰려든다.

급여는 회사 이익 기여도에 대한 보상이다. 이익에 크게 기여한 사람과 그렇지 않은 사람을 비슷하게 보상한다면 적극적으로 일한 사람이 손해다.

보통 회사에서 신상품 아이디어를 사내 공모하면 획기적인 신상품이 나오지 않는다. 획기적이고 창의적인 아이디어는 밤새워, 벼랑 끝에 매달릴 때 가까스로 발견된다. 편안한 상태에서 보이는 것은 누구에게나 보이는 평범한 것이다. 하나의 아이디어가 상품이 되어 세상을 바꾸려면 오랜 세월 밤을 하얗게 새우는 절박함 속에서 창조된다.

GE의 제프리 이멜트(Jeffrey Immelt) 회장은 일 잘한 사원에게는 머리와 가슴과 지갑을 채워주라고 말했다. 일 잘하는 인재를 교육하고 양성하여 머리를 채워주고, 성과에 대한 칭찬과 질책을 통해 열정적으로 충성하도록 하고, 회사에 기여한 만큼 확실히 보상하라는 것이다.

초일류 기업은 회사에 기여한 성과에 비례하여 무제한의 보상을 하고 있다. 프로 스포츠처럼 기업 이익에 획기적으로 기여한 사원에게 몇 백억 원의 보상이 주어져야 초특급 인재가 세상을 바꾸는 상품과 서비스를 만들어 초일류 기업이 된다. 회사에 근무하는 사원들의 최고의 재테크는 부동산, 주식이 아니라 회사에서 큰 성과를 창출하여 보상을 받는 것이어야 한다.

벼랑 끝에 매달려
살아온 세월

교보생명에서 지점장 두 번, 단장 두 번, 본부장 세 번을 하면서 꼴찌를 참 오래 했다. 처음 부임한 곳은 항상 꼴찌였기 때문이다. 혼신의 노력으로 정상이 되면 다시 꼴찌 조직을 맡아서 일했는데, 때로는 그게 힘들었지만 지금 돌아보면 나를 강하게 하는 행운이었다.

맡은 조직마다 성장시킬 수 있었던 것은 항상 고객 접점에서 배우면서 일했기 때문이었다. 나는 처음으로 부임한 지점에서 서울에 있는 빌딩을 모조리 방문하면서 수많은 망신과 거절을 당했다. 그러면서 기업 고객에게 신뢰를 얻는 방법과 보험 영업의 기초를 배웠다. 설계사도 계약자도 없는 두 번째 지점에서는 한 명 두 명 리크루팅을 하여 지점을 새로 만들면서 사람의 소중함을 알았고, 우량 기업, 치과의사협회, 의사협회와 제휴를 통해 시장을 개척하고 설계사를 성공시키는 법을 배웠다.

더 이상 추락할 곳이 없는 첫 지원단장 시절에는 모든 사원과 설계사들이 하나의 목표를 향해 몰입하면 안 될 것이 없다는 팀워크를 배웠고, 두 번째 지원단장 때는 처음으로 여성 조직과 일하며 개인 고객과 설계사들에게 많은 것을 배울 수 있었다.

본사 영업교육 팀장을 하면서는 현장에서 일을 잘한 사람이 본사에서도 잘한다는 소리를 듣기 위해 밤새워 공부하며 회사의 교육체계를 바꾸는 변화 관리를 배웠다.

중부 본부장 시절에는 팀워크가 안 좋은 조직도 리더가 솔선수범하면 한 팀으로 일할 수 있다는 것을 배웠다. 강북 본부장 시절에는 함께 일하는 지원단장과 지점장의 소리에 귀를 기울이며 많은 것을 배울 수 있었다.

강남 본부장을 하면서는 인재의 소중함을 알고 리더십을 성숙시킬 수 있었고, 경쟁사의 능력 있는 지점장과 GA 대표들까지 찾아다니며 배운 노하우로 VIP 마케팅의 새로운 패러다임을 만들었다. 항상 맡은 조직마다 벼랑 끝에 매달려 살아남기 위해 자존심을 내세우지 않고 혼신의 힘을 쓰며 살았다.

꼴찌 조직을 맡을 때마다 '이제 올라갈 일만 남았다'고 사람들을 위로했지만 나는 그렇게 생각하지 않았다. 꼴찌를 하는 조직은 늘 폐쇄 위험에 놓여 있다. 벼랑에 매달려 움직이지 않고 있으면 반드시 죽는다. 기를 쓰고 올라가야 살 수 있다. 나는 꼴찌 조직을 맡아 성공시키기 위해 목숨 걸고 일했다. 내가 벼랑 끝에 매달려 기를 쓰고 올라가려고 발버둥 칠 때 내 손을 밟은 사람도 있었다. 그럴 때마다 내 손을 잡아 이끌어준 사람은 함께 일하는 사원과 설계사, 고객이었고 그분들이 오늘의 나를 있게 한 인생의 은인이다.

활동적 타성에서 벗어나기

나와 함께 일했던 사원이 다른 부서로 발령났다가 몇 년 만에 다시 만나 이렇게 말했다.

"본부장님! 과거와는 일하는 방식이 180도 바뀌셨어요."

새로운 곳에서 살아남으려면 유연성을 갖고 새로운 방법을 찾아야 한다. 과거에 했던 방식으로 일하면서 더 좋은 결과를 기대하는 것은 어리석은 바보짓이다. 하지만 성과가 중위권인 사람들 중에 우수한 역량이 있으면서도 활동적 타성(Active Inertia)에 젖은 사람이 있다. 런던 비즈니스 스쿨의 도널드 설(Donald Sull) 교수는 활동적 타성에 대해 시장의 변화를 무시하고 과거 자신들이 성공해온 발자취나 방식을 그대로, 그것도 열심히 답습하려는 성향이라고 말했다. 배를 타고 공격 대상을 탐색하던 노르딕 바이킹들은 땅을 점령한 뒤 농작물을 키우기 시작한다. 새로운 기회를 좇아 모험하는 바이킹의 야성이 없어지고, 농장이라는 안전한 일상에 빠져서 농부가 된다.

힘들게 도전하여 작은 성공을 몇 번 반복하고, 상을 받고, 칭찬받으면 '역시 내가 정답이야', '나는 이 정도면 됐어'라며 스스로에게 확신을 갖고 기존 방식을 고수하게 된다.

리더들이 복제 인간처럼 똑같이 생각하고 행동하는 기업은 이미 타성에 젖기 시작했다고 보면 된다. 설상가상으로 리더가 자신을 찬양하는 사람들만 간부로 뽑으면 업무 방식이 고착되어 조직이 경직된다.

항상 해오던 익숙한 방식으로 일하면 혁신적인 아이디어는 떠오르지 않고, 새로운 가치를 상품화한 경쟁사로 고객이 떠나기 시작하면 모든 것을 잃어버릴 수 있다. 사람들은 낯선 것을 두려워하지만 우리가 두려워할 것은 낯선 것이 아니라 익숙한 것들이다. 익숙한 것들이야말로 빠르게 변화하는 요즘 시대의 경쟁에서 낙오하게 만드는 가장 큰 리스크다.

버려야 할 활동적 타성

목표 달성을 못 해 분통을 터트리는 사람은 성장한다. 반면에 목표 달성을 못 하고도 태연하게 어쩔 수 없다고 말하는 사람은 성장을 멈춘 사람이다. 오랜 영업 경험으로 볼때 자신의 영업 철학을 가지고 있는 설계사나 관리자들을 변화시키는 건 참으로 어려운 일이다. 그들에게 강하게 변화를 요구하면 불만 세력이 되거나 다른 회사로 이동할 수도 있다.

타성에 젖어 일하는 사람들에게는 스스로 변화의 필요성을 느끼도록 해주어야 한다. 변화 의지가 생겼을 때는 벼랑 끝에 매달리도록 만들어야 활동적 타성, 생각의 타성에서 벗어날 수 있다. 상황과 핑계를 다 들어주는 퇴로가 있는 변화 관리는 성공할 가능성이 없다.

지점장 시절 1인당 생산성을 올리기 위한 토의 결과, 설계사들이 매일 사무실에 와서 지점장으로부터 피드백을 받고 퇴근하기로 약속했다. 그런데 이 약속을 지키는 설계사는 많지 않았다. 그래서 저녁에 들어오지 않는 설계사들에게 전화해서 피드백을 받고 퇴근하라고 했다. 피드백을 받지 않고 퇴근한 설계사에게는 밤 12시, 새벽 1시에도 아랑곳 않고 전화해서 귀사를 종용했고, 때로는 집까지 찾아가서 피드백을 하기도 했다. 그중 학교 동창 설계사가 한 명 있었다. 그는 아침에 나가면 저녁에는 아예 사무실에 들어오지도 않았다. 마음만 먹으면 높은 성과를 낼 수 있는 능력이 있었지만 자존심이 강해서 내 말을 듣지도 않았다. 지난 6개월 성과와 소득을 놓고 피드백을 시작했다.

"이 정도 결과면 보험 영업을 그만두는 것이 좋지 않겠습니까?"

"한 달 해보고 안 되면 그만둘게요."

"내일부터 그만두시죠?"

"한 달만 해보고 그만둔다는데 너무 심한 것 아닙니까?"

"한 달 해보고 안 되면 그만둔다고 했지요? 그만두는 게 목적인데 일이 잘될 리가 있겠습니까? 그만두세요."

"그럼 어떻게 해야 됩니까?"

"내가 당신이라면 차라리 경동시장에 가겠습니다."

"경동시장은 왜요?"

"그곳 농약가게에 가서 청산가리를 사겠습니다. 그리고 한 달 후 안 되면 먹고 죽겠습니다. 그 정도 배수진을 친다면 한 달은 봐줄 수 있습니다."

"한 달 후에 봅시다. 오늘의 이 치욕을 반드시 갚아주겠습니다."

그 사원은 다음 날부터 새벽에 출근해서 밤늦게까지 일을 하는 것이었다. 그런 그에게 나는 집요하게 피드백을 했고, 그 결과 그는 그 달에 최고 성과를 올렸다. 그 후 우리의 우정은 돈독해졌다.

평소 나를 잘 따르던 어떤 지원단장은 자질은 좋은데 일상에 배어 있는 타성을 버리지 못해 개별 면담을 하게 되었다.

"이렇게 지원단을 운영하면 1년 후에 지금과 얼마나 달라져 있을까요?"

"큰 변화가 없을 것 같습니다."

"지금 지원단은 전국 하위권인데 1년 후 변화가 없다면 하위보직으로 좌천될 가능성은 없을까요?"

"그럴 수도 있겠지요."

"만약 꼴찌 지원단이 전국 1등을 한다면 승진을 바라볼 수도 있겠네요?"

"네, 그렇겠죠."

"그렇다면 변화를 시도해야 하지 않겠습니까?"

"네, 변화하겠습니다."

그날 이후 나는 드러난 사실에 근거하여 공식 회의 석상에서 개인적으로 집요하고 강한 질책과 피드백을 했다. 막다른 골목까지 몰아넣고 변화를 강요했더니 그는 3개월 만에 변화하기 시작했고, 6개월이 지나면서 성과가 좋아졌다.

다른 단장들이 물었다.

"어떻게 성과가 그렇게 좋아졌어요?"

"본부장이 얼마나 몰아붙이는지 죽고 싶어 한강다리에서 뛰어내릴까도 생각했어. 그런데 어차피 죽을 바에는 하라는 대로 하고 나서 죽어야겠다 싶더라고……. 그렇게 열심히 하다 보니 안 될 것 같은 일이 되더군."

그는 이전의 작은 성공 경험에 빠져 깊은 잠에 빠져 있던 거인을 깨워 큰 에너지를 발휘하게 된 것이다.

위의 두 사례는 평소 나와 절대적인 신뢰가 있는 관계였으므로 가능한 변화 관리였다. 만약 상호 간에 신뢰가 없는 상황에서 이렇게 강하게 몰아붙일 경우 부작용이 발생할 수도 있으므로 신중해야 한다.

비즈니스 세계에서 상황 탓, 시장 탓을 아무리 정교하게 분석해도 성과는 좋아지지 않으며, 그런 건 패배자들의 변명에 불과하다.

"요즘 시장이 안 좋아서 영업이 어렵습니다."

"시장이 어려워서 영업이 어렵단 말이지?"

"네, 경기가 얼어붙었습니다."

"경기가 어려워 지원단 목표 달성이 어렵다는 말이군."

"네."

"나는 시장이 어려워도 그 지원단을 성장시켜야겠네. 그러니 지원단을 성장시킬 다른 사람을 찾아보겠네."

내가 이렇게 말하자 그는 다시는 상황이 어렵다는 변명을 하지 않고 해결 방법을 찾으려 노력했다.

유식하게 상황 탓을 하는 똑똑한 사람도 있다

"저금리·고령화의 물결을 피할 수 없습니다. 앞으로 고금리 상황은 오지 않을 것이고, 우리가 사는 세상에서 지금이 가장 좋은 시기이고, 앞으로 상황은 더욱 어려워질 것입니다."

"그러면 점점 힘들어지겠군요?"

"그럼요. 이제 호황은 가고, 빙하기만 남았습니다."

나는 이런 사람들에게 이렇게 말한다.

"그럼 상황을 바꿔드릴까요?"

"어떻게요?"

"앞으로 다가올 저금리·고령화가 문제라면 과거처럼 고금리·조기 사망으로 만들어드리면 좋은 세상이 오겠네요. 어때요? 고금리·조기 사망으로 평균 수명 60세 시대가 좋으시겠어요?"

"그건 아닌 것 같은데요."

저금리·고령화는 시대의 흐름이다. 그걸 뻔히 알면서도 고금리 시대에 통했던 논리로 고객을 상대한다는 것은 자살행위다. 너무나 당연한 말이지만 새로운 패러다임을 만들어내는 리더가 풍요롭고, 보람과 행복이 넘치는 세상을 만든다.

대한민국은 항상 위기였다. 내가 철이 들어 신문, 뉴스를 보기 시작하면서부터 위기가 아니라는 기사를 본 적이 드물다. 그러나 최근 60년간 우리나라는 오천년 역사상 최고의 르네상스 시대를 맞고 있다. 위기의 시대라면서 상황을 탓하고 앉아 있었던 사람은 망했고, 문제의 원인을 살펴 창의적으로 제3의 길을 찾아낸 사람은 영웅이 되었다.

시장 탓, 상황 탓을 하는 사람들에게 '얼마나 힘드냐'고 위로를 하면 그들은 새로운 길을 찾기는커녕 성과가 안 좋은 것을 당연하게 생각하며 현실에 안주하고 만다.

조직원들이 상황탓을 하고 있을 때는 리더는 동조하지 말고 지금까지 사용하지 않던 제3의 방법을 찾아내도록 만들어야 성장한다. 사람은 위기 상황에서 스스로 벼랑 끝에 매달려 생사의 기로에 서게 되면 새로운 길을 찾게 된다. 세상에는 문제의 수만큼 해결책이 있게 마련이다.

문제 앞에서 한숨 쉬며 앉아 있는 사람들은 성장을 멈추고, 해결책을 찾아내는 사람들은 새로운 세상을 만든다. 문제가 발생하면 상황에 빠져 허둥거리지 않고 냉정하게 문제 원인을 분석하는 것부터 시작한다. 대부분의 문제는 일의 목적에 맞게 대책을 세우면 곧바로 정상으로 돌아간다. 문제가 동시다발적으로 발생하면 더욱 냉정한 판단이 필요하다. 큰 이익을 볼 수 있는 일, 그냥 두면 큰 손실이 발생할 사건부터 원인을 찾아 근본적인 처방을 내리면 어렵지 않게 해결점을 찾을 수 있다.

끊임없이 확인하고 점검하라

사원을 성장시키기 위해서는 교육과 훈련이 중요하다. 모든 기업에서 교육 목적의 첫째가 성과 창출이고, 둘째가 기업 문화 확산·정착이어야 한다. 교육을 통해 성과를 향상시키고 기업 문화 형성을 통해 사원들의 애사심을 높이도록 해야 한다. 화기애애하고 분위기 좋은 교육은 필요 없다.

교육 자체가 성과여서는 안되고 반드시 성과가 향상되어야 교육을 제대로 한 것이다. 또한 모든 교육은 기업의 비전 달성과 CEO의 경영 철학을 확산시켜 모든 사원이 같은 생각으로 일하도록 만드는 데 초점을 맞추어야 한다.

교육 방법으로는 강의, 토의 발표, 현장 적용 후 피드백 순서로 진행하는 것이 좋다. 주입식 강의만 하면 강의가 끝나고 그 내용을 현장에서 활용하는 사람이 5%에 지나지 않는다. 강의가 끝나고 바로 토론과 발표를 병행하면 교육의 현장 활용도는 확연히 높아진다. 현장 활용 후 피드백을 하면 교육의 효과는 높은 성과로 직결된다.

조직은 리더의 실력만큼 성장한다

집합 교육은 한 번에 메시지를 전달할 수 있는 장점이 있지만 피교육생의 내용 이해도를 확인해보면 효과는 의외로 미미하다. 따라서 집합 교육을 하고 교육을 끝냈다고 생각하지 말고, 반드시 토론과 발표 시간을 가져야 한다. 교육이 성과와 직결되려면 리더가 교육 내용을 알고, 실천 여부를 피드백해야 한다.

새로운 내용을 교육할 때는 반드시 위에서부터 시행하는 것이 좋다. 윗사람은 교육하지 않고, 사원들만 교육하면 지식 역전 현상이 생기고 조직 문화가 물과 기름처럼 섞이지 않게 된다. 나는 영업교육 팀장을 맡으면서 이런 상황을 해소하기 위해 본부장들부터 교육시켰다. 그러자 본부장들은 배우는 게 낯설고 자존심이 상했는지 불만이 많았다.

"오랫동안 현장에서 산전수전을 겪었는데 교육까지 받아야 합니까?"

그들 중 몇 몇은 강의 첫날, 나를 골탕 먹이려고 어려운 질문을 했지만 교육에 사용한 교재를 직접 만들었던 나는 쉽게 답할 수 있었고, 그런 해프닝이 있고 나서 하루가 지나자 본부장들은 교육의 필요성을 깨닫고 열심히 배웠다.

최상위 관리자인 본부장들이 교육 내용을 모르면 "바쁜데 무슨 교육이냐"며 안티가 걸리지만 그들이 교육을 받고 지점장들에게 잘 배우고 오라고 당부하니 교육 몰입도가 높아졌고, 현장에서 윗사람이 교육한 내용을 다시 가르치고 확인하니 성과로 직결되었다.

상사가 귀신 같아야 사원들이 긴장하고 성공한다. 지점장 시절, 아침에 출근하는 사원들을 보면 그들이 지난 저녁에 술을 마셨는지 부부 싸움을 했는지를 알 수 있었다. 저녁에 사무실에 들어오는 설계사들의 얼굴을 보면 계약을 체결했는지 못했는지가 보였고, 설계사별 숫자를 보면 그들의 활동 내용이 보였다. 상사가 부하의 일거수일투족을 알고 있을 때 사원들은 딴생각하지 않고 일에 몰입한다.

지원단장 시절 지점별 성과와 설계사별 성과를 매주 지점장들과 확인하다보니 숫자를 보면 지점 분위기와 상황이 한눈에 들어왔다. 리더가 사원보다 모르면서 조직을 지휘하는 것은 축구 규칙은 물론 선수들 실력도 모르는 사람에게 월드컵 감독을 맡기는 것과 같다. 리더는 조직 내부는 물론이고 조직을 둘러싸고 있는 경쟁사와 시장환경을 정확하게 꿰뚫어 보지 못하고 있는 것은 아닐까 두려워해야 한다. 이런 두려움과 호기심이 리더와 조직을 성장시킨다.

지속성장을 촉진하는 피드백

처음 영업을 시작할 때 고객의 거절과 냉대에 좌절하기도 했지만 나를 살린 것은 피드백이었다. 고객을 만나기 전에 고객의 상황을 예측하고 첫인사는 어떻게 하고, 본론은 어떻게 꺼내고, 고객의 거절에 어떻게 대응할 것인지 대화의 시나리오를 준비했다.

계약이 안 될 때는 고객과의 첫인사부터 고객과 나눴던 대화를 점검하며 무엇이 잘못되었는지, 다음에 똑같은 상황이 오면 어떻게 해야 할 것인지를 수없이 검토했다. 스스로의 이런 피드백을 통해 고객을 대하는 매너가 조금씩 정교해졌고, 차츰 고객의 마음을 얻고, 계약을 체결하는 확률도 높아졌다.

바둑을 한 판 두고 나면 첫 돌부터 복기(復棋)하는 습관이 바둑실력을 향상시키는 것처럼 어떤 프로세스를 실행하고 난 후 되돌아보는 피드백은 꼭 필요하다.

운동선수가 경기를 뛰고 나면 코치는 비디오를 보면서 폼을 교정하고, 경기 운영 코칭을 통해 실력을 향상시킨다. 잘못된 폼으로는 아무리 오래 연습을 한다고 해도 실력이 향상되지 않는다. 책을 보든지 비디오를 보든지 끊임없이 연구해야 하고, 실력 좋은 고수의 피드백을 받아야 한다.

영업 실력을 키우려면 고객을 만나 첫인사, 본론, 자료 제시, 고객 설득과 거절 처리 과정을 자체 점검하는 '스스로 피드백'을 습관화해야 한다. 고객 반응이 좋았던 것은 다른 고객에게도 재활용하고, 반응이 좋지 않은 것은 고객이 좋아하도록 사용하는 단어와 태도를 바꾸어야 한다. 스스로 교정할 실력이 부족하면 경험이 많은 선배나 상사에게 솔직하게 피드백을 요청하여 무엇이 문제인지 파악하고 변화해야 실력이 향상된다.

보험왕 토니 고든의 영업 비밀

영국의 토니 고든(Tony Gordon)이라는 보험설계사가 쓴 책《보험왕 토니 고든의 세일즈 노트》는 한때 우리나라에서 베스트셀러였다. 토니 고든은 세계 최우수 설계사 모임인 TOT(Top Of the Table)를 30년 간 달성하고, 세계 TOT협회장을 지내기도 한 전설의 보험설계사다.

MDRT 연차 총회에서 만난 토니 고든에게 물었다.

"30년간 성공을 이어간 비결이 무엇인가요?"

"저는 매니저에게 매주 만난 고객과 일에 대해 조언을 얻지요. 피드백은 나를 좌절하지 않도록 바른길로 유도했어요. 매니저의 임무는 설계사의 주말을 행복하게 해주는 것입니다. 매주 금요일은 주간 활동 피드백을 통해 이번 주 만난 고객과 있었던 실패와 성공 요인을 정리해주고, 다음 주 계획을 점검해주면 희망이 있기 때문에 주말을 행복하게 보낼 수 있지요. 매니저가 피드백을 해주지 않으면 열심히 해도 안 되는 보험을 그만두고 다른 일을 해볼까 생각하며 주말을 우울하게 보내게 됩니다."

30년 동안 TOT를 달성한 보험 영업의 달인도 매주 매니저에게 피드백을 받고 있었다.

잘 나가는 성장기업의 CEO도 전문가들로부터 끊임없이 자문을 받는다. 뿐만 아니라 회사 내의 젊은 사원들과의 소통을 즐기며 앞서가는 감각을 배우려고 노력한다. 세계적으로 가장 존경받는 인물

1위인 빌 게이츠 회장도 워런 버핏을 멘토로 삼아 피드백을 받는다.

세계적으로 큰 업적을 남긴 대통령들도 시행착오를 줄이기 위해 지혜로운 사람을 찾아 피드백을 받았다. 피드백은 꼭 상사가 부하에게 하는 것은 아니다. 지위고하를 막론하고 서로가 서로에게 질문하고 듣는 자세야말로 성장형 리더의 자세다.

나 역시 본부장 시절 일이 잘 풀리지 않으면 우수한 지점장이나 단장에게 전화해서 자문을 받았다.

"본부가 무엇을 잘못하고 있나요?"

지원단이나 지점에서 바라보는 본부의 모습이 참모습이다. 본부의 성과를 향상시키고 싶으면 본부 입장에서 지원단을 변화시키려 하지 말고 지원단이 원하는 본부가 되려는 노력이 필요하다. 본부장으로 성공하고 싶으면 지점장과 지원단장에게 피드백을 받아야 하고, 지점장으로 성공하고 싶으면 지원단장, 설계사, 사원들에게 피드백을 받아야 한다.

일에 대한 피드백은 성장 욕구가 있는 모든 사람에게 필요하며 피드백의 목적은 사원과 리더의 동반 성장이다.

그렇다면 피드백은 어떤 주기로 하는 것이 좋을까? 요즘 지하철을 타면 휴대전화로 게임하는 사람이 많다. 만약 게임 점수나 순위가 일주일 뒤에 나온다면 사람들은 게임을 하지 않을 것이다. 게임 결과가 바로바로 나와야 재미를 느껴 계속하기 때문이다. 일에 대한 피드백도 수시로 해야 좋다. 일의 진행 상황을 수시로 점검하여 잘한 것은 칭찬하고, 잘못한 것은 더 좋은 방법을 찾는 것이 피드백이다.

평상시 사원의 실수에 대해 말하지 않다가 한꺼번에 지적하는 것은 잘못된 리더이다. 사원들이 실수할 때, 너그럽게 괜찮다고 하다가 큰일이 발생했을 때 지나간 것까지 한꺼번에 이야기하면 부하 직원들은 리더를 미워하게 되고, 그간 쌓아왔던 신뢰마저 잃게 된다.

작은 성공을 칭찬하고 인정하면 사원은 일에 자부심을 느끼고, 작은 실수에도 자주 피드백을 주면 시행착오가 줄어들면서 빠르게 목표가 달성된다.

사원이 의욕적으로 일할 때 수시로 진행 상황을 피드백해야 한다. 매사 의욕이 넘치던 신입사원도 거듭되는 실패로 포기할 지경에 이르게 되면 그 어떤 피드백에도 반응하지 않게 된다. 그러면 리더는 평소보다 몇 배의 정성을 쏟아야 한다.

보험 영업은 고객을 선택하고 정보를 수집해 자료를 준비하고, 고객을 설득하며 거절에 대한 합당한 거절 처리를 통해 계약을 이끌어내는 활동이다. 리더는 사원과 고객의 신뢰 상황, 자료 준비 상태, 고객 설득 화법, 고객 거절에 대한 처리 능력을 지속적으로 확인해야 한다. 피드백은 일의 프로세스에 맞춰 질문하고 경청하는 것이 중요하며 일보다 사람이 우선되어야 한다. 미장원에서 단골 고객을 확보하려면 머리 자르는 기술도 중요하지만 고객에게 호감을 갖고 대화하여 마음을 얻어야 하는 것처럼 지점장이 정성을 다해 피드백하다 보면 고객에 대해 많은 것을 배울 수 있고, 설계사나 지점장에게도 유익하다.

경력자를 채용하여 새로운 보직을 맡기면서 "당신은 유능한 사람이니 소신껏 해보세요"라고 하지 말고, 처음부터 조직의 목표를 공유하고, 커뮤니케이션해서 업무 수행 역량이 안정되었을 때 권한을 위임해야 한다. 처음부터 모든 것을 맡긴 다음 일이 잘못되었을 때 책임을 묻는 것은 인재 양성을 포기한 행동이다.

피드백 프로세스

성공적인 피드백 프로세스 3단계를 소개한다.

첫째, 피드백 목표와 방법에 합의한다.

피드백을 시작하기 전에 사원의 목표를 명확히 한다. 피드백은 목표 달성을 위해 하는 것이고 어떤 방법으로 할 것인지를 명확히 해야 한다. 피드백하는 목표와 방법을 명확히 하지 않으면 서로가 귀찮아서 중단할 가능성이 있다. 그렇기에 크고 위대한 목표, 생각만 해도 잠이 오지 않는 긴장되는 목표를 세우도록 해야 한다.

"지금처럼 일하면 앞으로 3년, 5년이 지나면 어떤 변화가 있을까요?"

"10년이 지나면 어떤 삶을 살고 있을 것 같은가?"

이런 질문을 통해 본인의 미래를 그려보도록 하는 것이다.

"10년 후 재산은 얼마를 갖고 싶은가?"

"회사 내에서 어떤 보직에서 일하기를 원하는가?"

본인이 원하는 삶의 방향을 정하는 것은 대단히 중요하다. 인생은 열심히 사는 것보다 올바른 방향으로 사는 것이 더 중요하다. 잘못된 방향으로 열심히 살수록 삶은 크게 망가진다. 방향을 정하고 목표를 정하는 것은 변화의 첫걸음이다.

"억대 연봉을 받고 싶다면 어떤 고객을 만나야 할까요?"

"VIP 고객이 거래하고 싶은 사원이 되려면 어떻게 해야 할까요?"

방향과 목표가 결정되면 강한 변화를 요구해도 받아들이겠다는 동의를 받아야 한다.

"나는 당신이 꼭 억대 연봉을 받기를 바랍니다. 당신이 억대 연봉을 받도록 내가 적극적으로 코칭하겠습니다. 내가 하자는 대로 따라올 수 있겠습니까?"

"네, 어떤 가르침도 달게 받겠습니다."

스스로 변화할 부분과 그에 대해 상사가 강하게 개입해도 좋다는 내용을 합의하고 서면으로 동의를 받아야 한다.

둘째, 피드백을 진행한다. 피드백은 진행 상황과 문제를 파악하는 질문으로 시작한다. 피드백하기 전에 질문을 준비해 고객 상황, 진행 상황, 진행 중 문제를 파악하는 것이 우선이다. 고객 상황에 대해서는 나이, 하는 일, 소득, 지출, 자산, 부채, 보험 가입 여부, 보험에 대한 인식 정도, 사는 곳, 가족 관계 등의 고객 상황과 친한 정도, 만난 횟수, 소개자와의 관계 등 고객과의 관계를 알면 상황을 쉽게 파악할 수 있다.

이어서 계약 진행상의 문제점, 경쟁자 현황, 건강상의 문제, 신뢰 문제 등을 물으면 진행 중 문제가 드러난다. 고객의 상황과 문제를 파악하고 나면 'You Message' 보다 'I Message'로 이야기하는 것이 좋다. 리더가 '너는 이것이 문제다', '너는 이것을 고치라'고 훈계하면 반발하거나, 피드백을 잔소리로 받아들이고 피하게 된다. 인내심을 가지고 잘 듣고, 사실을 요약하고, '나라면 이렇게 하겠다'라고 의견을 말하고, '성공을 믿는다'는 긍정적인 기대를 말해주면 된다.

셋째, 피드백 결과를 확인한다.

영업에서 목표 달성 전략의 출발은 고객으로부터 출발한다. 매월 목표가 정해지면 그 목표를 달성하기 위해 타깃을 선정하는 것은 대단히 중요한 전략이다. 고객은 유망 고객과 타깃 고객으로 구분할 수 있다. 유망 고객은 보험 가입 가능성이 있는 고객이고, 타깃 고객은 신뢰를 바탕으로 모든 정보를 알려주고 재무설계를 받을 자세가 되어 이번 달에 계약 체결이 가능한 고객이다. 타깃 고객에 대해 지속적인 피드백과 현장 동반을 하면 반드시 성공할 수 있다.

리크루팅도 유망 후보자와 타깃 후보자로 구분할 수 있다. 유망 후보자는 보험 영업을 할 능력이 있는 사람이고, 타깃 후보자는 신뢰가 형성되어 한두 달 내에 보험 영업을 할 수 있는 후보자다.

모든 영업은 고객과 신뢰가 구축되지 않으면 모든 것이 무용지물이다. 현재 신뢰가 구축된 사람이 없다면 계약을 제안하지 말고, 다소 시간이 걸리더라도 신뢰를 쌓는 활동부터 다시 시작해야 한다. 신뢰가 구축되지 않은 상황에서 계약이나 리크루팅을 이야기하는 것은 시간 낭비다.

계약을 얼마나 하고 리크루팅을 몇 명 할 것인지 숫자를 확인하는 것은 부하 직원들을 돕는 것이 아니다. 고객이나 리크루팅 후보자와의 신뢰 관계를 확인하고 지원해주는 것이 진짜 피드백이다.

피드백은 목표를 경청하는 데에서 시작하여 타깃을 정하고 분석해 전략을 세우는 모든 단계에서 정교하게 이루어져야 한다. 피드백을 하면서 지속적으로 고객의 상황을 확인하고 문제 해결 방법을 찾아서 시행착오를 줄이고, 목표가 달성되도록 도와야 한다. 피드백을 통해서 하기로 합의한 일을 다시 확인하지 않으면 사원들은 지나간 일이라고 생각하거나 리더가 관심이 없다고 여겨 일을 대충 하고 핑곗거리를 찾는다.

조직에서 인간관계는 일을 위해 만난 관계지만 서로 같은 목표를 가진 동지라고 인식하고 서로 도와주기 위해 대화하며 방법을 찾아야 한다. 그러다 보면 개인적인 사생활도 부담 없이 상의하고 조언하는 관계로 성장할 수 있다. 그렇게 팀워크가 잘 짜이면 지속적으로 성장할 수 있다.

똑똑한 실패

대학 시절 아르바이트를 하며 몇몇 친구들에게 등록금을 빌려준 적이 있다. 그 돈은 방학 때 지하철 공사장과 야간 업소에서 일해 번 돈이었다. 보험 영업을 시작하며 그중 한 명을 찾아갔고, 난 그 친구가 바로 보험을 계약해줄 것이라 기대했다.

"보험 영업 힘들다. 이거 하나만 들어주라."

"보험 들어줄 돈은 없고, 내가 네가 받을 계약 수수료만큼의 현금을 줄게."

나는 아무 말도 하지 않고 나왔다. 수치스럽고, 창피하고, 어느 누구에게도 다시 보험 이야기를 꺼낼 용기가 없어졌다. 그러던 차에 자동차 영업을 하는 선배가 무척 재미있게 일하기에 하루 동안 쫓아다녀보았다. 그 선배는 자동차를 사달라고 구걸하는 대신 자동차를 탔을 때의 편리성과 이점을 이야기했다. 그 후 나는 보험 계약 시 고객 입장에서 보장받는 미래와 보험이 주는 가치에 대해서만 이야기했고, 계약이 잘되었다.

기업에 단체 보험을 제안하여 담당자를 설득하고 나면 결재 과정에서 부장, 이사, 사장 중에 보험을 하는 지인들이 나타나서 계약을 빼앗아갔다. 한두 번 반복되면서 나는 계약을 뺏기지 않을 방법을 연구했다. 방법은 담당자의 신뢰를 얻어 결재 과정에서 나타날 돌출 변수를 파악하고 예방하는 것이었다. 담당자를 내 편으로 만들기 위해 담당자를 도와주기로 했다.

내가 상품을 제안하면 담당자는 상부에 보고할 보고서를 만들어야 했다. 나는 담당자 입장에서 단체 보험의 도입 목적과 필요성, 상품 내용 및 각사 상품과 서비스 비교, 가입 시 비용 분석, 기대 효과, 보험회사별 재무 건전성, 안전성, 수익성 등을 자료로 정리해 담당자를 방문했다.

"바쁘시지요?"

"사장님이 보고하라는데 보험이 복잡해서 어떻게 해야 할지 연구 중입니다."

"그러실 것 같아서 자료를 만들어보았습니다."

자료를 보여주니 담당 과장의 얼굴이 밝아졌다.

"이 자료 저한테 주실 거죠? 이대로 컴퓨터에 입력하면 되겠네요."

"제가 여기 저장해왔습니다."

그는 내 편이 되어주었고, 기꺼이 정보 제공자가 되어 계약 체결을 도와주었다.

모든 일에서 실패는 성공으로 가는 과정이다. 실패했을 때 상황 탓을 하거나 운이 없다고 포기하면 실패일 뿐이지만, 성공한 사람의 자문을 받고, 연구하면 반드시 성공할 수 있다. 인생은 힘들더라도 한 계단 한 계단 다리 아프게 올라가야 정상에 갈 수 있다.

낚시론

서해종합건설 김영춘 회장님은 젊어서 사업을 시작했는데, 하는 것마다 실패를 했다고 한다. 술로 실의의 나날을 보내는 김영춘 회장에게 한 선배가 사업에는 인내심이 필요하다며 낚시를 권유했다.

김 회장은 그 길로 저수지에 가서 하루 종일 낚시를 했는데 한 마리도 잡히지 않았다. 오기가 발동해서 3박 4일 동안 낚시를 했는데 역시 한 마리도 잡지 못했다. 사업도 안 되고 낚시도 안 되는 것에 화가 난 김 회장은 낚싯대를 부러뜨리고 또 밤새워 술을 마셨다. 선배는 다시 찾아와서 "사업은 때가 있으니 그때가 올 때까지 인내심을 키우며 기다려보라"고 말했다.

김 회장은 다시 저수지로 가 낚시하는 사람들이 잡은 고기, 사용하는 낚싯대와 떡밥, 미끼를 유심히 관찰했다. 고기에 따라 떡밥과 낚시가 달라야 함을 파악한 김 회장은 그 저수지에 사는 고기들이 좋아하는 떡밥과 미끼, 장비를 준비하여 한나절 만에 그물망이 터지도록 고기를 잡았다.

그 후 김 회장은 사업이 잘 안 풀릴 때 신세를 한탄하지 않고, 자신과 회사 내부, 경쟁사, 시장을 통찰하고 명쾌한 판단력으로 전략을 세워 강력한 추진력으로 사업을 확장해왔다.

이런 일화도 있다. 2008년 제주도에 아덴힐 골프장을 완공하고 나니 금융위기로 회원권이 하나도 분양되지 않았다. 골프장 개발비에 대한 자금이 회수되지 않아 골프장 주변의 남은 땅에 골프텔을 지었지만 이것마저도 분양되지 않아 오히려 비용 부담이 가중되었다.

많은 사람들이 우려할 때 김 회장은 제주도 특별자치법에 외국인이 일정 금액 이상 투자할 경우 영주권이 주어진다는 것을 파악하고, 중국에 가서 부동산업자들을 만나 협상한 결과 골프텔을 모두 분양했다. 그 과정에서 김 회장은 중국인들과 신뢰를 구축하기 위해 환갑이 넘은 나이에도 새벽마다 학원에 나가 중국어를 배웠고, 지금은 유창하게 중국어를 구사한다. 지금도 그는 사업에 장애물이 발생하면 독수리처럼 멀리 봄과 동시에 현미경처럼 세밀하게 분석하여 지속적으로 사업을 성장시키고 있다.

가뭄론

전국적으로 가뭄이 들었다. 밭작물은 모두 타 죽고, 논에 물이 없어 벼도 자라지 못하고 모두 죽었다. TV에서는 지구온난화 현상 때문이라고 했고, 농민들 중에는 풍년 농사의 희망을 접고, 농토를 싼값에 팔고 도시로 가는 사람도 생겼다. 농사 외에 다른 재주가 없던 사람들은 도시에 가서 토지를 판 돈을 날리기도 했다.

이때 한 젊은이는 내년에도 비가 오지 않을 것에 대비해서 저수지 바닥에 쌓여 있던 토사를 걷어내어 깊게 저수지를 파고, 지하수를 개발하자고 마을 사람들을 설득했다. 처음에는 반대하던 사람들이 하나둘 동참하기 시작하면서 저수지는 금세 깊어졌고, 마을 곳곳에 지하 관정이 만들어졌다.

젊은이의 예상대로 그 이듬해도 전국적으로 비가 오지 않았다. 농사짓는 사람들뿐 아니라 전 국민이 걱정할 때 그 마을 사람들은 안심했다. 지난해 모아둔 풍부한 물로 농사를 지어 풍년이 든 것이다. 전국이 가뭄으로 흉년이 들어 농산물 가격은 몇 배나 올랐고, 그 마을은 고소득을 올릴 수 있었다. 이처럼 행복한 미래는 장밋빛 꿈을 꾸는 사람에게 주어지지 않고, 다가올 위기를 예측하고 준비한 사람들에게 주어진다.

정보 · 지식사회 vs
정보 · 지식 활용사회

1998년 IMF 상황에서 돈벼락을 맞은 사람들이 있고, 금융위기에 더 큰돈을 번 사람들이 있다. 상황은 지속적으로 바뀌는데 과거의 정보와 지식을 활용하여 좋은 성과를 기대하는 것은 게으름뱅이나 하는 짓이다. 상황이 바뀌면 문제를 해결할 수 있는 새로운 정보와 지식을 찾아야 한다.

경기가 안 좋고 매출이 떨어지면 통찰력 있는 리더가 현장에 나아가 새로운 길을 찾아내야 한다. 그렇지 않고 사원들에게 활동량을 늘리라고 외친다면 일시적으로 성과를 개선할 수 있을지 모르지만 사원들은 지쳐 다른 길을 찾게 된다.

경기가 나빠지거나 시장 상황이 바뀔 때 리더는 창업하는 마음으로 고객을 만나 고객 가치를 상품화해야 한다. IMF 상황에서 보험회사들이 저축성보험에 주력하다 힘들어졌을 때 나는 노후 준비에 대한 이론을 연구하여 설계사들을 교육시켜 1년 만에 무려 열 배의 매출을 올렸다.

또한 금융위기 이후 재무설계에 대한 이론을 재정리하여 기업 회계를 개인 재무설계에 접목하여 수입, 지출과 자산, 부채 개념을 도입했다. 미래의 확정적 지출인 미래 부채에 대비하여 보장자산을 준비해야 한다는 논리로 보험료 위주의 판매에서 보험금 위주의 보장자산을 제공하여 성장할 수 있었다.

정보화 사회, 지식 사회라는 말은 틀렸다. 정보와 지식이 있다고 해서 잘살 수 있는 세상이 아니다. 정보와 지식을 갖고 있다는 것만으로 돈을 벌 수 있다면 컴퓨터가 가장 돈을 많이 벌어야 하지만 실상 돈은 정보와 지식을 활용하는 사람이 번다.

우리 주변에 누가 무엇으로 성공했다고 하면 이렇게 말하는 사람이 있다.

"나도 알고 있었는데⋯⋯. 내가 먼저 할 걸⋯⋯. 아깝다."

지식을 알고 있는 것만으로 돈을 벌 수는 없다. 지식을 활용해야 가치가 창조된다. 지금은 정보 활용 사회, 지식 활용 사회다. 지금보다 더 좋은 성과를 내고 싶다면 알고 있는 정보와 지식을 요약하고, 재분류하고, 융합하고, 재창조하여 새로운 가치를 만들어 활용해야 한다. 아무리 훌륭한 지식도 활용하지 않으면 소용없다. 지식 활용력이 힘이다.

스트레스는
역사 발전의 원동력

개선은 문제 해결을 위해 지금 사용하는 방법을 조금씩 바꾸는 것이고, 창조는 지금까지의 패러다임을 획기적으로 바꾸는 것이다. 이동 수단이 없어 걸어 다니던 시절 짚신을 고무신으로 바꿔 발을 편하게 하는 것은 개선이고, 마차나 자동차 그리고 비행기를 개발하는 것은 창조다. 어둠을 밝히기 위해 호롱불을 횃불로 사용하는 것은 개선이고, 전기로 어둠을 밝히는 전구를 고안한 것은 창조다. 전쟁에서 활과 칼의 크기를 조절하고 칼의 강도를 강하게 하는 것은 개선이고, 총, 대포, 미사일을 발명한 것은 창조다.

창조는 인류의 삶을 바꿔왔다. 창조는 막다른 골목에 몰린 쥐가 여러 마리의 굶주린 고양이 앞에 선 상황에서 이루어진다.

입사 초기 매월 초 보고 서류는 계산하는 것이 많았는데, 숫자에 약한 나에게는 고역이었다. 보고하러 가면 상고를 나온 주임은 주판으로 검산해보고 큰 소리로 말했다.

"박 주임은 대학 나온 게 맞나요? 대학 나온 사람이 더하기 빼기도 못하네."

죽기보다 듣기 싫은 소리였지만 어쩔 수 없었다. 동료들은 일찍 보고를 끝내고 술 마시러 갈 때 나는 밤늦도록 주판의 가로 세로를 맞췄다. 그러던 어느 날 나는 컴퓨터에 계산 기능이 있다는 것을 알고 컴퓨터를 배워서 보고서를 작성했다. 주임은 컴퓨터로 출력된 보고서를 주판으로 열심히 검산하고 말했다.

"요즘은 박 총무가 일을 잘하네. 많이 컸어."

나는 가장 먼저 보고할 수 있었고, 다른 동료들도 컴퓨터를 배우기 시작했다.

스트레스는 만병의 원인이라고 한다. 만약 스트레스를 받았을 때 상대방 혹은 환경 탓만 한다면 성과는 점점 나빠지고 병이 생겨 망하기 십상이다. 하지만 스트레스를 받을 때 나를 바꾸면 성장 동력이 된다. 원시인들이 겨울에 먹을 것이 없어서 스트레스를 받다보니 농사와 저장 기술을 발달시켜 농경사회가 생겼고, 농사짓는 게 힘들다 보니 기계를 만들어 산업사회를 만들었고, 기계의 한계를 극복하기 위한 노력이 디지털 혁명을 이루었다.

지금 하는 일이 마음대로 안 된다면 새롭게 바뀌어야 할 성장의 기회가 온 것이다. 문제와 정면 승부하여 제3의 문제 해결 방법을 찾는다면 역사의 주인공이 될 수 있다.

계단식 성장

식물은 서서히 성장하지만 사람이나 조직의 성장은 계단식으로 이루어진다. 하루에 담배 한 갑 피우는 사람이 담배를 끊을 때 하루에 한 개비씩 줄여서 20일 후에 끊는 것은 불가능하다. 금연을 결심하면 그날부터 한 개비도 피우지 않아야 성공한다.

학생들은 초등학교, 중학교, 고등학교, 대학을 졸업할 때마다 계단식으로 성장하고, 회사에 입사하면 새로운 시련을 통해 성장한다.

자동차 운전을 처음 하는 사람은 시속 50킬로미터로만 달려도 정신을 차리기 힘들지만, 100킬로미터를 한 번 달리고 나면 자신감이 붙어 50킬로미터 정도는 옆 사람과 이야기하면서도 편안하게 달릴 수 있다.

영업사원이 매월 10만 원씩 계약하다가 100만 원씩 하겠다고 결심하고 한 달에 10만 원씩 순증하여 10개월 후에 100만 원 하는 것은 불가능하다. 100만 원 하겠다고 마음먹은 날부터 생각을 바꾸고 활동하면 100만 원 할 수 있고 1,000만 원도 할 수 있다. 한 번에 1,000만 원의 계약을 한 사원은 배포가 커져서 다음부터는 500만 원짜리 계약은 쉽게 할 수 있다.

지점 대형화 계획을 세울 때 매월 한 명씩 순증하겠다는 목표는 달성되기 어렵다. 대형화하겠다는 마음을 먹은 순간부터 만나는 사람마다 리크루팅 대상자로 보고 정성을 다하다 보면 어느 순간에 인재들이 몰려오고 계약이 획기적으로 순증하여 대형 지점이 될 수 있다.

비즈니스에서 5% 성장 목표는 실패할 확률이 높다. 5% 성장해봤자 회사에 큰 변화가 없고, 사원들에게 돌아갈 인센티브도 별로 없으므로 기존 방식대로 열심히 할 뿐이다. 방법이 바뀌지 않으면 성과는 결코 크게 바뀌지 않는다. 반면 50% 성장 목표는 달성되는 경우가 많다. 50% 성장하려면 기존 방식으로는 불가능하므로 일하는 방법을 창의적으로 바꾸려고 노력하고, 50% 성장하면 회사와 개인의 성장이 눈에 보이기 때문이다.

성장하겠다고 마음먹었을 때 생각과 행동을 즉시 바꾸지 않고 때를 기다리는 사람에게 영원히 기회는 오지 않는다. 마음먹었을 때 모든 생각과 행동을 몰입하여 열정적으로 변화하는 사람에게 한 차원 높은 세상이 펼쳐진다.

꾀꼬리 vs 까마귀

새나라에서 노래왕 선발대회에 출전하는 꾀꼬리는 노래 연습을 열심히 했다. 꾀꼬리가 출전한다는 소리에 다른 새들은 포기했는데 까마귀는 이에 아랑곳하지 않았다. 까마귀를 찾아가봤더니 노래 연습은커녕 논두렁에서 정신없이 개구리만 잡고 있었다. 꾀꼬리는 안

심했고 우승을 자신했다.

그러나 대회 결과, 까마귀가 우승했다. 영리한 까마귀는 노래로는 꾀꼬리를 못 이긴다는 것을 알고 심사위원 황새가 좋아하는 개구리를 잡아 바치는 것으로 승부를 걸었던 것이다.

인간 사회에 이런 일은 비일비재하다. 보험 영업 초기에 상품 설명을 잘하면 계약이 체결되는 줄 알았다. 그런데 내가 제안한 상품을 ○○의 다른 지점으로 계약한 고객이 있었다. 그를 찾아가 항의했다.

"제가 잘못한 것을 알려주세요. 그래야 다른 곳에 가서 실수하지 않을 것 같습니다."

"박낙원 씨가 잘못한 건 없어요."

"그러면 왜 저와 계약하지 않으셨어요?"

"지금 계약한 사람이 더 좋아서요. 미안해요."

나는 한 번 더 물었다.

"그분이 나보다 왜 더 좋은데요?"

"그분은 박낙원 씨보다 실력은 없지만 10년 전부터 우리 회사를 오가며 성실하게 일했어요. 많은 사원들의 신뢰를 얻고 있습니다."

"그렇군요. 그분 연락처를 알려주세요. 직접 만나 그분께 영업 방법을 배우겠습니다."

고객이 나 대신 선택한 설계사는 교활하거나 영악한 사람이 아니라 성실하게 봉사품이라는 개구리를 제공하는 지극히 평범한 보험 아줌마였다.

상품과 서비스의 질이 비슷한 상황에서 상품과 서비스를 잘 설명하는 것은 기본이고, 고객은 마음에 드는 영업사원과 거래한다. 고객을 만나서 신뢰를 얻기 전에는 상품 설명을 하지 말고 신뢰를 얻기 위해 고객이 좋아하는 개구리를 바치는 것이 중요하다. 영업에서 고객이 원하는 개구리는 무엇일까?

어떤 사람이 토요타 자동차를 샀다. 새 차를 타고 집에 돌아오면서 라디오를 켰다. 1번에서 평소 즐겨 듣던 뉴스가 나오고, 2번은 딸이 좋아하는 음악채널이고, 3번은 와이프가 좋아하는 채널이었다. 새 차를 타서 기분도 좋은데 라디오 채널까지 취향에 맞으니 자동차 회사까지 좋아졌다. 그는 주변에 토요타를 홍보하고 다녔다. 그 비밀은 딜러에게 있다. 딜러는 고객이 기존에 타던 차를 수거하고 새 차를 배달하는데, 기존 차의 라디오 주파수를 메모했다가 새 차에 똑같이 맞추었던 것이다. 그는 1원도 투자하지 않고 오직 정성으로 고객을 자기편으로 만들었다.

어떤 사람이 유럽 출장길에 리츠칼튼 호텔에 투숙하면서 호텔 근무자에게 부탁했다.

"나는 푹신하고 낮은 베개를 베면 잠을 못 자니 단단하고 높은 베개를 주세요."

외출하고 돌아오니 원하는 베개로 교체되어 편안하게 잠을 잘 수 있었다. 그로부터 오랜 시간이 흐른 후에 다른 지역에 있는 리츠칼튼 호텔을 예약해서 룸에 들어가니 본인에게 맞는 베개가 세팅되어 있었다. 그 후로 그는 어느 지역을 여행하더라도 그 호텔만 애용한다고 한다.

또 다른 예를 살펴보자. 교보타워 뒤편에 있는 대구탕집에 가면 이러한 문구가 적힌 작은 액자가 걸려 있다.

'손님이 짜다면 짜다.'

고객이 싱거운 것을 좋아하면 싱겁게 음식을 만들고, 짜게 먹는 사람이면 짜게 만들어드리겠다는 음식점 주인의 참 멋진 마음과 자세다. 고객이 원하는 것을 한 차원 높게 제공하면 단골이 생긴다.

○○생명 플라자에 근무하는 한 여사원은 보험금을 받으러 와서 짜증 내는 고객에게 정성을 다해 편지를 썼다. 며칠 후 고객은 ○○생명 홈페이지에 글을 올렸다. 유방암으로 유방절제 수술을 받고 내 유방을 절제한 대가로 받는 보험금이라는 생각에 우울해져 어린 여사원에게 언성을 높인 것이 마음 쓰였는데, 편지를 받고 보니 눈물이 났고 앞으로 ○○생명 홍보대사가 되겠다고 했다. 여사원의 마음 씀씀이가 고객의 마음을 사로잡은 것이었다.

미국에 딸을 유학 보낸 아버지에게 어느 날 딸이 머그잔을 선물로 보내왔다. 잔 안에는 곰 한 마리가 그려져 있었다. 컵으로 쓰기에는 불편해 보였고, 특별히 좋은 물건 같지도 않았다. 아버지는 딸이 쓸 데없는 데 돈을 쓴다 싶어 용돈을 줄여야겠다고 생각하며 머그잔을 쓰레기통에 버리고, 선물과 함께 보낸 딸의 편지를 읽었다.

'아빠, 얼마 전에 마트에 갔다가 잔 속에 곰이 들어 있는 게 특이해서 이 잔을 샀어요. 커피를 타면 곰이 보이지 않지만 잔 속에 곰이 있어요. 아빠는 지금 내 앞에 보이지 않지만 제 가슴 속에 항상 있어요. 커피를 드시면서 저를 생각해주세요. 비록 아빠 곁에 저는 없지

만 이 잔으로 커피를 마실 때만이라도 제가 옆에 있다고 생각해주세요. 아빠, 사랑해요.'

편지를 읽고 난 아버지는 쓰레기통에서 머그잔을 꺼내 커피를 타 마시면서 눈물을 펑펑 흘렸다. 머그잔을 사느라고 용돈이 부족할 것 같아 돈도 더 보내주었다.

딸이 머그잔만 보냈으면 용돈이 줄었을 텐데, 아빠에 대한 사랑이 담긴 편지 덕분에 아빠를 감동시키고 용돈이 늘어났다. 편지는 머그 잔보다 비용이 적게 들지만 마음을 담을 수 있다.

많은 영업사원들은 고객에게 주는 선물의 가격을 고민하지만 더 중요한 것은 그 선물에 어떤 의미를 담느냐이다. 평범한 1만 원 짜리 선물에 이야기를 담아 그의 공감을 얻으면 고객의 마음을 살 수 있다.

사소한 일에 정성을 담으면 사람의 마음을 얻을 수 있다. 고객을 만나면 어떤 성향의 사람인지 파악하고 맞추는 재치가 필요하다. 고 객 수만큼 좋아하는 개구리도 다양하다. 명쾌한 논리와 설득력, 듣 기 좋은 목소리, 마음을 사로잡는 눈빛, 자필로 쓴 편지에 감동하는 고객, 정성이 깃든 선물, 음악회 초대, 기념일 챙기기, 마음이 통하는 대화, 정기적인 방문, 성실한 자세, 식사하기 등 섬세하고 작은 정성 에 고객은 감동한다.

꾀꼬리처럼 노래를 잘 부르는 것도 중요하지만 고객의 성향을 파 악하여 개구리를 준비하는 것도 지혜로운 행동이다. 리더가 하고자 하는 목표에는 고객과 조직을 위하는 큰 그림이 있어야 하지만, 그 목표를 달성하는 힘은 섬세함에서 나온다. 경영은 과학적 정교함과 섬세한 감성 터치가 융합되어야 하는 과학적 예술이다.

체험 마케팅

고객은 보고 듣기만 하는 것보다 몸으로 직접 체험하면 더 크게 만족한다. 정선군은 주민 소득을 높일 고민을 하다가 더덕 캐기 축제를 시작했다. 곡괭이를 들고 직접 산에 가서 더덕을 캐는 것이었는데 많은 사람들이 정선에 몰려들었고, 입장료를 내고 산에 들어가 더덕 몇 뿌리를 캐며 즐거워했다. 산에 다니며 운동하고, 배가 고프니 더덕으로 만들어진 음식도 사 먹고, 집에 가서 자랑하기 위해 더덕을 많이 사갔다. 산에 들어가는 입장료를 받고, 음식을 팔고, 지역에 대한 좋은 이미지를 남기니 일거삼득이다. 축제를 벌이기 전에는 더덕을 캐는 데 들어간 시간과 노력, 그리고 판매가 되지 않아 마음고생까지 해야 했다. 그것에 비하면 엄청난 부가가치를 창조한 것이다.

밤나무가 많은 공주시에서도 매년 '밤 따기 축제'를 개최한다. 사람들이 몰려와 즐겁게 밤을 따고 본인이 딴 밤에다 지인들에게 줄 밤까지 사 가기 때문에 일거양득이다. 홍천 빙어축제, 경기도 광주의 토마토 축제도 고객 체험 마케팅이다.

강남 본부장 시절 고객에게 ○○생명을 체험시키기 위해 VIP 세미나, 명예지점장, 최고경영자 과정을 개발했다. 세미나에 참석한 고객은 ○○생명을 방문하여 사원들의 친절함을 느끼고, 좋은 정보와 지식을 얻고, 본인에게 필요한 보장 자산을 구입한다.

평소 잘 알고 지내는 대기업 회장님에게서 전화가 왔다.

"박 본부장, 펀드 한 구좌만 들어줘."

"펀드 판매를 하시나요?"

"내가 우리은행 명예지점장인데 지점장을 승진시키기 위해 펀드 20구좌 해주기로 약속했어."

나는 그 말을 듣고 은행의 명예지점장제도를 연구해서 강남본부 명예지점장 제도를 도입했다. 명예지점장이 되면 ○○에 대한 소개를 받고, 정기 모임을 통해 지역의 좋은 사람들과 인간관계를 형성할 수 있다. ○○생명 홍보대사 역할을 잘해주었고, 지점장으로 담당 설계사의 성과 관리를 부탁하니 소개를 잘 해주었고, 지점을 발전시키기 위해 리크루팅을 해준 분도 많았다.

대학에서 하는 최고경영자 과정을 다니면서 중소기업 대표들이 많은 돈을 내는 이유를 생각해보았다. 사업이 안정되니 새로운 정보와 지식의 필요성을 느끼고, 품격이 같은 사람들과 네트워크를 갖고 싶어 비싼 교육비를 내고, 과정을 운영하는 측에서는 엄청난 수익 사업이었다.

○○생명이 중소기업 경영자를 대상으로 최고경영자 과정을 운영한다면 고객들에게 ○○생명을 체험하고 로열티를 높일 수 있다고 생각했다. 경영자들은 회사 내에서는 사원들에게 갑이지만 대외적으로는 을의 인생을 살다 보니 스트레스가 많은 분들이다. 만약 작은 실수라도 발생한다면 오히려 원성을 살 수 있는 프로젝트여서 두

려웠다.

나는 전경련 최고경영자 과정을 강남 교보타워로 유치하여 2회에 걸쳐 치밀하게 벤치마킹을 했다. 당시 전경련은 신사옥을 짓고 있어서 교육장을 구하는 입장이었고, 우리는 전경련 30년 과정 운영의 노하우가 필요했다.

교수진은 각 대학의 명강사들로 구성했고, 담당 사원들에게 많은 예행 연습을 시키고 시작했다. 12주 동안 ○○생명에 방문하여 교육을 받고 좋은 사람들과 네트워크를 구축하니 만족도가 상당히 높았다. 한 번 참여한 사람들은 지인들에게 교육 과정을 추천하니 영업 사원들은 자연스럽게 고객을 소개받을 수 있었고, 회사는 품격 있는 홍보대사를 확보할 수 있었다. 지금도 ○○생명 고객 중에 CEO 위주로 진행하는 교보 노블리에 소사이어티 과정은 명품 과정으로 계속 진행되고 있다.

백문불여일견(百聞不如一見)이라 했다. 고객은 백 번 듣는 것보다 한 번 보는 것이 좋고, 열 번 보는 것보다 한 번 체험하는 것을 더 좋아한다. 좋아하게 되면 고객은 저절로 회사를 잘 알게 되고 홍보대사가 된다.

업무 처리 속도를 높이는 마감

흔히 기업에서 활용하는 '마감'이라는 제도는 인류 역사를 스피드하게 만든 매우 유용한 제도다. 목표를 언제까지 달성한다고 기한을 정하면 주어진 시간에 일을 완성하기 위해 사람은 긴장하게 되고, 업무 몰입도는 높아진다.

보험회사는 마감을 주간 · 월 · 분기 · 년 단위로 하기 때문에 마감에 집중하다 보면 시간이 금방 간다. 올림픽, 월드컵은 4년마다 마감하고, 야구는 한 경기에 9번 마감하고, 축구는 전후반 45분 만에 마감하지만 언론사는 매시간 뉴스를 마감한다.

마감은 오늘이 생애 마지막 날인 것처럼 해야 한다. 그렇게 마감해야 긴장 속에서 계속 성공할 수 있다.

스포츠 선수들은 매 경기마다 쓰러질 정도로 모든 에너지를 쏟아붓는다. 올림픽에 출전한 운동선수가 결승전에 대비해 예선전에서 힘을 다하지 않다가 탈락했다면 사람들은 뭐라고 할까?

"결승전을 위해 힘을 비축하려다가 졌어요. 억울해요. 다시 경기하게 해주세요."

이런 선수에게는 기회 대신 야유가 쏟아진다.

우물에서 물을 계속 길어내면 물이 많아지고, 그냥 놔두면 수맥이 막혀 물이 안 나온다. 주간 마감이든, 월말 마감이든 모든 에너지를 쏟아부어 당신의 우물이 마르지 않게 해야 한다. 예를 들어, 영업자는 매달 마감 뒤 계약할 사람이 한 사람도 없는 상태가 되어야 한다. 다음 달을 위해 계약을 남겨놓는 것은 다음 경기를 위해 힘을 쓰지 않는 어리석은 행위이고, 결국은 긴장감이 떨어져 지속 성장이 어렵다.

회의 생산성 높이기

기업에서 회의를 잘 관리하는 것은 대단히 중요하다. 회의는 참석자들이 실력을 발표하여 경영에 반영하는 진검 승부의 장이다. 그렇기에 리더는 회의 목표를 분명히 하고, 목표 달성을 위해 필요한 핵심 지식을 제공해야 한다. 마중물 지식을 제공하지 않으면 회의는 겉돌다가 결론 없이 끝날 수 있다. 회의를 주관하는 사람은 참석한 사원들이 창의적인 아이디어를 발표하면 적극적으로 칭찬하여 집중도를 높여야 한다.

"대단히 좋은 의견입니다. 자세히 말씀해보세요."

회의에 참석해서 한마디도 하지 않는 사원은 실력이 없거나 말을 해도 반영되지 않으니 포기한 것일 수 있으므로 긴장감을 조성할 필요가 있다.

"이 문제에 대해 의견을 말해보세요."

"사전에 공부하고 회의에 참석하도록 하세요."

혼자 주제에 벗어난 말을 많이 하면 주의를 환기시킬 필요가 있다.

"오늘 회의의 목적이 뭔가요?"

"회의 목표를 달성하기 위해 주제에 맞는 발언을 해주세요."

회의에서 현재 문제를 해결하기 위해 참가자들이 기탄없이 아이디어를 발표하여 자신의 가치를 증명하고 본인의 아이디어가 선택되도록 논쟁하는 문화도 필요하다. 또한 리더는 생각 없이 회의실에 앉아 있는 사원이 없도록 계속 회의에 개입시켜 자유롭게 토론하게 하고, 회의 내용을 요약 정리하게 해 결론을 내면 된다.

"주제 발표와 토론이 있었으니 오늘 회의 내용을 김 팀장이 정리해보세요."

"다음은 박 팀장이 정리해보세요."

참석자들에게 요약 정리 발언을 시키면 사원들의 집중도가 높아지고, 회의 주관자는 전체 의견을 듣고 결론을 내리기가 수월해진다. 결론에 따른 향후 실행 방안과 기한을 정하고 발표시키면 회의의 생산성이 높아진다.

강남 본부장 시절에는 매월 하는 지원단장 회의에서 창의적 아이디어를 촉구하기 위해 매 회의마다 환경을 바꾼 적도 있다. 새벽에 남한산성 산책 후 회의, 골프장에서 새벽 첫 팀으로 골프 라운드 후 회의, 임원들이 회의하는 본사 중역회의실에서 회의, 남북분단의 현장인 판문점 JSA에서 회의, 상해 임시정부 견학 후 회의 등 다양한 장소에서 회의하며 지원단장들의 창의력을 요구했더니 분위기가 역동적으로 바뀌었다. 회의를 위한 회의를 즐기는 회사는 성장하기 어렵다. 성장하는 회사는 철저한 준비와 핵심에 집중하는 회의로 참석자들에게 영감을 줌으로써 성과 창출에 기여한다.

경영 관리

경영 관리는
균형을 맞추는 일

사업 규모에 맞는 인력의 균형을 맞추고, 수입과 지출, 현실을 유지하기 위한 비용과 미래를 위한 투자, 사업 성공 가능성과 실패 시 리스크에 대한 균형을 맞추어야 한다. 리더가 균형을 잃으면 극단적 리스크가 발생한다. 대기업도 극단적 리스크가 발생하면 한순간에 여름날 이슬처럼 사라진다.

매월 적자 기업을 운영하는 사장님이 계셨다.

"왜 적자 기업을 운영하세요?"

"부도내고 잠적하고 싶은데 우리 사원의 가족들 생계를 위해 어쩔 수 없이 운영합니다."

그 사장님은 아침부터 밤늦게까지 죽을 만큼 일했지만 회사는 결국 부도가 나고 말았다. 그 후 사원 대표들이 회사를 살리는 일이나 사장님을 보호하는 일은 안중에도 없고, 법인인감을 들고 와 보험을 해약해 밀린 임금을 받아가는 모습을 보자 한 대 때려주고 싶었다. 그분은 안타깝게도 사람 관리, 업무 관리, 경영 관리에 모두 실패한 셈이다.

수입과 지출의 원칙

보험 영업으로 많은 계약을 체결했는데 본인 자산이 늘지 않는 사원이 있다. 고객에게 과도한 답례품을 제공하는 것은 삼가야 한다. 고객에게 고가의 답례품을 제공하는 것보다 고객에게 최고의 보장 자산을 제공하기 위해 노력해야 한다.

보험 영업으로 힘들게 번 돈을 제대로 투자하지 못해 한 방에 날려버린 경우도 보았다. 참으로 안타까운 일이다. 사업이든 투자든 본인이 잘할 수 있는 분야에만 투자해야 한다. 본인이 잘 모르는 분야에 투자하는 것은 정기예금보다 못하다.

지점장으로 큰 성과를 창출했는데 회사에서 나오는 경비 이상을 투자하여 빚을 지는 경우도 있는데 그것은 경영 관리를 못한 것이다. 사업도 그렇게 하면 망한다.

영업을 잘해서 판매 왕이 된 사람이 세일즈 성공 경험으로 창업하여 엄청난 매출을 올렸다. 그런데 이상하게 회사는 적자였다. 엎친

데 덮친 격으로 세무 조사를 받아 엄청난 세금을 추징당했다. 결국 회사 문을 닫고 빚쟁이가 되었다. 그분은 수입과 지출에 대한 균형을 맞추지 못했다.

어느 CEO는 사원들의 복지 향상을 위해 늘 노력했다. 사원을 열심히 교육시키고, 이익이 나면 보너스를 챙겨줬다. 사원들은 모두 CEO를 믿고 따르며 열심히 일했다. 그러나 회사는 외환위기를 맞으며 부도가 났다. 그러나 핵심 사원들은 경쟁사로 가지 않고 사재를 털어 회사를 살렸다. 비록 CEO는 수입 대비 과도한 지출을 하며 미래를 예측하고 대비하는 경영 관리에 실패했지만 업무 관리, 사람 관리에는 성공했다.

'갑'과 '을'의 사이

경영에서 균형을 맞추는 것은 리더의 중요한 역할이다. 보험 회사의 경우 영업과 경영 관리 부서가 균형을 맞추어야 전사적으로 지속 성장할 수 있다. 영업하는 사람은 고객과의 관계에서 평생을 '을'로 살아가는 사람들이다. 영업사원들은 고객에게 '을'로 살아가고 있고, 지점장, 단장, 본부장이 되어도 '을'의 인생을 살아가게 된다. 반면 자산 운용이나 경영 관리는 고객과의 관계에서 '갑'의 인생을 살아가게 된다.

성장하고 싶은 회사는 영업에 힘을 실어주어야 지속 성장이 가능하다. 영업을 뼈저리게 경험하지 않은 사람이 CEO를 할 경우 영업에서 하는 일은 돈 낭비로 인식하고, 돈을 못 쓰게 막는 경영 관리가 회사를 위하는 것으로 착각하기도 한다.

조찬에서 만난 보험 영업 경험이 전혀 없는 다른 보험회사 CEO와 대화를 나눌 수 있었다.

"영업 경험이 없는데 괜찮으세요?"

"사장으로 내 역할은 영업에서 하겠다는 것을 못하게 막는 겁니다. 주주 이익이 중요하거든요."

저런 회사가 잘 돌아갈까 궁금했다. 그 회사의 영업 성과는 지속적으로 하락했고, 몇 년이 지나 만났더니 이렇게 말했다.

"모든 지표가 좋은데 영업이 문제입니다. 중간에 이탈하는 영업사원이 많고, 계약률과 유지율이 낮습니다."

그 사람은 고객이나 사원의 가치는 안중에도 없었고, 오직 본인을 대표로 임명한 주주 가치만을 위해 일하다 보니 결국 그 회사에서 인재와 고객이 떠나고 뼈대만 앙상하게 남은 회사를 만들어 주주에게 큰 피해를 끼치는 결과를 가져왔다. 리더가 망하는 지름길은 세상에서 본인이 가장 잘났다고 생각하고 본인의 이익을 위해 조직원의 희생을 강요하는 일이다.

전문 경영인이 주주를 위하는 것은 고객이 거래하고 싶은 회사를 만들고 우수한 사원이 근무하고 싶은 회사를 만들어 지속 성장하는 기업을 만드는 것이다. 고객이 거래하고 싶은 보험 회사가 되면 유능한 인재들이 우수 고객을 유치하여 지속 성장할 수 있다.

수입과 지출의 균형을 맞추는 것도 대단히 중요하다. 수입을 초과한 지출도 문제지만 미래를 위해 수입 일부를 투자하지 않는 것은 미래를 포기하는 행위이다.

회사나 영업사원도 소득의 일부를 고객과 신뢰 구축을 위한 비용으로 지출해야 하고, 일정 부분 본인을 위한 투자를 지속해야 하고, 특히 고객에게 제공할 정보와 지식을 얻기 위한 교육에 시간과 비용을 투자하는 것은 매우 유용하다.

성장과 안정의 균형을 맞추는 것도 중요하다. 너무 안정만 추구하면 장기적으로 사업이 축소된다. 비용이 들더라도 획기적인 성장이 기대된다면 도전해야 하고, 달성 시 이익보다 위험이 큰 것은 피해야 한다.

비용 지출 시 작은 돈이라고 지출 대비 효과를 따지지 않으면 큰 사업 기회가 생겨도 자금이 없어 비즈니스를 할 수 없다.

정주영 회장님은 엄청난 구두쇠였다. 여사원이 허리띠가 낡았다고 새것을 사 오자 10년은 더 쓸 수 있는데 괜한 짓을 했다고 야단쳤다. 하지만 큰 사업 기회에는 과감하게 투자했다. 사업뿐 아니라 민족을 위해 북한에 소 1,001마리를 몰고 가면서 남북 대화의 장을 열었다. 작은 돈을 아껴 가치 있는 일에 큰돈을 쓴 것이다. 그러나 작은 돈도 아끼고, 큰돈도 아끼면 절대 큰 사업을 할 수 없다. 영업사원은 고객 확보 및 신뢰를 얻기 위해 들어가는 비용을 아끼면 갈 곳이 없어진다. 작은 돈을 아껴서 기회가 오면 투자할 줄 알아야 한다.

공금을 사용할 때는 항상 견제가 필요하다. 나는 지금까지 돈 때문에 문제가 생긴 적이 없다. 나는 돈을 쓸 때, 단 한 번도 혼자 결정하지 않았다. 지점장 시절에는 통장과 도장이 모두 있어야 돈을 인출할 수 있었는데 도장은 내가, 통장은 경리사원이 보관하게 했다.

"내가 필요하면 총무와 상의할 테니, 용도에 맞지 않으면 안 된다고 하세요. 우리 힘을 합쳐 지점 발전을 위해 투명하게 사용합시다."

모든 금전 사고는 한 명이 지출에 관한 모든 권한을 가질 때 생긴다. 리더는 인사할 때와 공금을 사용할 때 항상 CCTV에 녹화된다고 생각하고 투명해야 한다. 사람은 믿되 일에 있어서는 너무 믿지도 의심하지도 말고, 객관적으로 보는 시각을 가져야 한다. 인사와 자금에 대해 정직하고 투명해야 신뢰를 얻을 수 있고 지속적으로 성장할 수 있다.

결정적인 리스크에 대비하지 않으면 한방에 간다

100미터짜리 강철 체인이 있다. 그중 딱 하나의 고리가 플라스틱으로 되어 있다면 그 체인이 지탱할 수 있는 무게는 플라스틱에 의해 결정된다. 100미터짜리 강철을 만들기 위한 노력은 플라스틱 고리 하나로 무너진다. 사람이나 조직은 잘하는 일로 조금씩 성장하지만 결정적 잘못으로 한 번에 망한다. 성공하기 위해 도전적으로 살아야 하지만 결정적 리스크는 피해야 한다.

택시기사는 손님을 목적지까지 모시고 가면 돈을 벌지만, 교통사고가 나면 돈을 벌기는커녕 생계를 위협받을 수 있으므로 안전운전이 기본이다.

2014년 대한민국을 슬프게 했던 세월호는 안전하게 제주까지 운항했더라면 돈을 벌 수 있었지만 침몰함으로써 300여 명의 안타까운 생명을 희생시켰고, 배도 잃고, 기업주는 모든 재산과 본인의 명예와 목숨까지도 잃었고, 멸문지화를 당했다. 세월호 선주는 오래된 배를 구입하고, 배를 확장하여 화물을 많이 실어 수입을 극대화했으나, 선박 사고라는 결정적 리스크를 예측하지 못함으로써 모든 것을 잃었다. 만약 비싸지만 제대로 된 배를 사고, 정당한 급여를 주고 사명감 있는 선장과 선원을 고용했더라면 지금도 잘 운항되고 있을 것이다.

리더는 조직의 한 달 후, 1년, 3년, 5년 후까지 생각해야 한다. 미래를 예측하지 못하고 일만 하는 리더가 이끄는 조직은 앞을 못 보는 사람이 운전하는 차를 타고 가는 것과 같다. 미래를 예측하여, 위험을 피하고 최적의 문제 해결을 통해 성장해야 한다.

미래 리스크는 예측되는 위험과 예측하지 못하는 위험이 있다. 리더가 예측하지 못한 리스크가 발생하면 조직은 충격을 받는다. 리스크 없는 안전한 길은 없다. 혹시 그런 길이 있다면 종착지는 형편없을 것이다. 다른 사람이 피하는 위험한 일을 해내면 크게 성장할 수 있고, 현실에 안주하여 기존 방식만 고수하면 서서히 침몰할 수 있다.

리스크 관리

예측된 리스크 관리 방법은 사전 예방과 회피·전가·통제·감수하는 방법이 있다. 예측되는 리스크를 예방하여 발생하지 않도록 하는 것이 최선이다.

리스크를 예측하여 이겨냈을 때 큰 이익이 기대되면 과감하게 도전해야 하고, 감당할 수 없는 위험이라면 피해야 한다.

A중소기업 대표는 경리 부장의 협조로 필요시 비자금을 만들어 썼다. 그렇게 10년이 지난 어느 날 회사 자금이 비는 것을 알고 조사했더니 경리 부장이 오랫동안 회사 공금을 사적으로 사용한 것을 발견했다. 경찰에 고발하려다가 그동안 함께했던 정을 봐서 사표를 받고 퇴직금도 챙겨주었다.

몇 달 후 경리 부장은 대표에게 그동안의 비자금을 눈감아줄 테니 10억 원을 달라는 편지를 보냈고, 대표는 화가 났지만 1억 원을 주고 달랬다. 몇 달 후 경리 부장은 다시 사업 자금으로 10억 원을 요구했고, 대표는 이 요구를 무시했다. 몇 달 후 검사들이 압수수색 영장을 들고 와서 회사 장부를 가져갔고, 대표는 구속되고 벌금과 세금을 추징당했다. 경리 부장이 10년간 적어온 비자금 장부를 국세청과 검찰에 넘긴 것이었다.

경리 회계는 법과 원칙에 의거해 엄격하게 처리하는 것이 리스크를 예방하는 최적의 방법이다. 사원을 한 명 잘못 채용하여 망한 기업도 있고, 일을 하나 잘못 처리하여 망한 회사도 있다. 유능한데 정직하지 않으면 크게 사고를 치고, 무지하고 성실하지 않으면 성과가 없고, 무능하고 의욕이 없는 사람은 키울 수가 없고, 능력 유무를 떠나 신의 없는 사람을 가까이하면 미래가 위험하다.

새우깡은 고소하고 짭짜름한 맛이 일품이어서 어렸을 때부터 참 좋아했던 스낵이다. 오랜 시간 인기 있는 상품이었다. 하지만 단 한 번 하나의 제품에서 쥐의 머리가 나오자 고객들은 새우깡을 외면했다. 쥐머리 새우깡으로 각인되었기 때문이다. 단 한 번의 결정적인 리스크로 인해 지울 수 없는 낙인이 찍힌 것이다.

어떤 생명보험 회사에서 신상품을 판매했는데 계약이 폭주하여 회사는 매출이 신장했고 이익도 많이 났고 상품을 개발한 사원은 큰 포상을 받았다. 문제는 그다음부터였다. 엄청난 보험금이 지급되면서 회사는 이 상품으로 1조 원 이상 손실을 보았다.

2014년 미국 최대 자동차회사 GM은 엄청난 이익을 내고, CEO와 사원들에게 대대적인 성과급을 지급했다. 그런데 성과급을 지급한 이후에 엄청난 리콜 사태가 발생했다. 결과적으로 회사는 리콜 비용만큼 큰 손실을 봤는데 사원들에게 지급한 성과급을 회수할 수도 없었고, 브랜드 가치는 천문학적인 돈을 쏟아부어도 회복되기 어려울 만큼 추락했다.

보험설계사가 큰 계약을 해서 많은 수수료를 받아 가족들과 외식도 하고, 자녀들 옷도 사주고, 자동차도 바꿨다. 시간이 지나 고객에게 다른 설계사가 접근하여 보험 가입을 권유하자 고객은 이를 거절하기 위해 보험증권을 보여주었다. 고객이 보여준 보험증권을 꼼꼼히 분석한 다른 설계사는 보험계약의 문제점을 지적했다. 결국 계약은 무효 처리되었다. 이렇게 하여 계약을 체결한 사원은 이미 받은 수수료만큼의 빚을 지게 되었다. 일을 빠르게 처리하는 것보다 정확하게 처리하는 것이 중요하다. 설계사는 전문성을 높여서 다른 회사 전문가들이 분석해도 문제가 없도록 보험 상품을 설계해 판매해야 한다.

2008년 전속채널 영업을 총괄할 때 보험 업계는 보험 계약을 허위로 하고 수수료를 선지급받고 도망가는 먹튀 설계사들로 골머리를 앓았다. 먹튀 설계사란 수수료를 먹고 튀는 설계사를 일컫는 말로 신계약 수수료를 지급받고 퇴사하고, 계약에 대해서는 무효 처리하는 나쁜 설계사이다. 본사 감사팀에서 먹튀 설계사라는 판명이 나면 해당 설계사의 본부장, 단장, 지점장은 절대 아니라고 항변하는 일이 자주 생겼다. 나는 영업 현장을 대변했지만 몇 달이 안 되어 먹튀 설계사로 결정되고 나니 그 설계사를 두둔했던 모든 영업 현장 설계사와 관리자들이 도둑놈 취급을 받는 상황이 발생했다. 나는 고심 끝에 설계사 수수료 선지급 방식을 분급형으로 개정하기로 결정했고, 경영층과 영업 현장을 설득하여 더 큰 미래 리스크에 대비했다. 실적이 다소 떨어지더라도 신뢰를 바탕으로 정정당당하게 영업하는 문화가 좋다는 판단에서 결정한 것이었는데 그 조치로 ○○생명에서 먹튀 설계사는 사라졌다.

현장 영업을 하던 시절 친한 분으로부터 대형 신문사 경리 부장을 소개받았다. 우리는 술집에서 만나 술을 마시고 보험 계약을 체결했다. 내가 상품을 설명하려 했지만 잘 알고 있다며 큰 원칙만 합의하고 계약을 체결한 것이었다. 보험 예정 이율은 위험 보험료과 사업비를 제외한 보험료에 대하여 이자가 발생하는데 경리부장은 납입 원금에 이자를 계산하여 상부에 보고하고 계약을 체결했다. 그 보험이 만기된 후 민원이 발생했고 나는 곤욕을 치러야 했다. 그 이후 나는 어떤 경우에도 술자리에서 비즈니스를 추진하지 않는다. 술을 마시면서 하는 계약은 반드시 뒤끝이 좋지 않다. 비즈니스는 서로 제정신에서 꼼꼼하게 따져 계약 내용을 정확히 알고 계약해야 한다.

욱하는 성질 죽이기

화를 참지 못하고 '욱'하는 것은 정신병의 일종이다. 최고경영자가 순간적으로 감정을 조절하지 못해 인생을 망치는 경우도 많다. 땅콩 회항 사건, 캐디 추문 전직 국회의장, 라면 상무, 성추행 교수는 본인뿐 아니라 가족에게도 씻기 어려운 상처를 입혔다. 나이가 들거나 자리가 커질수록 화가 나더라도 참았다가 평상심으로 일을 처리하는 것이 상책이다. 먹고살기 어려운 사회는 도덕적 결함이 있더라도 능력만 있으면 살아남을 수 있었지만 지금처럼 선진화된 사회에서는 개인이든 조직이든 윤리적 위험 관리 역량이 중요하다.

리더는 분노 때문에 조직을 움직여서는 안 된다. 화가 난 상황에서 명령을 내려서도 안 된다. 사람이 죽으면 다시 살릴 수 없듯이 조직이 한 번 망가지면 다시 일으킬 수 없다. 화가 나서 참을 수 없을 때는 아무 말하지 않고 자리를 피했다가 평상심에서 말하는 것이 지혜다.

지위가 높아지면 일반인보다 요구받는 도덕적 잣대가 높아진다. 스스로 만든 재앙 속에서는 살아남을 수 없다. 자기 관리 능력이 없으면 단 하나의 사건으로 한 방에 훅 간다. 큰 리더가 되고자 하는 자는 아무도 보지 않는 사적인 곳이든 수천만이 모인 공적인 곳이든 본인의 언행에 도덕적 잣대를 높여서 당당하게 살아야 한다.

이익이 나는 경영

전문 경영인은 본인 재직 시 성과 창출을 위해 악성 재고를 만들어 후임자에게 물려주어서는 안 된다. 인사 이동을 하다 보면 지점, 지원단, 본부가 엄청난 부채를 안고 있는 경우가 있었다. 전임자가 조직 역량을 키우는 영업을 하지 않고 단기 시책 영업을 한 결과였다. 현재의 성과를 창출하기 위해 쓰는 비용도 가용한 예산 범위 내에서 사용해야 한다. 현재 성과를 위해 미래 부채를 발생시키는 것은 후임자와 후배들에게 빚을 지는 것이다.

물론 조직을 경영하다 보면 일시적 부채가 발생할 수도 있다. 예를 들어 영업을 위한 시책을 했는데 예상보다 성과가 초과되면 일시적인 부채가 발생할 수 있다. 어떤 경우에도 가용자원 50%를 초과하는 부채경영을 하면 안 된다. 작은 조직이든 큰 조직이든 리더는 항상 이익이 나는 경영을 해야 한다.

캐나다 들소처럼
뛰지 마라

캐나다 여행 중 여행사 가이드가 버스 안에서 캐나다 육포를 소개하면서 해준 이야기다. 대자연을 거칠게 휘젓고 다니는 900~1,000킬로그램의 캐나다 들소를 잡으려면 여러 명의 원주민들이 힘을 합쳐 벼랑으로 몰고 가야 한단다. 앞서 달리던 들소가 벼랑을 보고 멈춰서지만 뒤에서 앞만 보고 달려오던 들소에 밀려 벼랑으로 떨어지게 된다. 그중 영리한 들소는 벼랑으로 떨어지기 전에 옆으로 도망가지만 앞만 보고 달린 들소들은 모두 떨어지고 만단다. 벼랑에서 떨어져 다리가 부러지고, 머리가 깨진 소를 잡아 나오려면 무거우니까 그대로 말린 고기가 캐나다 육포의 유래라며 귀국길에 선물로 사 가라고 했다.

그 말을 듣는 순간 직장인의 운명이란 캐나다 들소와 같다는 생각이 들었다. 우리 모두는 언젠가 퇴직하고 떠날 회사에서 생각 없이 들소처럼 앞만 보고 달리고 있는지도 모른다.

지금은 편안하더라도 앞날을 예측하여 리스크만 크고, 이익이 없는 경우에는 과감하게 포기하거나 방향을 바꿔야 한다. 노키아는 세계 최고의 휴대전화 회사였지만 스마트폰이 나오면서 휴대전화는 팔리지 않고 망할 수 있다는 것을 예측하지 못하고 계속 달리다가 추락했다.

코닥은 필름 시장에서 세계 1위였지만 디지털카메라가 나오면 필름은 팔리지 않을 것을 예측하지 못하고 열심히 필름을 만들다가 망했다. 미래를 예측하지 못하고 당하는 것은 그래도 덜 억울한 일이지만 뻔히 예측되는 미래에 대하여 대책을 세우지 못하고 살다가 망하는 것은 용납할 수 없는 무지이다.

업종은 이미 사양 산업인데도 '어떻게 되겠지' 하고 열심히 일하다 망한 사람들이 바로 앞만 보고 달리는 캐나다 들소 같은 사람들이다.

백마 탄 왕자가 나타나기를 기다리다 마흔을 넘긴 처녀나 현모양처에 쭉쭉 빵빵한 여인이 나타나길 기다리다 나이 쉰을 바라보게 된 노총각이나 사업을 시작하겠다고 다짐하다가 정년을 앞둔 회사원들도 캐나다 들소들이다. 이들처럼 벼랑을 향해 달리다 죽을 바에는 두렵더라도 과감하게 새로운 결단을 하고 오래 생존할 수 있는 길을 찾아야 한다.

한편, 경영자는 인재들을 들소 취급하지 말고 평생 함께할 동지로 생각하고 인재들의 성과에 대한 정당한 보상으로 보람 있는 인생을 보장해야 한다. 리더의 가슴에는 항상 나를 따르는 조직과 조직원을 잘살게 하겠다는 대의가 있어야 한다.

근본적인 원인을 찾아
개선하라

회식이나 포상은 조직에서 팀워크를 유지하는 데 필요하다. 일이 잘되지 않아 침체된 분위기를 바꾸려고 할 때 회식을 한다는 것은 잘못된 생각이다. 회식을 한다고 일이 잘될 리가 없다. 술을 마시면 열심히 하겠다고 하지만 다음 날 피곤해서 일은 더 안 된다. 그뿐만 아니라 일이 안 되어 힘들어하는 사원들과 회식하면 사고가 발생할 수도 있다.

경험 많고, 역량 있는 사람이 성과 최하위 조직으로 발령을 받고 전화를 해왔다.

"일이 안 되어 평가 결과가 나쁘니 사원들 사기가 떨어져서 회식을 하겠습니다."

"평가가 나쁜 원인이 무엇인가요?

"일을 잘 못해서요."

"그럼 일을 잘할 방법을 찾아야지 회식한다고 평가가 좋아지나요? 지금은 회식보다는 일이 잘되도록 몰입하시고, 평가가 좋아지면 회식을 하는 게 좋을 것 같네요."

그는 내 말을 듣지 않고 회식을 강행했고, 술을 마신 사원들은 불만을 터트렸다.

"출근하기 싫습니다. 다른 곳으로 전출 보내주세요."

비판적인 이야기가 많아지자 한 사원이 노래방에 가서 스트레스를 풀자고 했다. 조직장은 옆자리 여사원에게 블루스를 추자며 손을 잡았다. 함께 근무하기 싫은 조직장과 원하지 않는 춤을 춘 여사원은 성희롱을 문제 삼았고, 결국 그는 20년간 몸담았던 회사를 불명예스럽게 떠나야 했다. 만약 그가 내가 조언한 대로 일 잘하는 방법을 연구해 모든 사원의 평가가 좋아졌을 때 회식을 했다면 그는 지금도 사원들에게 존경받으며 일하고 있을 것이다.

나는 일이 안 될 때는 회식 대신 밤새 연구하거나 워크숍을 진행했다.

"시장을 연구하고 프로세스를 바꾸면 분명히 잘될 겁니다. 조금만 더 힘을 냅시다."

강북 본부장 시절 오전에는 사원 교육과 계층별 미팅을 하고 오후에는 고객을 만나고 저녁에는 지점장들과 연구 강의를 하면서 바쁘게 살았다. 11시에 퇴근해서 다음 날 6시에 출근했으니, '일하다 잠시 집에 다녀오며' 살았던 셈이다. 당시 사원들은 이렇게 말했다.

"본부장의 열정은 대체 어디서 나오는 거야? 지금 만났으니 다행이야. 젊었을 때 함께 일한 사람들은 죽었을 거야."

차츰 모든 사원이 역동적으로 움직였고 우리는 하루에 많은 일을 했다. 당시 고참 단장들은 말했다.

"다른 본부장들과 일할 때는 제가 본부장을 하면 더 잘할 자신이 있었는데, 본부장님과 일하면서 제가 아직 멀었다는 생각이 들었습니다."

그렇게 해서 드디어 팀워크와 성과가 좋아졌을 때 지점장들에게 말했다.

"힘든 상황에서도 열심히 일해줘서 고맙습니다. 6개월 뒤에 50% 성장하면 모든 지점장과 골프대회를 하겠습니다."

우리는 모두 몰입했고, 6개월 뒤에 기적처럼 실적이 50% 신장했다. 1년에 5% 신장도 어려운데 6개월 만에 50% 신장은 굉장한 역사였다. 그런데 단장들은 전 지점장 골프대회에 대해서는 회의적이었다.

"골프클럽이 있는 지점장이 몇 명 없어서 골프대회는 무리입니다. 회식이나 한번 하지요."

지점장들을 기쁘게 해주려고 한 것이 모양새가 우습게 되었다. 그 당시만 해도 골프를 치는 지점장들이 많지 않았고, 골프채를 한 번도 잡아보지 않은 60여 명이 한꺼번에 골프를 치는 것도 무리였지만, 약속한 행사를 취소하면 내가 거짓말하는 본부장이 되므로 진퇴양난이었다. 고민 끝에 결정했다.

"약속은 어떤 경우에도 지켜져야 합니다. 골프대회를 꼭 하겠습니다."

한꺼번에 60여 명이 골프에 입문하는 기록을 세우며 대회를 치렀다. 골프 실력은 엉망이었지만 사기는 하늘을 찔렀다. 1년 동안 아꼈던 회식비를 하루에 모두 썼지만 그 효과는 놀라웠다. 그다음부터는 내가 프로젝트를 하자고 했을 때 몰입하는 지점당들의 에너지를 느낄 수 있었다. 작은 돈으로 여러 번 회식을 하는 것보다 한꺼번에 크게 쓰는 것이 효과적이라는 것을 경험한 사건이었다.

일과 휴식, 수입과 지출, 직관과 분석, 망원경과 현미경 등의 경영 전반에 관해 균형을 맞추는 경영 관리는 항상 성장에 초점을 맞추어야 한다.

바둑을 둘 때 묘수를 찾는 것도 중요하지만 악수를 피해야 이길 수 있다. 리스크 발생 시 원인을 분석해 대책을 마련하고 해결하는 가장 큰 책임은 리더에게 있다. 본인은 꼼짝도 하지 않으면서 사원들에게 일 열심히 하라고 하고, 위기가 발생했을 때 사원들에게 해결하라는 리더는 없는 것이 오히려 낫다.

모든 일의 중심에는 리더가 있어야 한다. 리더는 주(主)병력이 위치하는 곳에서 가장 위험하고 힘든 일을 하는 사람이어야 한다.

세상에 완벽한 기회는 없다. 완벽한 결과를 만들고 싶으면 예측하고 준비하고 또 준비해야 한다. 문제가 발생하면 신속하게 원인을 분석하여 해결책을 마련하면 된다. 세상에서 가장 큰 리스크는 리스크 발생이 두려워 아무 일도 안 하다 죽는 것이다.

리더는 조직원들에게 미래 희망을 제시해야 하고, 다양성을 하나로 엮어내는 리더십이 있어야 한다. 리더는 조직을 경영할 때 항상 균형을 유지해야 한다. 사업가는 고객과 사원과 회사의 이익에 균형을 잡아야 하고, 현재를 유지하는 비용과 미래를 위한 투자의 균형을 잡아야 한다. 리더의 생각이 한쪽으로 치우치면 극단적인 위험에 처할 수 있다.

리더십은 강의를 통해 가르칠 수 있는 과목이 아니다. 리더십은 스스로 일을 통해 배우고 학습해야만 향상된다. 리더는 고객과 조직원의 삶을 향상시키기 위해 목숨을 걸고, 조직원들은 그런 리더를 존경하는 조직을 만들고 싶다. 사업가는 고객과 사원과 회사의 이익에 균형을 잡아야 하고, 현재를 유지하는 비용과 미래를 위한 투자 비용의 균형을 잡아야 한다. 리더의 생각이 한쪽으로 치우치면 극단적 위험에 처할 수 있다. 그러나 조직의 미래를 위해 반드시 필요한 일에는 좌고우면 하지 않는 소신이 있어야 한다.

성장을 멈춘 10가지 유형의 사람들

Case 1 | 세상에서 가장 무서운 암은 '내가 다 앎'

"알았어요. 내가 알아서 할게요."

"내가 다 압니다. 걱정하지 마세요."

이런 사람을 만나면 정말 걱정된다. 틀림없이 일을 엉망으로 만들고 상황을 탓할 사람이다.

과거에는 새로운 정보와 지식이 생겨나 활용되고 소멸되는 주기가 길었다. 그래서 무엇인가 새로운 기술을 익히면 평생 먹고살 수 있었다. 하지만 인터넷이 발달되면서 정보와 지식이 만들어지고 소멸되는 주기가 짧아졌다. 이제는 활용도가 떨어진 지식을 과감하게 버리고, 끊임없이 새로운 정보와 지식에 호기심을 갖고 배우며 살아야 한다.

새로운 정보와 지식에 대한 호기심이 없어진 당신은 성장이 멈춘 사람이다. 무슨 일이든 완벽하게 본질을 파악할 때까지 물고 늘어지는 사람이 있고, 적당히 알면 더 이상 배우려 하지 않는 사람이 있다.

학교에 다닐 때 선두권에 있는 학생과 중간쯤 하는 학생은 학년이 바뀌어도 순위가 거의 바뀌지 않는다. 회사에서도 제대로 알지도 못하면서 다 안다고 배우려고 하지 않고, 교육을 받으면 활용할 생각은 하지 않고, 교육의 문제점만 지적한다. "나도 알고 있다"고 잘난 척하는 것이다.

알고 있는데 실패하고, 알고 있는데 제대로 일할 줄 모르면서 나도 그 일을 해봤다고 경험자처럼 말하는 사람들의 실패 경험은 교훈이 아니라 얼룩이다. 실패만으로 끝난 경험으로는 어떤 교훈도 얻을 수 없다. 실패를 딛고 성공해본 사람만이 세상을 바꿀 수 있다. 내가 다 안다고 말하는 사람은 어떤 교육이나 코칭으로도 고치기 어려운 '심각한 암'에 걸린 사람들이다.

Case 2 | 바다를 이야기하는 우물 안 개구리

어느 날 친구들과 군대 이야기를 하고 있는데 면제받은 친구가 기세등등하게 말했다.

"이 자식들 또 군대 이야기를 하는구나. 특혜받은 자식들, 지겹지도 않냐?"

"무슨 특혜……?"

"군대가 특혜지. 공짜로 먹여주고, 입혀주고, 재워주고, 운동시켜주고, 용돈 주고……. 그 정도면 특혜 아니냐?"

"뭐라고?"

"너희들 국비로 편하게 군 생활할 때 나는 사회에서 개고생하고 살았어."

군 생활 3년 동안 전후방 각지에서 조국을 위해 충성한 병장들은 할 말을 잊었다.

"세계 경제가 어려운데 어찌할 도리가 없잖아. 중국도 이제 고성장 시대가 끝났고, 일본과 동남아는……."

"모르는 게 없군요. 요즘 어떻게 일하세요?"

"일은 무슨 일…… 경기가 안 좋아서 놀고 있지요."

세계 경제가 좋아지길 기다리고 있는 그분은 아마 이번 세상에서는 일하지 않고 다음 세상에서 일할 것 같다.

"요즘 경기가 안 좋아서 보험 들 사람이 어디 있어?"

"보험 안 든 사람이 어디 있어. 한 집 건너 한 명이 보험 영업하는데 이제 보험 영업은 끝났어."

"세대당 보험 가입률이 세계 최고라지."

고객을 만나지 않고 세상 탓하는 설계사들의 이야기를 듣고 있노라면 대한민국에 보험에 가입할 사람은 한 명도 없다.

"리크루팅? 보험 영업할 사람이 있어야지."

"보험회사 시험 한 번 안 본 사람이 어디 있어."

"경쟁사는 돈을 엄청 준다는데 우리 회사에서 주는 돈 받고 올 사람이 어디 있어."

"보험 영업은 돈이 안 돼. 경기가 어려워서 무얼 해도 안 되는데 요즘 보험 영업할 사람이 어디 있어."

몇 달째 리크루팅이 없는 지점장들 이야기를 들으면 모든 보험회사에 신입 설계사는 한 명도 없어야 한다.

"내가 지점장 할 때는 목숨 걸고 했는데, 요즘 지점장들은 놀고먹는 것 같아."

"경쟁사 A는 이렇게 하고……."

"경쟁사 B는 저렇게 하고……."

"선진 미국 보험회사는 이렇게 하는데……."

영업 현장에서 조직을 망쳐놓고, 본사에 오면 처음에는 미안해서 머리를 들지 못하다가 시간이 지나면 전문가 같은 자세로 공자처럼 말하는 사람들의 이야기를 듣고 있노라면 영업 현장에는 무지렁이들만 있는 것 같다.

바다를 본 적이 없는 우물 안 개구리는 끼리끼리 잘 모이고, 10마리가 모여서 바다 이야기를 하면 바다는 시냇물이 된다. 현장을 모르고 하는 소리는 초여름 개구리 소리처럼 시끄럽기만 하고 결과가 없다.

Case 3 | 내가 겨우 이런 일을 하고 있다니

보험설계사들 중에는 명문 대학 출신에 큰일을 하다가 잘못 풀려 보험 일을 하고 있다는 사람들이 있다. 그들은 곧 돈을 벌어 큰일을 할 것이라고 말하는데, 그런 사람 중 돈 번 사람은 본 적이 없다.

소장들 중에서 본인이 지점장을 하면 잘할 수 있는데 겨우 소장을 하고 있어서 실력을 발휘하지 못한다는 사람도 있고, 지원단장을 잘할 수 있는데 10년째 지점장만 시킨다며 회사에는 미래가 없다는 사람도 있고, 본부장이 되면 멋진 회사를 만들 수 있는데 고작 단장을 하고 있다는 사람들도 있다.

정치인들 중에 본인은 국회의원을 해야 하는데 시의원을 하고 있다는 사람도 있고, 대통령을 해야 하는데 고작 국회의원을 하고 있어서 나라를 바로 세우지 못한다고 말하는 사람도 있는데, 이런 사람들치고 제대로 일하는 사람 못 봤다.

이런 사람들은 임무가 주어지면 '나를 뭐로 알고 고작 이런 걸 시켜? 이까짓 거 대충 하지' 하다가 실패하면 대수롭지 않게 생각한다. 이런 사람은 큰일은 작게 만들고, 작은 일은 큰 사건으로 만들어 망신을 당한다.

작은 승부에서 목숨 걸고 승리하지 않는 사람에게 큰 승부의 기회는 주어지지 않는다. 성공한 사람은 아무리 작은 일을 하더라도 성심을 다하고, 실패하는 사람은 '내가 고작 이런 일을 하고 있다니'라며 신세를 한탄하며, 급여를 받아도 '내가 고작 요걸 받고 있다니'라고 말한다. 무슨 일이든 하루에 하나라도 제대로 하면 대접받을 수 있을 것이다.

Case 4 | '내가 왕년에는 말이야', 치매 환자

"이럴 때 어떻게 해야 하나요?

"내가 옛날에는 말이야……."

"리크루팅을 어떻게 해야 하나요?"

"내가 옛날에는 말이야……."

후배들이 자문을 구하든, 회의 시간이든, 식사 시간이든, 시간 날 때마다 과거를 회상하는 사람들이 있다. 나는 이들에게 말한다.

"너 치매 초기 증세구나. 조심해라."

"말도 안 되요. 내가 치매라니요?"

"치매 환자가 나 치매라고 하는 거 봤니? 모두 아니라고 해."

치매는 육체는 멀쩡한데 정신에 변화가 생기는 병이다. 치매에 걸리면 가장 먼저 미래에 대한 예측력이 사라진다. 그다음 현실에 대한 판단력이 없어지고, 마지막으로 과거에 대한 기억이 없어진다.

교육 중에 사원들에게 이렇게 물었다.

"하루에 과거, 현재, 미래 중에 어느 것을 많이 생각하십니까?

"미래를 많이 생각합니다."

"그럼 3년 후 무엇을 하고 있을 겁니까?"

"글쎄요."

청춘이 지나고 어느 정도 꿈을 이룬 사람들은 과거를 많이 떠올린다. 본인에게 다가올 미래는 잊어버리기라도 한듯이 과거에 묻혀 현실을 살아가면서 행복한 삶을 꿈꾸는 치매 환자가 되어간다.

새로운 것에 대한 호기심도 없고, 미래에 대한 꿈도 없고, 활동적 타성에 젖어 고객이 계약을 하지 않고, 리크루팅이 안 되고, 회사가 나를 몰라주는 게 서운하고, 과거에 청춘을 바쳐 일한 것만 이야기하는 사원들은 치매 중증 환자들이다.

과거에 성과가 좋았는데 지금 성과가 좋지 않고, 내 말에 사람들이 움직이지 않는다면 내가 치매 초기가 아닌가 돌아보고 부지런히 머리를 써서 치매에서 깨어나야 한다. 치매의 치료법은 틈나는 대로 미래를 설계하는 습관을 가지는 것이다. 다음 주, 다음 달 계획을 세워서 하루하루를 빈틈없이 보내도록 노력하다 보면 정상으로 돌아올 수 있다.

Case 5 | 나보다 잘난 놈 나오라 그래

젊어서 열정 있고, 넘치는 에너지로 성공 경험을 많이 쌓아서 상을 많이 받고, 온갖 칭송을 받다가 어느 한순간 배움을 멈춘 사람이 있다. 이런 사람은 주변에서 새로운 시도를 하려고 하면 '그 정도면 됐어. 무얼 그리 잘하려 그래'라고 기를 꺾어놓는다.

매출이 오르지 않는 것은 경기가 안 좋은 탓이고, 회사가 활기차게 돌아가지 않는 것은 젊은이들이 열정이 없기 때문이고, 주변에서 무슨 소리를 해도 본인 아집에서 헤어나지 못하는 사람이 있다. 그런 사람들은 본인 귀에 듣기 좋은 소리만 듣고, 본인이 모르는 이야기를 하면 무시해버린다. 이런 사람을 만나면 되도록 빨리 피하는 것이 상책이다.

과거의 성공 경험으로 현재의 안락함에 취해서 편하게 살려는 사람을 세상은 절대로 그냥 두지 않는다. 세상은 열정 있는 사람들에 의해 새롭게 변화하고, 삶의 방식 역시 그에 따라 바뀌기 때문이다.

Case 6 | NATO(No Action Talking Only)

"리크루팅은 그렇게 하는 게 아니고 이렇게 하는 거야."

"네, 감사합니다"

"마감은 말이다. 이렇게 하는 거야."

"네, 명심하겠습니다."

10년 경험의 고참 지점장이 3년차 지점장을 코칭하고 있었다.

뭔가 이상해서 성과를 살펴보니 3년차 지점장은 지난 1년간 매월 리크루팅했고, 고참 지점장은 1명도 리크루팅하지 않았다. 신계약 마감도 젊은 지점장이 2배는 더 많이 하고 있었다. 고참 지점장은 아는 것은 많은데 행동 없이 말만 하고 있었고, 젊은 지점장은 지식과 경험은 부족하지만 열심히 현장에서 뛰고 있었다.

'구슬이 서 말이어도 꿰어야 보배'라고 아는 것 많고, 경험도 많은데 행동하지 않고 종일 사무실만 지키고 있는 사람들을 보면 시골 느티나무 아래서 담뱃대만 물고 계시던 할아버지가 떠오른다.

무슨 일이든 말은 청산유수이고 온갖 일에 참견하면서 정작 본인 일은 바빠서 안 하는 사람을 보고 있노라면 회사로 출근하지 말고 동네에서 이장을 하든지, 봉사단체에서 자원봉사를 하면 인기가 좋을 것 같다.

Case 7 | '다음에 합시다', 무엇이든 미루고 보는 사람들

"오늘은 모두 리크루팅 활동을 합시다."

"바쁘니까 다음에 합시다."

"골프 한 번 치실래요?"

"네, 좋지요. 다음에 합시다."

"이번 달에 왜 목표를 미달했어요?"

"죄송합니다. 다음 달에 잘하겠습니다."

이런 사람들은 월급도 다음에 받아 갔으면 좋겠다.

"식사 한번 할까요?"

"다음에 하지."

"우리 모임 한번 합시다."

"바쁘니까 다음에 합시다."

"그동안 왜 전화 한 통 없었어?"

"전화번호를 잃어버려서요. 다음부터 꼭 연락드리겠습니다."

이런 사람들은 본인 애경사가 생기면 잃어버린 전화번호를 반드시 찾아서 연락하고, 끝나면 다시 잃어버린다. 이런 사람들은 밥 먹는 것도 다음으로 미루고 살면 좋겠는데 점심시간에는 가장 먼저 설친다.

Case 8 | 근거 없는 낙관주의자

"다음 달에 잘하겠습니다."

"그래, 다음 달에 잘한다는 근거를 말해주게."

"……."

"다음 달에 리크루팅을 많이 하겠습니다"

"후보자를 내가 언제 볼 수 있겠나?"

"……."

"믿어주십시오. 잘하겠습니다."

"자네를 믿지. 근거를 말해주게."

"……."

"본부장님의 교육을 받고 나니 잘될 것 같습니다."
"그래, 내가 교육한 내용 중 어느 부분이 성과로 직결될 것 같은가?"
"……."

"내년에는 사업이 잘될 것 같습니다."
"그래, 무슨 좋은 아이디어가 있나?"
"……."

내 2차 질문에 답변하지 못하는 사람이 실제로 성장한 경우를 본 적이 없다. 사원들도 오래 근무하면 상사를 관리하며 편하게 사는 법을 배운다. 온몸으로 땀 흘려 일하는 것보다 적당히 일하고 상사를 관리하며 편하게 살려는 사람들이 있다.

마감이 잘 안 되면 상사를 찾아와서 상사를 관리하는 사람이 있다. 이번 달에 영업이 안 된 사유를 적당히 둘러대고 상사가 잘하는 부분을 칭찬하여 기분 좋게 만들어놓고 다음 달에 잘하겠다고 맹세하면서 상사가 희망을 갖게 하여 이번 달을 잊게 만든다.

단장님이니 이 정도 마감한 것이라고 추켜세우고, 충성하는 척 맹세하여 상사의 화가 풀어지면 돌아가면서 속으로 말한다.

"내가 참 머리 좋단 말이야. 한 달 내내 놀고 멍청한 상사 관리 2시간만 하면 월급 잘 받고……."

Case 9 │ 고장 난 녹음기

"에, 그러니까 마지막으로 한마디만 더하면……."

중학교 교장 선생님 훈화는 '마지막으로 한마디만'이라는 말을 열 번은 반복해야 끝났다. 중학교 때 단련되었지만 어른이 된 지금도 만날 때마다, 회의 때마다 똑같은 이야기만 늘어놓는 사람은 꼭 고장 난 녹음기 같다.

매일 똑같은 이야기를 하는 사람은 본인이 일관성 있다고 자부심을 느낀다. 하지만 고객은 매월 똑같은 봉사품을 주고, 똑같은 이야기를 하는 설계사를 좋아하지 않는다.

지점장들이 매일 똑같은 아침 교육을 하는 것을 보면 지점장 명패를 '고장 난 녹음기: 홍길동'이라고 바꿔주고 싶다. 강시가 나오는 영화를 보면 큰 귀신의 지령에 따라 시체들이 몸이 부서지고 깨져도 맹목적으로 뛰어다닌다. 과거 관례에 따라 상사의 지시에 따라 아무 생각 없이 반복적으로 움직이는 사람들을 보면 가끔 사람이 아닐지도 모른다는 생각이 들 때가 있다.

Case 10 │ 도다리와 광어

도다리와 광어라는 물고기가 있다. 납작하게 생긴 것은 같은데 '좌광우도'라고 해서 눈이 좌측을 보고 있으면 광어, 우측을 보고 있으면 도다리다.

이 물고기는 평소 바닥에 납작 엎드려 있다가 먹잇감이 나타나면 올라가서 먹고, 위험 물질이 떨어지면 피한다. 옆이나 아래를 볼 줄 모르고 오로지 위만 바라보고 살아가는데 횟감으로 인기가 좋다.

조직에서 오로지 윗사람만 보며 그의 비위를 맞추는 사람은 윗사람이 실각하여 힘이 없어지면 물어뜯기도 서슴지 않는다. 이런 사람들은 윗사람에게 아부를 잘하지만 동료를 무시하거나 아랫사람들에게 함부로 하는 경향이 있다. 이런 사람을 잘 구분하지 못하면 조직에 줄서기 문화가 생기고, 이는 많은 폐해를 낳는다. 그런데 이상하게도 이런 사람들이 조직 생활에서 장수하는 경향이 있다.

물고기가 아래도 보고 위도 보고 옆도 보는 것이 정상이듯이 조직 내에서 정상적인 사람은 위아래와 옆을 보고 조화를 이룬다.

성장하는 리더 성장하는 조직

초판 1쇄 발행   2018년 4월 9일
초판 5쇄 발행   2022년 8월 1일

지은이   박낙원

펴낸이   신민식
펴낸곳   가디언
출판등록   2010년 4월 27일
주소   서울시 마포구 토정로 222 한국출판콘텐츠센터 306호
전화   02-332-4103(마케팅) 02-332-4104(편집실)
팩스   02-332-4111
홈페이지   www.sirubooks.com
이메일   gadian7@naver.com

인쇄·제본   ㈜대성프린팅
종이   월드페이퍼㈜

ISBN 978-89-94909-77-6 03320

책값은 뒤표지에 있습니다.
잘못된 책은 구입한 곳에서 바꿔드립니다.
이 책의 전부 또는 일부 내용을 재사용하려면 사전에 가디언의 동의를 받아야 합니다.

「이 도서의 국립중앙도서관 출판시도서목록(CIP)은 서지정보유통지원시스템 홈페이지(http://seoji.nl.go.kr)와 국가자료공동목록시스템 (http://www.nl.go.kr/kolisnet)에서 이용하실 수 있습니다.(CIP제어번호: 2018010420)」